みんなの発達!

ニューマン博士の成長と発達のガイドブック

Let's Develop!
A Guide to Continuous
Personal Growth

フレド・ニューマン
フィリス・ゴールドバーグ

茂呂雄二
郡司菜津美
城間祥子
有元典文
：訳

新曜社

Let's Develop!
A Guide to Continuous Personal Growth
by Fred Newman & Phyllis Goldberg

Copyright © 1944, 2010 by Fred Newman
All rights reserved. Published in the United States
by the All Stars Project, Inc., New York
Japanese translation published by arrangement with All Stars Project, Inc.
through The English Agency (Japan) Ltd.

本書は、ニューマン博士のセラピー実践に参加した実在の人びとから作られたフィクションです。

日本の読者へ

　私は、1976年から2011年に彼が亡くなるまでの間、フレド・ニューマンの知的パートナーであり共同執筆者でした。この35年の間に、私は彼のことをとてもよく知るようになりました。『みんなの発達！』日本語版へのフレドの反応は、驚きと喜びに違いないと想像できます。本書を日本の読者に届けようとした方々に感動し、アメリカの日常英語を翻訳するための献身的な仕事に感謝したでしょう。もちろん私も同じです。

　フレドは、とても愛すべき人物であり、同時にとても挑発的な人物でした。このフレドの持ち味は本書によく現れていますので、読者にも伝わって欲しいと思います。本書の数々の人物寸描を通して、フレドは、私たちに新しいことを考えさせ、見させ、感じさせようと挑発しています。人物寸描には、感情面でも、他者との関係面でも、罠に落ちてしまった普通の人びとが描かれています。この人びとが驚くほど素晴らしい脱出口、つまり全てを変えるような「発達のルート」を発見するのを、フレドは助けたのでした。フレドの最大の望みは（私の望みでもありますが）、なによりもあなた方読者のみなさんを助けることなのです。

　日本のみなさん、みんなで発達しましょう！

2018年10月
ロイス・ホルツマン

序 文

パッチ・アダムス

　フレド・ニューマンの『みんなの発達！』への序文を依頼されたとき、私はフレドの別の本もぜひ読みたいと思い、『人生のパフォーマンス』[注]を読みましたが実に面白く、たくさんの友人にプレゼントしました。45年以上にわたって私は人間、精神、心理学等を研究してきましたが、心から考えが一致する人物はいませんでした。この本を読んだとき、私の心の聖歌隊が歌劇のように「Yes!」と歌い上げたのです。フレドと私は、同じことを述べているのですが、フレドは私とは別の言葉と地図を持っていました。これはとても心地よいことで、フレドの本のおかげで、私とフレドに共通する重要な見方を、必要としている人びとに届ける方法を広げることができるのです。もし私の人生が驚きと喜びで満たされていなかったら、すぐにでもイーストサイド研究所に駆け込んで、フレドたちの遊びのパフォーマンスに基づいたメンタル・ヘルスセラピーに参加していたでしょう。本書のタイトルが『発達せよ！』ではなく、発達を共に旅するという意味の『みんなの発達！』なのが、とても好きです。

　18歳のとき、私は自殺念慮のために3度病院に入りました。私は主治医の精神科医と彼が処方する薬に敵意を感じていました。彼とのつながりを感じられませんでした。当時フレドと少しでも会えていたら、私は解放されていたと思います。3度目の入院のとき、簡単に言えば「こんな、くそ病院、地獄に堕ちろ。自分のことは自分でやる」と言ったのです。自分の意思、たとえば「人生を愛そう」「誰とでも仲良くしよう」などを明確にすることにしました。自分の意思どおりに進むために、あらゆる可能な実践を吟味しながら自分が好むものを選択して、それが自分の意図と合致するのかを見きわめること、これが私の仕事だと考えるに至りました。すごい！ 何がしたいのかを知ってそうすることが、私のすべきことだったのです。それは邪魔されることなく、楽々と、47年間うまくいきました。それ以来具合が悪くなることもなく、まさにみんなの発達が可能になったのです!! あなたが何に成りたいのかを選んで、そういうふうに発達し、パフォーマンスしてください。それはあまりに簡単すぎて、

申し訳ないくらいです。

　　　　　　　　　　　　　　　　　　パッチ・アダムス、2010年7月

　パッチ・アダムスは、道化の医者としてよく知られており、ロビン・ウィリアムズ主演『パッチ・アダムス　トゥルー・ストーリー』に半生が描かれています。パッチはまた社会活動家でもあって、30年以上アメリカの医療システムの改革に尽力しています。パッチは、笑いと喜びと創造性が、癒しの過程に不可欠の要素だと考えています。

注）『人生のパフォーマンス』の原典は以下の通り。
Newman, F. (1996). *Performance of A Lifetime: A practical-philosophical guide to the joyous life*. NY: Castillo International.

2010年版へのイントロダクション

ロイス・ホルツマン（イーストサイド研究所長）

『みんなの発達！』の初版が出版された1994年は、DSM-IV（『精神障害の診断と統計マニュアル』第4版）が出版された年でもあります。これほど対照的な2冊は他にないと思います。『みんなの発達！』は哲学者で街場のセラピスト、フレド・ニューマンが、社会学者の友人であるフィリス・ゴールドバーグと一緒に書いた本です。この本は数百人の普通の人びと、つまりニューマンのソーシャルセラピー実践に参加したクライエントたちの声で満たされています。この本のテーマは、人びと、人びとの感情、痛み、夢、関係、セラピーで交わされた会話、そしてその人びとの成長のための活動です。一方DSM-IVは、アメリカ精神医学会によって出版された本で、200人以上の精神科医と心理学者（実は、そのうちのほぼ半数が、製薬会社と金銭的つながりを持っています）が書いたものです。このマニュアルの扱うテーマは、297種類に分類された精神疾患であり、クライエントの症状と行動を診断するための典型例が記されています。DSM-IVが出版されたときちょっとした反対運動がありましたが、その大部分は執筆者と製薬会社の関係を指摘するものでした。対照的に、2013年出版予定の新版（DSM-5）の編集作業は、前の改訂よりもいっそう精神疾患を拡大するものであることをめぐって論争の嵐となっています。

フレド・ニューマンは、DSMのあらゆる版が馬鹿げたものだと考えています。科学的に馬鹿げているのです。科学を敬愛しており、また科学について博学なニューマンの意見には一理あると思います。もし診断が必須ならば（必須であるという事態もまた吟味が必要ですが）、私たちの知り合いでも何でもない、いわゆる専門家の診断ではなくて、自分自身、あるいは仲間同士ですればいい、とニューマンは主張します。数多くのセラピスト、社会科学者、哲学者が、メンタルヘルスと病気への医療モデルや擬似科学的診断アプローチについての思慮深い、時に手厳しい批判を学術書やジャーナルに書いていますが、ニューマンはそのような数多くの執筆者の一人です。しかしながら、ニューマンは批判だけをしているわけではありません。むしろ支援することに関心があるのです。

『みんなの発達！』は、普通の人びとのために書かれた自己救済の本です。これはとくに実践的な本で、ニューマンのソーシャルセラピーの日常生活での使い勝手を、ごく普通の太郎さんや花子さんに届けるための本です。まさに実践的であるからこそ、これはニューマンのもっとも深い思索であり、根本的批判でもありえるのです。ニューマンと私の好きな言葉で言えば、実践的で批判的なのです。

　1994年当時、研究者の間には、実践的 − 批判的なものを受け入れる余地はありませんでした。理論的批判と代替案に基づく実践との間には深い分断がありました。ニューマンと私の主張は、人間の生を自然科学の枠組みに押し込めようとして生じた解決不能の問題に関して交わされた、知的対話の中から生み出された新しい声であり、新しい心理学の創造を提唱するものでした。ニューマンの洗練された哲学と、私の生涯発達を視野に入れた人間発達に関する知識によって、私たちは一人ずつよりもはるかに大きなものを手に入れたのでした。しかし、私たちの実践、とくにニューマンのソーシャルセラピー実践こそが、もっとも強い実践指向の理論的批判として私たちを際立たせることになったのです。このことを声高らかに明確に主張するため、ニューマンに実践的なガイドブックを書いてもらったのです。それが『みんなの発達！』です。

　出版から16年経って、心理学と心理療法における、批判的で知的な論争と代替案となる実践の区別は曖昧になってきました。ニューマンのソーシャルセラピーのような新しい批判的実践が展開して、他のやり方も育ちつつあります。それによって、学問的な会話の内容も質も、大きく発展しました。論争は今も続いていますが、批判と実践は一体化しつつあります。

　あなたがこのような学問的な会話に参加していない場合には、なぜこのような歴史や論争を気に留める必要があるのか、疑問をもたれるでしょう。そうですね、あなたのセラピスト、あなたの子どものスクールカウンセラー、あなたの叔父さんの依存症のカウンセラー、あるいはお母さん担当のソーシャルワーカーは、どこでトレーニングを受けたか考えてみてください。このような専門家たちは、どのようなことを教わってきたのでしょう？　何種類くらいのアプローチを経験したのでしょう？　人間の成長と学習について、感情と思考に関して、どのような理解を持って仕事をしているのでしょう？　あなたとあなたの家族が感情面で成長できると考えているでしょうか、あるいはカウンセラーにできる最善のことは、もっともまずい部分を転換させることだと考えている

のでしょうか？　あなたが（感情生活も含めて）人生を創造するのを助けられるのでしょうか、それとも、あなたのいわゆる精神障害の症状を扱うだけなのでしょうか？　批判的実践と理論的批判が混ざりあえば混ざりあうほど、未来のカウンセラーとセラピストが受けるトレーニングは広く包括的になり、これらの問いに対する答えもまた、より深く豊かになる可能性があるのです。

　ニューマンは、セラピーを医療手続きではなく、創造的な活動と理解し、実践しました。セラピストとクライエントが、共にセラピーとセラピーの機能を作るのです。ニューマンは、どんなにひどい痛みを抱え、「問題を提示し」、精神医療診断をされていようとも、自らの発達の創造者として人びとに接しました。ニューマンは、決して問題を固定させようとはしませんでした。むしろ、成長している、自らの人生を創造している人びとを支援したのです。常に選択があります。今のあり方を否定するのではなく、愛する行為としての選択です。助けを求めなさい。ギブを心がけましょう。恥を分かち合いましょう。ののしりあいになりそうだったら、最初からもう一度話し合いましょう。いつものあなたのやり方とはまったく違うやり方でやってみましょう。あなたはやはり「あなた」ですが、それは積極的に成ろうとする、もう一人のあなたなのです。何に成るって？　あなたに成るのです。

　ニューマンのソーシャルセラピーは、人びとの発達に焦点を当てるところがユニークですが、ソーシャルセラピーだけが人間主義的で創造的というわけではありません。これは、助けが必要なのにセラピーに頼らず「堪え抜く」か「病気と見なされる」しか選択肢のなかった、数多くの大人たち、子どもたち、そして家族にとっての良い知らせです。ソーシャルセラピーや、現在行われている多数の代替セラピーにたずさわっている人びとは、その活動からいって批判心理学者であり、アカデミックな研究者と同じくらいに批判的なのです。患者たちの声とセラピストの声は、セミナー室や診療所で、徐々にですが確実に聞こえ始めています。それが明日のセラピストやカウンセラーを訓練するのです。

　これは、再刊する『みんなの発達！』の復活したステージの中にも聞こえています。ライフスタイルの変化に応じて、全体にわたって文章を少し変えてはいますが、内容は旧版と変わりませんし、それだけでなく、さらに適切なものになっています。『みんなの発達！』の新しい読者として、皆さんは数万人からなるグローバルなグループに加わることになるのです。普通の本と違って、

本書には宣伝費も批評家の書評もありませんが、私たちはウイルスのような蔓延型のマーケティングで本書を広めてきたのです。アメリカ中で、ソーシャルセラピストからクライエントへ、心理学の教員から学生たちへ、ユースワーカーから都市の若者へ、教員養成機関職員から学校の管理職へ、ビジネスコンサルタントから会社重役へと、本書を伝えていったのです。アメリカ以外の仲間たちは、本書の一部を選んでコピーして、友人や家族に手渡したのです。外国語に翻訳され（私の知る限りでは、中国語、ポルトガル語、ロシア語、セルビア語、スペイン語になっています）、大学の授業で利用されています。Zdravo da Ste（セルビア語でこんにちは）という、セルビアで活動する数百名からなる発達支援コミュニティは、本書をすべて翻訳して出版し、セルビア中の一般市民と専門家向けに普及促進キャンペーンもしました。
　私は成人してからのほとんどと言っていい時間をフレド・ニューマンと一緒に、いろいろな社会変革プロジェクトの仕事をしてきました。しかし、心理学を心理学自身の病気から解放するという仕事ほど、大変でもやりがいのある仕事はありませんでした。「助けを得るのに病気である必要はないよ」とニューマンは言います。これが『みんなの発達！』の実践的で批判的なメッセージです。本書は、これ以上のものはない批判的心理学です。
　「草の根」批判的心理学運動にようこそ！

ロイス・ホルツマン
ニューヨーク市、2010年8月

　ロイス・ホルツマンは、30年以上フレド・ニューマンの研究パートナーでした。80年代、2人はイーストサイドグループ／短期心理療法研究所を創設しました。これは、人びとの発達と学習に関する、ソーシャルセラピーに基づく創造的な人間研究の教育、養成、研究センターです。ホルツマンは、コロンビア大学で博士号を取得した発達心理学者です。
　著書には、『遊ぶヴィゴツキー：生成の心理学へ』（茂呂雄二訳）新曜社があります。

はじめに（1994年版の序文）

フレド・ニューマン

　もうすぐ、私は60歳を迎えます。私たちの文化では、60歳は「知恵」らしきものを身につけたかどうかを、人びとが考え始める年齢と言われます。しかし間違ってほしくないのですが、私はそんなことはまったく考えないのです！こんなふうに言って、自己評価を下げたいわけでも、謙虚な振りをしたいわけでもありません。ただ単に、知恵というものなど信じないからです（それに、ただ年をとれば知恵が身につくとも信じません。なぜなら世界は、年をとった馬鹿で一杯だし）。私が信じるのは、創造的な活動です。必要のために、あるいはただそうしたいから、普通の人びとが集まって、決して華やかとは言えない、毎日の活動を通して共同で何かを創造する、そういった創造的な仕事を私は信じています。私が発達と呼ぶのは、まさにこれなのです。

　『みんなの発達！』は、それゆえに、えらそうな権威となることを意図していないし、そういうふうに使ってほしくないのです。むしろ問題集や練習帳なのです。21世紀という未知の社会的、感情的な海原に漕ぎ出す私たちが使えるのは、私たちの生活を創造するのを助ける実践的な支援なのです。これこそが、私が本書を通して読者にギブしたいものなのです。

　『みんなの発達！』は、本書で述べるソーシャルセラピーのアプローチのように、私たちの生活への態度を発達させること、生活に対する発達的な態度の持ち方に関わっています。ということは、本書には、定義や、際限ないアドバイスは書いてないのです。むしろ、この本は人びとの生活の物語であると同時に、物語への人びとの応答から出来上がっています。この物語が、決まりきった役割の演技というよりも、今ここで行う成長のためのエクササイズとなって、あなたの人生を実践する助けとなればと思います。私たちは何にもまして、誰もがパフォーマーです。私たちと近しい人たちとがずっと創造し続ける即興的な遊びのように生きることが、計り知れないほどに人生を強くすると考えています。

　ソーシャルセラピーの視点からすれば、この本からどのくらいゲットできる

かという質問は適当ではありません。正しい行動は何？というのも当てはまりません。むしろ、人生がどんな状況にあっても、良い時でも悪い時でも、若い時期でも年老いていても、小さな問題であれ大問題であれ、この状況からどう発達するか？を問うようお薦めします。私の考えでは、この問いこそが、時にあまりに病的な世界において、感情面で健康な態度であると思うのです。

1960年代の社会政治的な騒乱が、私の人生に対して明らかな、ポジティブな影響をもたらしたと信じていますが、その一方で、私たちの集合的な歴史と私の個人史のこの特定の瞬間を美化する必要もないし、そうしようとも思いません。むしろ、「黒人解放」「女性解放」「ゲイ解放」等の言葉がアメリカのボキャブラリーに初めて導入された、リベラルなラディカリズムのこの時代は、より保守的な50年代や80年代と同じくらいにドグマ的で、偏狭な時代だったと今は思っています。60年代は、多少とも堅実な生活を送りながら時にひどい感情の痛みを経験していた数百万の人びとを解放することに成功しなかったことは確かです。

セラピストを25年間続けてきて、感情の痛みは、私たちのポストモダンでポスト産業化社会特有の風土病であることを学びました。それはちょうど、ある種の寄生虫が引き起こす病気が熱帯地方の風土病であるように、私たちの時代の風土病なのです。多くの人は具合が悪くなったり、ときどき、何もできなくなってしまうくらいですが、なかには重傷のケースとなり死に至る場合もあります。ほとんどの人がこの病気を持つのです。このような現実を前にして、私は私の人生の20年をかけて、以下の二つの問いに答えようとエネルギーを費やしてきました。なぜこんなに感情の痛みが広がったのか、そして、この広がりは必然的なのか。

この二つの問いの答えを語ろうとする今、「論文で」理論を提示しようというのではありません。きわめて実践的な方法で、人びとの感情の痛みを変える何かをしようとしているのです。

高校生の頃、そして陸軍入隊前の6か月間の大学生活の頃、私は、マンハッタンの西90丁目、ヨークビルにある、薄汚れた機械工場で働いていました。この工場は私の兄のモーディーが道具制作と金型制作をしていた機械工場でした。モーディーの仕事を見ながら、ホームセンターで買える既製品の道具（ハンマー、ドライバー、のこぎり）と、特別の目的のために腕のいい金型職人が作る道具の違いを学んだのも、この工場でした。人間が単なる道具利用者では

なく道具の創造者であることを、肌感覚で、かつ冷静な目で学んだのも、この工場だったのです。旋盤のハンドルを長時間操作しながら、難しい技術的状況に対処するために道具を創り出すのを見て、人はものごとを実際に一新できることがわかったのです。理論化するよりも、何かを建設するという私の実践へのコミットメントは、この地下二階の機械工場から始まったのです。

すでに朝鮮戦争も末期でしたが、工場から私はアメリカ陸軍歩兵として韓国に行きました。韓国から戻ると、復員軍人援護奨学金をもらって、学士の学位を取るためにニューヨーク市立大学に復学しました。そこからスタンフォード大学に進学して、哲学と科学方法論で博士号を得ました。

スタンフォード大学では、道具としての言語の問題、とくに精神と感情の言語に、つまり信念や感情をどのように語るか（そして語ること）についてと、そのような語りを可能にしている哲学的な前提に興味を持ちました。その後、総合大学や単科大学で教え始めると、感情の問題と学習の間に重要な関連があることに気づきました。たとえば感情の「ブロック」が、学習を後退させたり変質させて学習プロセスを邪魔することがわかりました。これは、学習と発達の関係にとって非常に重要な意味を持っています。学習と発達が統一体を作るような環境を築くことは（これは金型職人が特殊な道具を創造するのと同様の創造活動です）、セラピーと教育に対するソーシャルセラピーアプローチで、今まさに進めている活動です。

私はスポーツの創造性が大好きです。若い頃とくに60年代初期のスタンフォード大学時代に、球場に行ったりトラックを走ったり、アスリートたちを見たりときどき一緒に汗を流したりしました。なかにはすごい才能をもつ世界大会レベルの人もいれば、私のように普通の人もいましたが、喜びのためにスポーツをしていました。生涯ずっとスポーツファンの私は、とくに歳を重ねるにつれて「自分の」チームを応援しなければという気持ちが薄れ、チームでスポーツする人びとの、まぎれもない美しさがわかるようになってきました。

このことは、冒頭で述べた「知恵」と呼ばれる架空の美点に立ち戻らせます。私の考えでは、知恵は創造的でもないし、遊び心に満ちてもいないし、楽しいものでもありません。知恵は、老人や「年齢を超えて賢い」人が持つとされています。知恵を一度手に入れると、たぶん、頭脳の中に居座って、それ以上発達しません。なぜなら、それが知恵だからです。「知恵のある」人びとは、どんなことであれ、考え方を絶対変えません。ありがたいことに、私には知恵な

ど全然ありませんし、運がよければ、これからも持つことはないでしょう。
　私にあるのは、いくらかの、人びとの発達を支援するための実践的な専門技能です。経験から（身体的、知的、感情的な）エクササイズは発達的だと言えます。そう考えるので、各章の終わりには、いくつかの「感情に関するエクササイズ」が示されています。これはとても役に立つと思いますよ。読者の中には、自分自身でエクササイズを作りたいと思う人がいるかもしれません。どういうエクササイズを作っても、それを金科玉条にはしないでください。専門技能を知恵と混同するような間違いは、しないでください。
　60年代に活動を始めた多くの人びととは違って、私は活動家に留まりました。私は、政治プロセスをもっと民主的なものにするという大きな目標の一環として、長年にわたり非党派的で、インディペンデントな、全国的な第三の政党をアメリカに打ち立てようとする運動に深く関わってきました。人生と同様に政治では、「最良のもの」よりも、利用可能なもので作るべきものを作ることのほうが、より健康的だと思います。新しい世紀のための新しい政治も、私が思うに、道具作りの課題なのです。
　私は深く深く民主主義を信じていますし、選挙の投票ブースで、バスケットボールのコートで、寝室で、教室で、仕事場で、セラピーのオフィスで、民主主義を作り出そうとしている人びとを信じています。しかし、権威的な大物に従おうとしたり、大物になろうとするような人は信じません。ですので本書のどこにも、他の人の信念や信仰や他の信条等をこき下ろすようなことは書いていません。たとえどんなことを信じていようと、私たちは皆、どのように人生を生きたいかを問う必要があると思っています。私の意見では、私自身のもっとも深い信念そのものに挑戦する、そういうリスクを取れることほど、健康なことはありません。しかし、そうするべきかどうか、どうやってするか、そして何をするかを、皆さん自身、自分で決める必要があります。『みんなの発達！』は、なんといっても、物語の本です。過去25年の間、私のセラピー実践に参加してくれた、さまざまな分野の、何千という普通の人びとの物語で作られた本です。これらの人びとは、その生活に入り込むことを許してくれました。彼らの恥辱や、痛みや、喜びを私と共有してくれたのです。私は彼らの誰もが、とてもいとおしい。今本書を通して、彼らはさらにギブしてくれています。彼らは私のヒーローであり、ヒロインなのです。それゆえに、この本を彼らに捧げます。

本書『みんなの発達！』で示されるソーシャルセラピーのアプローチは、多くの知的な源泉から生まれたものです。もっとも大きな影響を与えたのは、オーストリア出身の哲学者、ルートヴィヒ・ヴィトゲンシュタインです。20世紀のもっとも偉大な哲学者と評価されるヴィトゲンシュタインは、「人生の問題の解決は、その問題が消滅することだとみなせる」と教えてくれています。問題を「消滅」させる取り組みは、つまりは解決されるべき問題の存在を否定し、新しいタイプの道具を作って、「問題－解決」型の世界の見方に実践的に挑戦することですが、これはまさにソーシャルセラピーの方法の実践なのです。

　ロシアの心理学者、レフ・ヴィゴツキーは20年代と30年代初期に驚異的な研究をした人物で（1934年に38歳の若さで結核で死んでしまいましたが）、最近著作が再度読めるようになりましたが、彼もまた「人生は問題ではない」ことを理解していました。それは活動なのです。人生を活動として生きることができれば、人生は発達となる、と彼は主張しました。人生を活動として生きるためには、私たちは互いに競争するというよりも、それぞれの個人が行っていることを完成させるために共同しなければならないのです。

　ヴィゴツキーの言う完成という考え方は、話すこと、書くこと、そして言葉の獲得を活動として理解する上で非常に重要です。私たちはただ言葉を道具として使うだけではないからです。私たちは、道具の制作者なのです。話すという活動に従事しながら、私たちは言語を創造するのです。考え、そして感じることは、話したり書いたりする活動に必然的に結びついています。お互いに話をすることは、情報を互いに伝達するだけでなく、一緒に詩を書くようなものなのです。

　フィリス・ゴールドバーグと私は、一緒にこの本を完成させました。本書の「奇妙な」── しかし有用だと信じていますが ── アイディアは私の責任ですが、私の友人で同僚のフィリスは、いつも本書の創造過程に一緒にいました。才能豊かな思想家であり、世界で一番ひょうきんな「フェミニスト」であるフィリスは、「大衆向け」の心理学本を書くのをしぶる私を、たゆみなく助けてくれました。

　どうぞ、本書に憤慨してください。お読みいただいている間に、本書を5回以上壁に叩き付けてくれたら、満足というものです。

フレド・ニューマン
ニューヨーク市、1994年7月

目 次

日本の読者へ　　ロイス・ホルツマン　　i
序文　　パッチ・アダムス　　iii
2010年版へのイントロダクション　　ロイス・ホルツマン　　v
はじめに（1994年版の序文）　　フレド・ニューマン　　ix

1　ゲットの文化とギブの心　　1
2　行動をストップ！　　8
3　解決という問題　　13
4　男と女のこと　　23
5　聞くこと　　29
6　家族の価値　　33
7　子どものこと　　39
8　罪悪感、恥、「私のもの性（my-ness）」　　46
9　セックスと友情　　53
10　過去をやり直す
　　　── ソーシャルセラピーの成功例のいくつかとその教訓　　61
11　「依存症」対 発達　　74
12　結局、誰の痛み？　　82
13　小さな変化　　92
14　自分は誰？　　96
15　別れからの脱出　　103
16　個別の問題は忘れて　　112
17　君に乾杯　　119
18　ラベルに用心！ この治療は発達に害があるかもしれません　　126
19　不安、パニック、心配　　131
20　ストレス ── 狂信的要因　　139
21　休暇という仕事　　143

22　引っ込み思案、そして、何も話すことがないときに何を話すか　149
23　見知らぬ人と話そう　155
24　決めなくちゃならないことがいっぱい　159
25　いじめっ子を責めないで　163
26　生き死にの問題　167
27　言葉というもの！　174
28　エクササイズなくして発達なし、それが私たちの理論　185

訳者あとがき　193
索　引　197

装幀＝臼井新太郎
装画＝右近　茜

1 ゲットの文化とギブの心

　ギブ（分け与えること）のほうがゲット（自分のものにすること）よりも喜ばしいと頭では理解しているかどうかにかかわらず、日常生活では私たちの大部分は（成功の程度はさまざまですが）ゲットの実践者です。私たちの文化ではゲットが正当な行為であるだけでなく、高く評価されます。ゲットが上手な人は賞賛され、報酬を得ます。下手な人は、同情されるか非難の対象です。「ゲットできないなんて、負け犬だ、ダサイ、落伍者だ」と言われてしまいます。

　私たちは、子どもの頃からゲットのゲームに慣らされているのです。このゲームは、なるべく少ないギブで、できるだけ多くゲットすることを目標にします。このゲームは、ただではゲットを期待できないとき、ギブするのはゲットするためだけ、というルールで進みます。ゲットよりも多くを与えたり、ゲットできるのにただで上げてしまったら、それはお粗末な、あるいはとんでもない判断だと言われます。

　今やほとんどの人が、ゲットのゲームが完璧に適切で正当と見なされる生活領域と、ゲットのゲームが無作法か道徳的に間違っていると考えられる生活領域を分離して暮らしています。たとえば、経済生活は、はっきりとゲット原理で作られています。経済とは利益の追求なのです。生活のために働き、バーゲンで買い物し、オークションでは一番高い入札に売り、配当のために株を買うことは、社会経済的な契約で正当と認められています。

　しかし、日常の人と人が関わる生活領域は、少なくとも原則として、まったく違うものと見なされます。売り買いは言うまでもなく、商売の駆け引きも、しばしば下品だし道徳にもとる（ときには法律違反とも）言われます。最初のデートで食事を「おごる」かわりに彼女と「やれる」と思っている若者と街

角の売春婦は同じように、利得動機（ゲット原則）に基づいています。この利得動機は、街の雑貨屋さんから会社の取締役まで、また宝くじを買う人やタイムレコーダーを押す人、さらには寄付をして税金の還付を受けようとする人びとまで、誰にでも働いています。しかし、デートレイプと売春は、私たちの文化では悪いこととされています。人間同士の生活領域は、ゲットの原則ではなく、感情の原則に基づくことが期待されています。このことはセックスに関わる事柄だけでなく、友情や親子関係にも当てはまります。

しかしそれでも経済生活領域と人間関係生活領域の間には、時には、明確に区別できないグレーゾーンがあります。一番大切な人と行うことも含めて日常の活動は、ゲットの哲学で深く染められています。それらは非公式な契約なのです。（「あなたがそれをやってくれるなら、自分もこれをやってあげるよ。」）この活動はむやみに競争的です。（「私はあなたよりも、良い親だ、友達だ、恋人だ、女性だ、信者。私は、あなたよりもっと一所懸命にやる、もっと深く思いやる、もっと親切だし、もっと我慢強い。」）この活動は貪欲です。（「お前は一生俺のものだ。」「あなたには私にそれだけの借りがある。」）

ゲットの原理は、私たちの文化の大きな部分を占めているので、「私たちの中」にあって、この原理が他の人びととの関係を支配していることに、ほとんどの場合気づきさえしません。それを会社や店舗に残して出てくるというわけにはいかないのです。私たちの言葉さえ支配しています。何を言うかだけでなく、その言い方も含めての互いの話し方は、ゲットの文化の特徴である競争的で契約的で利益中心のあり方が表現され強化される、もっとも強力な方法の一つです。

私たちの文化で、社会的に認められた善い会話は、普通、交換あるいは取引のかたちをとります。まずあなたが考えたことや感じたことや経験を話します。次いで、私が自分のことを話す番になります。お互いに何らかのつながりを見つけるのに十分な長さだけ注意して聞き、「そうそう、その話で思い出したよ。子どものとき、病気になって、そのとき、映画俳優の誰それが…」となり、そうして注目、賞賛、尊敬等をゲットする順番を取れるのです。

ときどき、ゲット文化が、その文化の基準で見ても、役に立たないことが明らかになります。企業の役員室ならば競争的だったり貪欲だったりはミスター／ミス・マネーの役に立ちますが、ベッドルームや、ほかの生活の場でも役に立つかどうかはわかりません。皮肉にも、ゲット原理で生活を送るミスター・

マネーのような人びとは、つまりほとんどの私たちがそうですが、多かれ少なかれ欠乏状態にあり、感情の面で恵まれず、発達不全なのです。（ここで私は発達不全と未発達を区別しています。未発達は子どもがまだ十分背が高くなっていない状態ですが、発達不全とは栄養不良、病気や傷害などで成長が阻害された状態を言います。）もちろん、これは誰にでも同じではありません。男か女かによっても、人種背景や社会階層によっても、さまざまなゲトのやり方があります。そしてそのやり方の違いは、感情生活のあり方に大きく影響します。それでも、ゲトの文化には誰もが関わっています。それは、私たちが共有する文化の一部なのです。

　私が言いたいことは、ゲトが反道徳的だ、ということではありません。コレステロールと同じで、ゲトは多くの生活場面で、私たちの（感情に関する）健康にとって大変良いとは言えないのです。それが原因で死ぬことはないでしょうが、しかし、ゲトは私たちを常に危険にさらします。

　ソーシャルセラピーのアプローチのもっとも重要な原理は、私たちはゲトの文化に暮らしているけれども、人はゲトすることよりも、ギブすることで、感情面でも発達の面でも救われるということです。ここでギブは、すべての感情的「所有物」を、積極的にシェアすることを意味しています。それには、ふさわしい環境の中で、病いや痛みや恥辱をシェアすることも含みます。

　受け入れることの学習、つまり他の人があなたにギブするにまかせるのは、ギブの原理からの当然の帰結です。他の人がギブするにまかせるのは、ゲトとは違います。実際、それはむしろ一種のギブなのです。

　ソーシャルセラピーは、人びとがゲトのモードから逃れるのを助けます。ゲト原則を（それが適切なところに）どかして、より洗練され、より満足できる生きる方法をとるのを支援します。ソーシャルセラピーが一番の助けになる人は、ギブを感情生活の組織原則にすることを学ぼうとする人です。もちろん、そうするにあたって、当然、葛藤を抱えることになりますが、それは全然問題ではありません。

　というのも、すでに述べたように、普通以上にギブするのは私たちのゲト文化の基本原則に反するのです。そうであるので、自分が誰かに食い物にされるのではないかと心配しがちなのも当然なのです。私たちのゲトの文化では、ほとんどの場合、感情的に言ってもその他の点でも、食い物にされていま

す。普通以上にギブすれば、普通以上に犠牲になる —— 食い物にされる —— 心配があります。逆説的ですが、まったく食い物にされることがないのは、感情的に無条件にギブするときだけです。（誰かイエスという名の男がこう言いました。）さらに、たくさんギブするほど、以前のように食い物にされるのではないかと心配したり恨んだりする時間が少なくなり、心のエネルギーを無駄にすることもなくなるのです。

皮肉なことに多くの人は、自分がギブするものなど何もないと「思って」いたり、「心の奥底で」信じ込んでいると、何かギブするものを持っていると見られることで感情的に自分を低い存在のように感じてしまいます。私たちのゲットの文化は、自尊感情を低める傾向があります。結局、一日中、気がふれたように、ゲットできるものは全部ゲットしようとそればかり考えていると、「無意識のうちに」、まだ十分でない、まだ何か手に入れなきゃならないものがあると考えるようになるのです。

同時に、人は何かしらギブするものを持っているという考えは、しばしば人びとを逆上させます。というのも、どんなときもゲットが大事という生き方を脅かすからです。強力にゲットする人という社会的なアイデンティティを脅かすのです。

そこで、「殉教者コンプレックス」にとらわれる人もいます。この人たちはゲットしないことに夢中になる人たちです。皆さんの誰もが、こんな人物を一人は知っているでしょう。そういう人は好んでこう言います。「俺のことは気にしなくていいから …」「いいよ、いらないよ …」「何も欲しくないんだ …」「それはどうでもいいの …」「なんとか大丈夫 …」「私にかまわずに、どうぞやって …」「あなたが何言ったって …」。こういう人にギブすることは、本当に難しいのです。とても拒否的で、何も欲しくないし、何も誰も必要としないということにプライドを持っているように見えます。こういう人は、何も欲しがらないことで、まるで他の人びとより自分が善人で道徳的に優れているという態度を見せるのが普通です。実はこういう人も、ゲットにはまっているのです。つまり、何もゲットしないことにはまり込んでいるのです。

ゲットの文化の中で社会的に適応してきた人たちが、どうやったら、自分たちもギブするものを持っているとわかるようになるでしょうか。それはギブすることによってです。ギブし、そうすることで自分がギブするものを持っていることを発見するのです。その逆ではありません。でも、前もってやり方を知

らなければできません。どうしたらいいでしょう？

　ソーシャルセラピーは、どうやったら感情面でギブを実践する環境を創造できるかを教えます。このような環境では、ゲット文化でなじんだ通常のやり方とはまったく違った生き方（「ギブする生き方」）の実践が支援され、励まされます。私たちのゲット文化は経済的には非常に精巧に作られていますが、感情の面では過度に割り切り過ぎで、粗野なものです。私たちが暮らしている世界では、（民族、人種や性別に関係なく）多くの人たちが感情面で未発達であったり、発達不全であったり、あるいは「教育されていない」状態なのです。

　このことは、多くの大人が、感情面でどうしたらいいかを知らないこと、子どもの頃最初に社会適応したときにしたこととは違うことができないことを意味します。そして自分のやり方を通せず、望むものを手にしておらず、人並みに手にすることができなかったのです。私たちのほとんどは、最初に私たち全員に「手渡された」ままの感情を持つだけです。大人になるまでの間に少しは感情を洗練させたかも知れませんが、新しい感情が創造されることはほとんどありません。私たちの大部分は、創造できるということすら知らないのです。しかし、シェークスピアの「ホレイショー、天と地の間にはお前の哲学では思いもよらない出来事がまだまだあるぞ」をもじれば、天と地の間には、私たちのゲット文化や従来の心理学では思いもよらないような、多様な感情があるのです。ソーシャルセラピストとして、私は率直に次のように言うことがあります（あなたも似たようなことを言うかもしれませんが）。「いいですか、あなたがそういうふうに応じるのは、別にあなたが悪い人だからじゃないんですよ、感情面で無知だからなのです。あなたは感情面では本当に不十分なのです。あなたは気に入らない相手を、（言葉で、あるいは身体的に）殴るだけなのです。あるいはその相手を侮辱したり、物笑いの種にするくらいのことしかできないのです。違うやり方を学んでみたいとは思いませんか？」これは単に道徳の問題ではありません。発達に関わる問題なのです。

　ソーシャルセラピーの環境を創りながら、人びとは、感情面でもっと「進んだ」創造的なギブの文化に参加します。ソーシャルセラピーのアプローチによって、感情のレパートリーに新しい道具を追加できます。そうすることで、意義深い、まったく新しい感情を創ることを含めて、感情のオプションを手にすることができます。それは色を混ぜ合わせるようなものです。確かに基本的

な感情の色合いというものはあります。しかし、新しい色の配合は無限なのです。

　もう一度言いますが、これは単に道徳の話ではありません。可能な限りたくさんの感情のオプション、多くのさまざまな感情を持つべきことは道徳的だと考えるにしてもです。ソーシャルセラピーは、セラピーの部屋の内と外に、新しい感情文化（新しい感情の創造）を実践する環境を創ることを教えます。（私たちアメリカの文化でよく見られる光景ですが）旦那さんが奥さんを叩こうとしている場面を取り上げましょう。旦那の怒りは家中を嵐のように吹きわたり、子どもたちは恐れおののき、奥さんは泣いています。ソーシャルセラピーは、この旦那も手を出さないようにできること（そしてどうやったらできるか）を教えるのです！　彼は凝り固まった社会的な姿勢を変えることができます。この社会的姿勢は、彼には第二の天性となっていますが、実際には、ゲット文化においてどうやって男になるか、どうやって怒りを示すか、どうやって（彼の復讐、満足、そしてプライドを）ゲットするかを学んだ結果なのです。

　「ちょっと！　あなた、本当はそんなことしたくないんでしょ！　あなたもできますよ。『どうしようもないんだ』と言うより、うまくできるんですよ。あなたの文化的な姿勢を変えることで、文化的役割に挑戦することで、ゲットするよりもギブすることで、そして混ぜ合わせて新しい感情を作ることで、奥さんを傷つけるような立場に立たなくてよくなりますよ。」このような小さな（実際は、それほど小さくないですが）変化、文化的な変更、ちょっとしたニュアンスの違い、過剰に決定された社会的役割から一時的に抜け出すことで、世界にあらゆる変化を生み出すことができるのです。何でも変えることができるのです。

　あるいは、触れ合うことを取り上げてみましょう。（男も女も）多くの人は、特定のときに相手から触れてほしくないと感じると、その人に触れることもやめてしまいます。でも、自分から触れることは、触れてもらうこととは相当に違います。ゲットばかりしようとしたり、ゲットするためにギブするのであれば、自分から触れようとすることは選択肢になりません。（それは時間の無駄だし、嫌な仕事だし、せいぜい「親切心」でしかありません。）しかし、もしギブすることにはまったら、違ったものになるのです。

　ソーシャルセラピーは、私たちの文化的に制限された感情のあり方を組み立て直します。日常生活に見られる性差別、同性愛差別、人種差別などたくさん

の「差別」は、経済と政治が組織されているあり方の表れであると同時に、私たちのゲット文化によって作られたものです。新しい感情文化を創造できないなら、それらを解決することなど望みようもないのです。文化／感情的な環境を変えれば、ゲット文化の中で肥え太る「差別」は、栄養を失い、私の考えでは、やがて死滅するのです。

芸術、音楽や外国語を学んだり、旅行をしたりすると、私たちはより深い美的な感覚を得て、視野を広げ、美しいものを味わい創造する能力を高めることができます。ソーシャルセラピーは、人びとが感情を「耕し」発達させるのを助けます。私たちの感情面の発達不全に挑戦するのです。ソーシャルセラピーは、誰かがあなたに向かって金切り声を上げたとしても、金切り声で返すのではなく、他のやり方があることを教えます。それは、絵画を学ぶ人に、塗り絵にクレヨンで色を塗る以上のことが、絵画芸術に存在することを教えるようなものです。ソーシャルセラピーが文化的な転換の経験だというのは、このような意味なのです。このセラピーは、新しい、発達的なものの見方と新しい人生の創造のしかたを教えます。それは、私たちの生を「再び混ぜ合わせる」ことなのです。

エクササイズ

ここには、ギブがどのようなものなのかをもっと理解するためのエクササイズを示しました。

A　何もお返しが期待できないような相手を選んで、「まったく何の理由もなく」突然にギブしてみてください。

B　次の「新しい感情を混ぜ合わせる」ためのエクササイズをしてみてください。
　1　普通は馬鹿げたことをしないような場面で、馬鹿げたことをやってみてください。
　2　自分でしでかしたミスを見つけて、それを楽しんでみてください。
　3　愛している恋人や奥さんと、もう一回恋に落ちてみてください。

2 行動をストップ！

66歳のローズさんは、人生を「生きているけど、ただ、かたちだけ生きている」と感じてソーシャルセラピーにやってきた女性です。旦那さんのサムによれば、ローズは「何でも持っています」。きれいな家、新車、高級服などなど。しかし、とりわけ彼ら2人で成功させた事業を売ってしまってから、ローズは家が「刑務所」のように感じ始めたのです。

サムはローズに怪我させるようなことをしませんし、ましてや脅しのようなこともありません。しかし、それでもローズはサムを怖がっています。ローズは、テレビニュースを見ているとき「愚かな」質問をしやしないか、車の運転中に「ミスをしないか」、「馬鹿げた」意見を言ってしまわないか、恐れていたのです。ローズの話では、息子と嫁が家にきたとき、サムが嫌なこと言ったり皮肉を言ったりして2人を「遠ざける」のを見て、死にそうな気分だったと言います。ソーシャルセラピーのグループで、ローズは、夫を好きだった頃「どんな感じだったか」思い出そうとしても、想像すらできないと語ったことがあります。

ローズがこの話をしたとき、ラウラという同じグループの女性が、とても動揺した様子でした。ラウラはソーシャルワーカーで、旦那さんのリチャードはとても有名な大学で政治学を教えています。この2人は30代前半で、とても成功していました。ラウラは、出産前に6か月の産休を取ることにしました。ラウラは、リチャードが家で仕事をすることが多いので、しばらくの間家にいることもいいと考えたのでした。しかし、期待したような結果にはなりませんでした。「まるで自分が存在しないかのように感じたのです」と彼女は言いました。「リチャードは、赤ちゃんにとても慇懃なのです。まるで他人のよう。ときどき、私と赤ちゃんがどこかに行ってほしいと思っているんじゃないかっ

て感じたんです。」

　金銭的に貧しいというのは惨めなことです。快適な生活に必要なものなしで生きていかなければならないこと、家族が必要なものを欠いて生きなければならないのを目の当たりにすることはとても惨めです。生活必需品があるかないかは、本当に重要です。しかし、それがあればいいかというと、それだけではすみません。

　私は、誰かに期待されているとか、受け入れられている感じがないままに生きること、見守られたり世話をされたりがないままに、微笑みやキス、そして小さな心配りや励ましを誰かに与えたり受け取ったりすることなく生きることが、人びとを貧しくすると信じるようになりました。毎日の生活で、力強さや興奮を感じることなく生きるのは、つまり毎日毎日、毎年毎年、喜びのないままに生きることは、人が食べ物なしに生活したり、雨風を凌ぐ屋根なしに生きることと同じように、私たちの魂を死に追いやるのです。

　私の考えでは、喜びは、人生の必需品の一つです。ここで、楽しみのために生活したり、心理的な「高揚感」やドラッグで得られる「ハイ」をいつも求めるといった「快楽原理」を言っているのではありません。今まさに生じている、どのように生きるかを選択し、その選択をして良かったと感じる経験について話しているのです。

　悲しいことに、やりたくもないことで人生を無駄に過ごしている、ローズやラウラのような人びとがたくさんいて、理由もわからないままに「ただ、かたちだけ生きる」だけで、やりたくないことを続ける「義務」を感じています。このような人は、これが「本当の」人生だと信じています。「成熟し」「責任ある」大人は、自分で整えたベッドに寝なければならないのです（どんなにベッドがデコボコでも）。どんなに感情面で消耗しても、義務を果たすことが大事だと思っているのです。そしてがんじがらめになってしまうのです。

　ローズやラウラのように、ソーシャルセラピーにやってくるほとんどの男性も女性も、そこそこにきちんとした生活をしてきた、普通の人びとです。物や金の面では貧しくありません。社会的基準から言えば「落伍者」ではないのです。良い仕事を持ち、家庭も穏やかで、友達にも恵まれています。

　しかしがんじがらめだと感じています！　自分のすることが嫌でたまらないのです。特定の時間や特定の日ではなく、始終嫌なのです。自分の人生について次のように語ります。何をやっても楽しくない。やりたいのはこれじゃない。

何でここにいるのかわからない。ときには、そのように惨めな状況に留まる自分を正当化するために、宗教や、さもなくば道徳が持ち出されることもあります。セラピストとしての私の経験からは、宗教的な信心や道徳的戒めを持つ人びとは、そのため生活が満足のいくものであり、価値のあるものと感じているものです。その信心が、なすことのすべてを教え、かたちづくるのです。こういう人は「事後に」惨めさを合理化するために宗教や道徳を持ち出す必要はありません。なぜなら、惨めではないからです。宗教や道徳の価値をことさらに守ることに「明け暮れる」ことになりがちなのは、生活に頼りとなるものを何も持たない場合です。そしてこれは、私の考えでは、宗教でも道徳でもないのです。悪用であり乱用です。

　ローズやラウラのような人たちは、環境の結果、あるいは自分の選択の結果、発達的でない（発達に反する）人生の状況にがんじがらめになったために、人生がからっぽだと感じています。そういう人たちは、お粗末な芝居で、下手な役を演じているのです。あきらめてしまっています。人は違う生き方を選べるということを知らないなら、つまり自分が人間として発達できるということを知らないなら、あきらめるのが一番簡単な道なのです。

　自分の発達の可能性が無限であることを知らないということは、本当の意味で自分が人間だと知らないも同然です。だから、そういう経験はたまらなく恐ろしいのです。

　人生が、社会生活の地位や身分によって完璧に決定されるにまかせるなら、それは「条件付けられた行動」でしかありません。これはパブロフ博士のイヌでご存知だと思いますが、環境の「刺激」への機械的な反応です。私はこれまで講義や論文でたびたび指摘してきたのですが、理論としての行動主義は間違いだから問題なのではなく、正しいからこそ問題なのです。

　強制的な社会環境では、人は人間らしく振る舞うことをあきらめてしまいます。つまり、私たちの創造的な活動をあきらめてしまいます。その代わりに、従うだけの受け身のモノのように行動し始めます。ちなみに、これは一部の専門家と自称する人たちが言うような「洗脳」とは関係ありません。これは社会的な強制の産物です。悲しいことに、これは普通の行動なのです。社会環境が強制的になればなるほど、人びとは創造するよりもいっそう行動するだけとなります。

　人間にあっては、行動は虐待を作り出しますし、虐待の結果でもあるのです。

今話しているのは、最近新聞をにぎわすような、目に見える危害を加え犯罪として通報される、子どもの虐待、性的虐待、ドメスティック・バイオレンスのことだけではありません。私が話しているのは、それほど極端なものではなく、とくにこれといった痕の残らない、それゆえに時にとても有害な虐待行動となるものです。私たちの素朴な目や耳では、ほとんど見えませんし聞こえません。それで、多くの人は何であるのか見ようとも聞こうともしないのです。何千もの、小さいが残忍な行動が、毎日毎日、行われています。それも「本当に」他の人に対して虐待をしているとはつゆ知らない人が、これまた「本当に」自分が虐待を受けているとはまったく知らない人びとに対して、行っているのです。私はこれを「虐待行動シンドローム」と呼びます。

　ソーシャルセラピーの観点からは、虐待行動シンドロームをストップさせる唯一の方法は、行動をストップすることです。ソーシャルセラピーは、人びとの行動の「変容」の手助けはしません。むしろ、社会的に過剰に決定された行動パターンから脱出して、人生の能動的な創造者になるのを支援します。

　おわかりのように、行動するのと同じく、創造的にパフォーマンスするのも人間の本性です。行動は他の生き物もします。今のところ言えるのは、他の生き物にできるのはそれがすべてだということです。たとえばビーバーはたくさんの興味深いことをします。しかし、ビーバーは、演劇を書くことも、上演も、演出もしません。私がパフォーマンスと呼ぶものは、世界の中での私たちのあり方を作り出す意識的な活動ですが、これは私たち人間という種に特有のものです。行動は人間的ではありませんが、パフォーマンスは発達的です。

　1章で取り上げた、奥さんを叩こうとしていた男性を思い出してください。彼は、叩く代わりに彼女の手を握るなど、「少しだけ」違うことができたのではないでしょうか。

　行動のストップが —— 必ず必要ではなくても —— 可能だと気づけば、生き方を問うことにつながります。私は、大文字の〈道徳〉や大文字の〈人間性〉の名の下に「理論的には」男性が暴力を止めることが可能だと説くような、権威ある人物ではありません。私はこう言っているのです。「今、違うことができるんですよ！ 既製の大量生産品の男性役割とは違うことができますよ！ そのような社会的役割だけがすべてではないんです。自分の生活を自分で演出する劇にしてみませんか！ この行動、この台詞、このシーンだけを変えるのではなく、まったく新しい生活を創ってみては！」

2　行動をストップ！

ソーシャルセラピーの視点から言えば、実は、特定の行動ほど変化しないものはありません。行動変容は飲酒、喫煙、「過食」などあらゆる行動を停止するのを支援する強制的テクニックですが、これはとんでもない失敗でした。

　こういう鋭い自覚を持ったときに一番に可能なのは、生活の全部を転換することです。自分にこう言えばいいのです。ちょっと待て！　私は誰だ？　人生で何をやろうとしているんだ？　こんな行動をしたら、自分の人間らしさを否定するところだった。自分が成りたいと思っていた人物と全然違うじゃないか。自分の人生を決めようという時だというのに、どこに向かっているんだ。こんなふうに生きる必要はない。人生は変えられる！

　この小さな瞬間は、すべてを変えることができる瞬間であり、一日中、毎日、何度も起こる瞬間です。これが、あなたの一瞬一瞬の生の経験であり、あなたの人生のパフォーマンスなのです。

│エクササイズ│

　あなたの人生をパフォーマンスするエクササイズです。

　今度なじみの状況にいるとき（実家に帰るとか、同僚と休憩時間を過ごすとか、土曜日のデートで映画館にいるなど）、行動せずに、パフォーマンスしてみてください。

3 解決という問題

　ソーシャルセラピーに来る人は、あらゆる種類の「問題」を抱えています。それにはあらゆる種類のセックスの「問題」も含まれます。オーガズムを得られない問題。「過剰性欲」の問題。「バージンを捨てられない」問題。「早漏」問題。勃起不全問題。バストが大きすぎる。ペニスが小さすぎる…。

　セックス「問題」を解決する必要などないことを学んだときの、人びとの驚きを想像できますか。セックス以外の問題も、解決する必要のないことを学んだときの驚きを想像できますか。ソーシャルセラピーは、「問題」-「解決」の枠組みを利用しません。というのも、この枠組みは役に立つと思えないからです。

　それ以上に（もう一つ驚く準備をしておいてください）、人びとのセックスを改善しようとしません。これは、もっと良いセックスを得ることが不可能というのとは違います。明らかに、会話のスキル、セクシーなナイトガウン、瞑想、1、2杯のワイン、友達への相談、セックスパートナーとの話し合いなどは、この目的に有用ですし、とても役に立つ場合もあります。良さそうなものなら、何でも試してみるべきでしょう。ソーシャルセラピーは、人びとがすべきこと（あるいはすべきでないこと）を前もって決めてしまわずに、いろいろと踏み出してみるのを支援します。

　セックスの「問題」に対するソーシャルセラピーのアプローチから、人びとを助ける一番のやり方は、「問題」を診断することでも、ましてや「解決」を見つけることでもないことがわかると思います。

　ソーシャルセラピーの視点からは、年少の幼児が遊ぶような振る舞いは、子どもたちだけのものではありません。それは、大人のものでもあり、芸術から親密性まで、あらゆるものを創造する方法なのです。そこで、私たちは大人に

(もう一度)遊ぶことを一所懸命に教えます。手元のものなら何でも利用して、遊び心を発揮できる環境を作ることを教えます。私の友人は、彼女が4歳のときに、食器棚からエコノミーサイズのイワシの缶詰を持ち出し、ゴムバンドで足にくくり付けたそうです。そのときを、この「缶詰竹馬」を踏みならして家中歩き回った素晴らしい一日だったと振り返っていました。こんなふうにもう一度遊ぶためには、あなたを遊びから遠ざけるものをなんとかする方法を学ばなければなりません。遊び心満載の環境は、遊ぶための単なる前提でもないし、遊びの結果でもないのです。前提でもあるし、同時に結果でもあるのです。このような遊びの環境で大人がするゲームの一つが、セックスです。

　うまくいく場合、セックスは大人のための遊びになります。ゲット文化をまさに映し出す「人生はゲームみたいなもの」タイプの、取引きのようなセックスについて話しているのではありません。セックスがそのようなルールに支配されたゲームになってしまったら、攻撃的なものになります(「私にギブしろ!」)。競争的なものにもなってしまいます(「今までで俺が一番だったろ?」)。商品のようなものにもならざるをえません(「こんなことしてあげたら、いくらくれる?」)。このようなゲームとしてのセックスをしているときには、人びとの行為はありのままであることを許されず、何かの「意味を持つ」サインやシンボルのように読み取られることになります。(「彼が勃起しないのは、他の誰かに関心があるからよ」「もしあなたが私を愛しているなら、ちゃんとできるはず」)

　私が話しているのは、まったく別の遊び／プレイのことです。まったく別のセックスのことです。ソーシャルセラピーの意味する遊びとは、まさにルールのある遊びを学ぶ以前の、幼児の遊び方に近いものです。初期の幼児期の遊びは、(野球や石蹴り遊びとか、「スクラブル」や「クルー」のようなボードゲームなどのように)事前にルールを知り理解しておく必要はないのが特徴です。というよりも、(もしルールがある場合でも)ルールは遊びの中で作られます。参加者が活動する中で、自分たちがしていることを記述するのと同じほどに、何をしていいか決めるために、ルールが創造されるのです。

　幼い子どもたち、楽しみのために遊びます。この遊びに始まりはありませんし、中間部分も、終わりもありません。普通は、「何かのための」目的もありません。何も「意味」しません。このような遊びには、点数はいりません。「良い」も「悪い」もありえないのです。あるいは遊びに「太り過ぎ」も「小さすぎ」もないのです。勝者も敗者もなく、トロフィーもなく、誰も表彰しま

せん。

　こう言っても、何もセックスを矮小化しているのではないですし、何でもいいとも、どんな年齢の人としてもいいというようなことを言っているのでもありません。私の考えでは、親密さのないセックスは、一番攻撃的で、一番競争的で、「店で買ってくる」「既製品」となりがちです。そのようなセックスは、誰がプレイできるかから、ゲームの「目的」まで（敵を打ち負かすために何をすべきかまで）、セックスのすべてを決める既製のルール、役割と意味によってはじめて完成します。

　そうではなく、私の考えでは、最良のセックスは何もわざとらしいところのないセックスであり、喜びにあふれて満足するセックスは、人生でもっとも打ち解けていられる相手とのセックスです。くつろいで、ただ自由に楽しんでプレイするだけなのです。それは、プレイする前から作られた固定した慣習に邪魔されないということです。ゲット文化が押し付ける意味の重荷から自由であるということです。目標達成の手段ではなく、2人が望むからするものなのです。ベストなセックスというものは、無二の親友とするセックスであり、ただ「性交を同意する人」とではなく、互いに気遣いあう人とのセックスだと、信じています。

　確かに、あなたの考えは魅力的に聞こえるけど、と思っておられるかもしれません。でも、先ほど話していた、生物的社会的な性の問題はどうなんですか？ それはどう関わるんですか？

　そういう問題は関係ないのです！ ソーシャルセラピーのアプローチでは問題を扱わないし、解決しようとはしません。というのも、問題などないと考えるからです。問題などないですって？ そうです、そんなものはないのです。ユニコーンやしゃべる動物のようなものです。想像することや、信じること、名づけることも、うっとりするような物語を作ることも可能ですが、そのような（角のはえたり話したりする）動物はいないのです。

　そうですか。でも、どんな問題もないとしたら、いったい何があるんですか？ ユニコーンやしゃべる動物がいないとしたら、何があるんでしょうか？ とても良い質問です。人生があるというのが、答えです。人生は、豊かな複雑さであり、矛盾であり、上がったり下がったり変動し、カオスで、さまざまな事柄が同時に起こっていて、人間のみがこの人生を突き動かし揺さぶるのであ

3　解決という問題

り、その創造者であり制作者でもあるのです。ご存知のように、ユニコーンやしゃべる動物は、私たち人間が作り出したのです。

　問題としてとらえることの問題は、この数百年の間、人間という種にとって自然改造の上で有用だった方法、あるいはモデルの産物であるものの、私の理解では、人間生活に適用する（あるいは押し付ける）ときは不適切であり、特段役にも立たないことです。川に至る道筋を塞いでいる巨岩を問題として認識して、それを取り除くのが一番の解決だと決めるのと、人間の生を動きのない、発達と無縁の、創造的でない問題解決パラダイムに基づいて特定し、定義し、診断するのとは、まったく別のことなのです。

　人間の生きる活動の中の、特定の側面や次元を「問題」として認定することは、多元的で切れ目のない、人間の生の全体を恣意的に分断して、モノ化してしまいます。これは、人生を終わりのない「巨岩」の連続に言い換えて、「正常」に戻すために、道筋を塞いでいる巨岩を取り除くテクニックを探すことに還元するのです。問題－解決パラダイムが生の営み方であるだけでなく、生そのものになってしまうのです。

　ソーシャルセラピーは、反テクニックではありません。自分に役に立つと思えるテクニックなら、何でも使うように奨励します。それと同時に、テクニックを創造することを教えています。テクニックを創造できるよう支援してくれる環境の創造も含めて、教えています。言うまでもなく、このことは、既存のテクニックの利用だけを教える伝統的なセラピーのやり方とは違っています。

　おわかりのように、人間はホームセンターにおいてある道具の、単なる利用者ではありません。私たち自身が、道具の制作者でもあるのです。人びとが既存の道具しか利用できないというのは、ソーシャルセラピーの観点から言えば、発達的ではありません。つまり、人間の生の創造的側面を認めないことなのです。ソーシャルセラピーは、自分の生をより良くするための創造者であるよう援助し、それには、人生のテクニックを絶え間なく発展させることが含まれます。私たちは、人間固有の発明力を奨励するような文化環境の創造を助けます。しかも、私の知る限り、あらゆる人間は創造的なのです。

　私たちの社会では、老いることから「静電気による衣服のまつわり」まで、何でも「問題」とされ、そのための「解決」が売りに出されます。かくして、問題－解決の罠に簡単にはまるのです。

肥満は、取り組みや対処が必要かもしれない人の生の特定の側面が、モノ化されることの好例です。肥満は、果てしない「解決」の探求と組み合わさって（ダイエットはこの問題を「解決」できないことで悪名高いものです）、しばしば人生そのものになります。ダイエットで人生を葬っている何百万人の女性のために声を上げたスーザン・パウター（1993年『愚かなダイエットはお止めなさい！』の著者）が多くの人にとってヒロインになったのは、不思議ではありません。

　自分がどうしたいのかを大事にせず、自分にとっての健康を大事にしない人は、食事等を含む生活活動をどのように自分が営んでいるかについて自分でもよくわかっていないという証拠が集まっています。ここで「肥満」や「暴飲」や「薬物乱用」する人びとを非難したいわけではありません。私の言いたいポイントは、問題－解決パラダイム、つまり、摂食や飲酒や薬物使用をモノ化してしまうことで、人生の全体性を転換することが非常に難しくなるということです。この全体性には、食物やその他の物質を摂取することも当然含まれますが、それだけには限りません。何をどんなふうに食べたり、飲んだり、吸引したりしても、私たちは自分自身の人生の全体をどのように組みたてるのかを決めなければならないのです。どんな仕事をして、誰を友達に選んで、どこに住んで、どんなゲームで遊ぶかなどの全体を、です。

　私のメッセージはこうです。もし生活の中の何か一つでも変えたいなら、あなたの生活全体を変えなければならないのです。それと、生活全体を変えるほうが、生活の一部を変えるよりもはるかに簡単だということがわかります。

　ソーシャルセラピーのアプローチが教えるのは、生活全体を再創造し続けることです。アクティブな行為の主人公となって、生活活動全体の豊かな複雑さを組み上げる責任を負うことなのです。「問題」指向的ではなく、発達指向の環境を創造することを教えるのです。「問題」を「解決」するという際限のない、役に立たない循環におちいるのではなく、自分たちの生を生きる、持続的で創造的な活動に従事する方法を学べるのは、このような環境をつくる中でなのです。

　皮肉にも、私たちが薬物依存を止めさせることができたのは、絶対に薬物乱用を「問題」としなかったからなのです。そればかりか、そういう人びとを「薬物依存」とか「アル中」などの固定化した「アイデンティティ」として絶対に扱わなかったからなのです。私たちは生にラベルはつけません。生を生き

抜くことを支援するのです。

　多くの伝統的セラピーのアプローチは、「肥満」「依存症」、性的トラウマなどの同じ「問題」を抱える人びとを問題ごとにグループ分けします。とくに不道徳と結びつく「問題」の場合には、問題を抱えた「邪悪」で「醜悪」な人びとは、彼らとまったく異なる「善良な」人びとに迷惑をかけるべきではないし、面倒を押し付けるべきではないと想定されます。しかし、私はこのように「問題」に応じて人びとを分類することが、効果をもたらすという証拠があるとは思えません。

　さまざまな人生行路を歩んだ薬物使用者が、他の「問題」を抱えた人びとと基本的には違いがないというたくさんの証拠があります。過去25年の間に私たちが発見してきたのは、他者から途方もない支援がもたらされるということです。他の価値に基づいて育てられたり、別種の民族的出自で別種の人生行路を歩んだり、他の生活環境に暮らした人たちです。

　自分とは大いに違う人びととのやりとりを通して、人びとは自分を見出す、ということを見てきました。それはちょうど、鏡を見るようなものです。自分の鏡に映った像は、あなたが自分自身を直接見るのとは違います。それは、むしろ、他の人が見ているあなたなのです。鏡が役に立つ理由は、ここにあります。これを、あなたも自分の生活の中で行うことが可能です。家庭や道端で、あるいは仕事場で、あなたと違う人物と交わることで可能になります。ソーシャルセラピーグループは、可能な限り多様な人びとから構成されます。男も女も、同性愛者も異性愛者も、有色の人も白人も、労働者も中間層も、高齢者も若者も、みんなでグループを構成します。ソーシャルセラピーでみんなが協働する基礎は、皆に共通の「アイデンティティ」にあるのではなく、人間としてそれぞれが分け持ちあう能力、あるいは生活創造者として持っている、無限の発達の能力が基礎になるのです。実際、人びとが「アイデンティティ」の慣習を完全に打ち破るのを、私たちは支援します。人びとが「男」「女」「同性愛者」「異性愛者」「黒人」「白人」「労働者」「中間層」「高齢者」「若者」などと区分して扱う慣習を打ち破り、これらの誤ったアイデンティティの前提に基づいて一緒に何ができて何ができないとか言うのではなく、人びとの違いが混ざるとどういう創造が可能なのかを味わうのを支援するのです。言い換えれば、ソーシャルセラピーのアプローチは、人びとが何をするか、つまり活動に最大限の

関心をはらいます。逆に、「説明的な」アイデンティティのラベルには無関心なのです。こうしたラベルは活動に重ね合わされて、活動を制限し、活動を歪めてしまいます。

　ところで、私は、ただ社会的に認められないネガティブなアイデンティティだけについて話しているのではありません。他者と自分自身を理解し関係づける主要な手段となるアイデンティティですが、これがどれほど発達にとってはネガティブな影響力を持つかについて話しているのです。どんなに価値のあるアイデンティティ（親、聖職者、裁判官）も、例外ではないのです。

　「母親」は、たとえば、出産と育児を含む、高度に複雑な、社会的、経済的、生物学的、文化的で政治的な、一群の活動から生じたアイデンティティです。私たちの文化（他の大半の文化でもそうですが）では、ポジティブなアイデンティティととらえられていますが、母親活動に従事する人びとを、ほとんどの場合女性ですが、カテゴリー化し、制限し、コントロールするのにも使われます。この人たちは、大文字の〈母親〉になることを求められ、〈母親〉らしい振る舞いをすることを求められます。そうしないと、とても重く罰せられます。こういった背景があって、大文字の〈母親〉を説明したり判断するのはとても簡単になるのですが、創造的な育児はとても困難になります。男性の育児は、さらに難しくなります。

　説明は、アイデンティティと問題－解決という「双子」を含む、大きなラベルの一員です。他のラベルのように、説明ラベルも発達を害します。説明も含めて、ラベルづけはどこから生じるのでしょうか？　人間がラベルをどこにでも誰にでも貼り付けるのは、「ただ自然なこと」と考えたくなるかもしれません。彼は「劣等感」を持っている。彼女は「摂食障害」だ。あそこの子どもたちは「多動症」だ。私は「アル中」だ。あなたは「買い物依存症」だ。うちの子は「高IQ」だけど「低自己効力感」の「成績不振児」だ。しかし実際には、ラベルが社会生活に登場したのはごく最近のことなのです。過去3世紀の間物理学がおさめた素晴らしい成功によって、物理学の標準研究手続きであるラベルづけが、心理学にも必要だと思われたのです。

　ラベルづけは、天体、樹木、岩石、トリ、ハチ等、自然界をうまく理解する方法と同じ方法で、私たち人間自身も理解できるという仮定に基づいています。この仮定がはらむ問題（もしこの表現を許していただけるなら）は、私の知る限

3　解決という問題

りでは、天体は決して天体の心理学を作り上げないし、樹木も岩石も自分たちの心理学を作り上げない、トリもハチもそれらの心理学を作らないことです。

　天体運行、岩石の生成、樹木の成長、トリの繁殖行動、ハチの社会組織を説明する一般法則はあるかもしれませんが、これらの法則は自然界に関して人間が発見したものです。物理法則の対象、つまり分子や量子（エネルギーの多様なあり方を作る「小包」ですが）が、この法則を作るわけではありません。物理学者が作るのです。対照的に、心理学の「法則」は、人間が人間自身について作り上げるのです。心理学の擬似法則は、根本的にそして基本的に、この主観性によって形作られ、同時に歪みをもたらされているのです。言い換えれば、私たちは研究する主体であり、同時に研究対象でもあるのです。

　私の見方では、このような私たちの生の基本的事実が、人間生活に対する科学モデルの適用を不可能に、そして不適切にしているのです。それだけでなく、主観性によってゆがめられた伝統的心理学の「法則」は、私たちを圧迫し、成長させないのです。それは私たちを閉じ込めます。私たちの生を豊かに、創造的に生きるのを許さないのです。

　おわかりのように、人間という種の生は、伝統的心理学のいわゆる科学的「法則」によって説明できないような、創発的なものです。私が言いたいのは、一番「小さな」日常生活の一コマでもドラマティックな転機でも、人間の生で起こるのは、心理学が「法則」と呼ぶような、既知のパターンや模範例には適合しないということです。このような「ハプニング」は、「無時間的」な物理学の発見よりも、文化の創造のほうにはるかに近いものです。次のように述べることを許してください。アルバート・アインシュタインは、（物理学の主観的相対性を含めて）物質世界の本性を説明する物理学を再発見しました。しかし、この創発的なアルバート・アインシュタイン現象を説明できる心理学の科学的洞察は、一つたりともありません。

　科学的洞察は、支配的な科学的「客観的」理解モードの一部です。洞察は、ルールが支配し、役割が支配する環境の変更には利用されず、むしろこの環境を「明るみに出す」のに使われます。洞察は、おそらく、パターンを主観的に知る（そして「発見する」）手段の一つなのです。文字どおり、すでにそこにあるものを「見る」ことなのです。

　私は、洞察一般に反対しているわけではありません。ソーシャルセラピーは、どの瞬間も洞察に満ちています！　セラピーでも日常生活でも、それらがどの

ように利用されるかを吟味する必要があると強く思うのです。科学的洞察（あるいは洞察一般）が生を生きる活動の再編成に役立つという証拠は、それほどありません。洞察によって、生の見方を興味深くはできそうですが。ソーシャルセラピーの発達的観点から言えば、何か洞察的なものがあるかもしれませんが、しかしそれだけでは何の価値もありません。

　洞察の仲間となる言葉（説明という言葉など）と同じように、科学的洞察は世界を意味づけなければいけないという文化的欲求を満足させます。これは、すべてを説明しなければならないという文化的に作られた仮説なのです。しかし、なぜ父親が酔っぱらうのか、なぜ高校時代の恋人と結婚するのか、なぜ息子がブロッコリーを嫌うのか、説明できないとしたらどうでしょうか？　ソーシャルセラピーは、人びとが生を創造するのを支援します。生を理解したり説明や解釈するのではなく、あるいは生の前提あるいは生の代替物のようにラベルづけするのではないのです。

　たとえば、夢が夢見る人の「隠れた真実」や、夢を見た当人に知られることなく起こっている「深層心理」を明らかにするというようなことを、私は信じません。むしろ、夢は、覚醒状態で、制度化され、完全「動員された」文化的要求から自由になったときに、「書き上げる」芝居のようなものだと言えます。話の筋を作り、登場人物に想像上の人生を吹き込み、振り付けをし、衣装を着せ、台詞を与え、最後に緞帳を下ろすのです。これらすべてを必ずしも覚えてはいません。ちょうど、昼でも夜でも、私たちが作り出したいろいろのことを全部覚えていないのと同じです。夢を見ることは、人間の創造活動の一つです。ソーシャルセラピストは、人びとが創造するすべてに関心があるので、夢に関心を持ちます。しかし、ジグムント・フロイトに背きますが、夢が秘密の暗号を持っていて、プロの暗号解読者にしか解読できないもので、夢を見る人自身も知ることのできない「開示拒否情報」にアクセスできるというような証拠があるとは思えません。そのような隠れた情報が存在するとは思えません。私たちが何者であり何を創造するのかは、ただただ、私たちが私たちであり、私たちが創造するものなのです。

　こうは言っても、人間生活に何らパターンや規則性がない、と言いたいのではありません。ただ、予期されない、それゆえ説明不可能なことが生じることも少なくないということです。それ以上に、パターンや規則性そのものが、人間の主観性によって形作られ、歪められもします。人間の主観性は、私たちの

つなぎ目のない生の全体から、パターンや規則性を選び出しているのです。生は、予想されるものと新しいものの、ダイナミックな関係です。問題、解決、アイデンティティ、説明といった語族は、その他の類似の部族語とともに、生の創発的な側面を無視します。これらの語族は、人びとがパターンの創造者であり、心理学的にはパターンの主体であることを、巧妙に打ち消すのです。こうすることで、人間の本来的な創造し、世界を不断に変革し、発達する能力を隠してしまうのです。

　伝統的心理学は、言語自体と同様に、科学と宗教の抽象的（神秘的な、そして神秘化する）バイアスを採用してきました。これが、生を可視化可能な「表面的な」ものと、不可視の「深層の」秘密の、二つの対立する領域に分断します。説明と科学的洞察は、これらの二つの領域を媒介します。癲癇持ちの子どもは、本当は「注目して欲しがっている」、過食の女性は、本当は「愛情に飢えている」、カンフー映画好きな男性は、本当は「自分の男らしさに自信がない」、といった具合に媒介するのです。

　心理学は、生を絵画専門家が贋作の絵の具を削って、隠れた「本当の」意味を取り出すかのように語ります。このことが、感情を活動として語るのを困難にします。しかし、私は、活動として感情を語るのが大事だと思います。日常言語によって繰り返し繰り返し強化された伝統的心理学の第一原理では、対象の「もっと深く」に進み、「奥底に達する」ことが必要だとされます。私の考えでは、この原理は、発達にとって恐ろしい障壁になります。というのも、この原理は、生を絶え間ない人間活動の産物ではなく、動かず、変化しないものと仮定するからです。これが、心理学の抽象的なバイアスです。科学でもないし宗教でもないこのバイアスに、ソーシャルセラピーは挑戦しているのです。

エクササイズ

問題などない人生がどんなふうか、見てみましょう。

　一日中、どんな問題が生じても、それを解決しないでください。その代わりにその問題について詩を書いてみましょう。たとえ、詩を一度も書いたことがなくてもです。

4 男と女のこと

　30代後半のフランクは、ハンサムで育ちの良い男性です。公益問題の弁護士で、仕事に対しては野心的で熱心に働く男です。フランクは、ときどき訴訟事件に夢中になり、周囲のことに気配りできなくなります。彼は、快活で有望な若い女優のジェニーと婚約しているのですが、ジェニーもまた女優人生を大事にしています。ジェニーは、ときどき、フランクの「鈍感さ」「親分風」「自己中」、簡単に言えば「性差別主義」に腹を立てます。

　ある晩のソーシャルセラピーグループで、ジェニーとの「不愉快な喧嘩」に触れたあと、フランクは2人の関係について話し、彼が「ちゃんと理解してくれない」と、ジェニーが思っていると感じる、と言いました。彼は、ジェニーが言うことの半分は正しいとも言いました。では後の半分はどうでしょうか？彼の言うには、本当に自分が「ジェニーが言うような差別主義野郎」なのか疑問だし、ジェニーが皮肉っぽくなって「意地悪になる」と腹を立てた、とも語りました。フランクによれば、自分がやることはすべて悪い、とジェニーは思っているのだそうです。もし自分がそんなに悪い人間で、ジェニーが不幸なら、彼女は自分とどうしたいのかわからないとも話しました。

　男性として、またセラピストとして、私はフェミニズムから多くを学びました。私は単に、フェミニズムが時として単純化されるような、す・べ・き・こ・と・と、す・べ・き・で・な・い・こ・と・について話しているのではありません。もっとも、何らかのルールに沿うことが有効だとするなら、フェミニズムのルールは、フェミニズムが変えようとしている男性中心のルールよりは公正だし、もっと人間的だと思います。汚い靴下は片づけろ、トイレを流さずにそのままにするな、感情を正直に伝えよ、何をしろと命令してはいけない、彼女が何を考えているのかを聞くように、彼女の意見を笑ってはいけない、彼女がどんなセックスを望ん

でいるのか見つけてあげよ、知っている振りをするな、他にも、いろいろ。

しかし、私の意見では、これらのルールよりももっと大事なのは、近代のフェミニズムが男性中心の見方ややり方について、きわめて先鋭的で強力な批判というかたちで提供してくれた、感受性なのではないかと思います。ソーシャルセラピーの見方からすると、おそらく一番大事なフェミニストによる批判は、フェミニストがこの感受性を作り出したことです。フェミニストはそうすることで、男性中心主義がただ当たり前だというような、現状維持に偏った考え方に挑戦したのです。フェミニストの核心は、男性中心主義が、中立普遍でも自然なものでもなく、相当に歪んだものごとの見方とやり方であること、つまり世界の主観的な「切り取り」にすぎないと示したことです。

ソーシャルセラピーは、男性が支配する社会制度に埋め込まれているバイアスや仮定に根本から挑戦するために、フェミニズムを取り入れてきました。この社会制度には、もっとも重大なものとして、言語も含まれます。しかしながら、私はフェミニズムによって大きく影響されたとはいえ、自分自身は「フェミニスト」とは自称しません。それは、せいぜい、女性に「気に入られる」ことで手柄を立てようという男の思い上がりというものでしょう。下手をすると、信用証明書としてフェミニズムを標榜することは、男性による、女性からの別の収奪のように思えます。また同時に、これは、女性が公的に個人的にも批判しようとしてきた男性側が、苦境から逃れることを可能にします。

ソーシャルセラピーのアプローチはフェミニズムから深い影響を受けてきたのですが、私の視点から言えば、フェミニズムによる男性が支配するゲット文化の批判は、視野の狭いものです。なぜならば、フェミニズムは私たちの文化の問題を正しく指摘しているにもかかわらず、ときに、問題点を理解すれば事態が改善されると仮定しているからです。

フェミニズムは、60年代のリベラルでラディカルな方法論の上にあぐらをかいているように思えます。これは、社会の変革は「意識を高める」と呼ばれるものによってもたらされるという方法論です。これは、意識と呼ばれる何かが存在するという仮説に基づきます。意識は（たぶん）頭のどこかに位置し、それを「高めさせる」ことで ── たとえば、女性に自分たちが「被抑圧者」で男性は「抑圧者」だと教えることで ── 人生を転換することができるという仮説です。しかしそのような知識が、それ自体で、何かを転換できるという証拠がないのは明らかです。実際には、何も変わらないのだから、何が悪いか

教えてもらわなくてもいい、という意見も多いのです。反対に、人びとの生の活動を変えることで、それについての考え方も変わるというのが、ソーシャルセラピーのアプローチなのです。

　フェミニスト理論が正しいかどうか問題にはしません。しかし活動がなければ、どんなに良い理論でも何も変わらないのです。もっと大事なのは、活動がなければ、人間はどこにも行けないということです。言い換えれば、フェミニズムは十分に進歩していないと言いたいのです。最大限の敬意をはらいつつも、あえて議論を吹っかけているのです。フェミニズムの男性支配的な方法を問題にしているのです！

　ソーシャルセラピーでは、ゲット文化を解体（この文化をバラバラにしてそのしくみを暴露）しながら、同時にこの文化の内部に新しいギブの文化を作り上げる活動に従事します。この活動に参加し、ソーシャルセラピーグループ、友情、家族といった、この活動の環境を作るのは、実に発達的だということがわかりました。この活動の多くが、私たちの語り方、つまり言語それ自体の解体と再構築なのです。

　男と女は、異なる「サブカルチャー」からきている（とはいえ、両方ゲット文化ですが）ことを忘れがちだと思うのです。男と女は、同じ言語の、相当に違うバージョンを話しています。口にする単語が常に同じ事物を意味しないばかりか、言語自体が同じ事物を意味しないのです。他の社会制度や社会環境、家族、セクシュアリティ、貨幣、知識等への関わり方も、また違います。そしてその結果、両者の価値観や知覚も違うのです。試したことがある人は誰でもわかるように、男と女が一緒に何かを作り上げるのは本当に簡単でありません。ときには、必要以上に困難にもなります。というのも、すでに手にしていることのすべてをどうやって用いたらいいかわからないし、あるいは用いたくないのです。これは多くの場合に当てはまりますが、というのも、自分が手にしたものが好きではないからです。（これはとくに女性に当てはまります。）

　女性が男性に対して何が必要なのかを語ることに、男性はもっと耳を傾けることが大事だと思います。人間関係の中で、もっと思いやりをもち、もっと思慮深くあり、もっと人間らしくあってほしいという女性の願いに、男性は応えなければなりません。これは、女性のほうがよく知っている事柄です。これは遺伝子によるのではなく、子どもの頃からどういう人間として育てられたかに

4　男と女のこと　　25

よるものです。もしあなたが男として、近代のフェミニズムが提起した問題にもっと敏感になれるなら、(女性だけでなく)あなたも恩恵の受取人になれるのです。もっと人間的に、もっと謙虚になるのを学べば、その分だけ、他者と近く、より親密になれるのです。

同時に、男は男なのです。それは私たちが何を学べるだけでなく、どういう人間として、つまり男として育てられてきた歴史も含みます。この社会的な事実は否定することも、消し去ることも、男というあり方をなくすこともできません。

女性は、自分に近しい男性に、もっと謙虚になれと要求すべきです。自分たちだけでなく他の女性に対しても、他の男性に対してもです。他の人間に対してもです(あなたの家にクッキーを売りにやってくるガールスカウトや、映画館に行くときにすれ違うホームレスの老人に対してもです)。同時に、女性は、男性が結局男性であることを認め、受け入れることも必要です。

言い換えれば、男と女も、互いにより親密になるには、互いが何者なのかを徹底して受け入れなければならないのです。徹底的な受容が、親密さを生み出します。それ以外にはないのです。さらに、徹底的受容は、成長と発達のためのスタートラインです。これは、判断を脇に置いて、人びとが(この場合には男と女ですが)恥だと感じるものを個人的に所有しているという感覚を棚上げできる、「罪悪感を抱かない領域」を作り上げることを意味します。

このような環境では、男と女は、性差別的役割を突破するために協力しあうことができます。そして私たちすべてを制約し制限する、性差別的なルールを破ることができます。これは、おわかりのように、お互いがそうあるべきと合意したから、役割やルールが廃止されたり、「自覚的に廃絶」されたりするというのとは違います。堅固な事実は、性差別はここにあるということです。たとえずっとそのままでないにしても、長期にわたってあり続けるでしょう。男が皿を洗い、女を「トップに」すえると決めても、それを消し去ることはできません。

これは、ソーシャルセラピーの視点から、どういうふうに言えるのでしょうか？ お互いに親密になろうとする男と女は、自分たちの男－女の関係性(発達のゾーン)を創造しなければならないのです。女が男からゲットするには、できるだけ男にギブしなければならない一方、男はできるだけ少なくギブしてできるだけ多くを得ようとするというような、性差別パターンを脱しなければ

ならないのです。そして事前に決められたフェミニストの「正しさ」に絡めとられるのを拒否しなければなりません。この正しさのもとでは、古い性差別主義のルールと役割が、ただ単に新しいフェミニストのルールと役割に置き換わるだけです。「善い」カテゴリーといえど、依然としてカテゴリーなのです。カテゴリーは制限し、創造的でなく、反発達的なのです。性差別が横行した「嫌な昔」に（もちろん今の時代でもある程度続いていますが）、女性はXやYやZをしたからというだけで、XYZを止めてABCをすればすべてよしとするのは間違いです。たとえ「ABCをしなければならない」がより善いルールだとしてもです。ジェニーとフランクが、セックスのときにはジェニーが「最初に満足する」というルールを決めたとしても、どちらも楽しめないとしたら何のためのルールでしょうか？　このようなルールは、真逆のことを命じてきた1万年前からのルールと同じく、「彼ら2人の」ルールではないのです。おわかりのように、ただ何かを否定するだけでは、何かを変えることにならないのです。もし、意識的に母親が何を、どのようにやってきたかの何もかもを正反対にするよう生きてきたとしても、まさに、そういうものだ、母親のようであれと言う人たちと同じく、母親によって決定されているのです。「正しい」洞察や「賢明な」道徳をそなえても、たとえ「正しい」態度を身につけてさえも、それで十分ではないのです。男と女はさらに、それとともに何か成長をさせてくれるようなものを創造し、その活動に持ち込むものすべてを（お互いのすべてを用いて）作るのです。これを2人で行い、新しい（2人のための）男－女の関係を創造する責任をシェアすることは、本当に親密にくつろげることなのです。関係の作り方は、どういう人か、お互いに何を作り出したいかによって、たくさんのやり方に広がります。

　このことがなぜとても難しいのか、もう一度考えることが必要になります。確かに、慣習の力があり、それが私たちの進みを遅らせます。しかしそれだけではありません。男も女も、昔の（抑圧的）スタイルで男と女の関係を振る舞うことから、実際にスキルと力を獲得しています。男性はしばしば、世知に長けるという面ではより賢い存在です。一方、知識の多寡に投資していない女性は、より賢い学び手なのです。

　ソーシャルセラピーの言葉で言えば（すなわち道徳の観点でなく、発達の観点から述べると）、古い抑圧的やり方を止めるかどうかではなく、どうやって止めるかなのです。どうやって、まさに逃れようとしている古いやり方の産物で

あるスキルと力を利用して、ポジティブで新しく発達的なものを創造できるでしょうか？　海をボートで渡りながら、どうしたらそのボートを作り直すことができるのでしょうか？　外からあなた方の関係を支配する、権威（たとえば教会や、親族や、隣人等）に身を委ねることなく、どうやって、フェミニズムとともに新しいあり方を創造できるでしょうか？

　それは、あなたの持つすべて、とくに男と女の違いと２人を待ち受ける困難を、今手にしているものから何か新しいものを創造することによって、絶えず再構成していくことで可能になるのです。無限の可能性と、果てしないワクワク感を覚えるでしょう。

　私の意見では、良い関係は、その関係に（良いものであれ悪いものであれ）古い性差別主義の環境で獲得したものを委ねていくことが必要です。古い環境での極端に偏った発達を意識的に取り上げて、それを新しい協働的な環境に委ねていくことが必要になります。これは、２人があることについては以前とは全然違うことをやり、他のことは前と同じようにやり、大部分は —— 前にはやったこともないような多くのことも含めて —— 単に前とは違うようにやる、というようになるでしょう。

　重要なのは、（男にも女にも害を及ぼすのですが、とくに女性に害のある）性差別的でゲット文化に基づく役割を演じなくてもよいということです。性差別とその入り組んだ、不平等で不公平な結果を正直に認めるなら、（その個別の要素を否定するだけでなく）「異」性との関係全体の作り直しを始めることができます。そうすることで、私たちは何か、つまり新しい関係（新しい全体性）を自分たち自身で作り出すことができるのです。

| エクササイズ |

　親しい男性か女性がすることで、あなたをイラつかせることを考えてみましょう。つまり、「それって、女みたいじゃない！」「それって男みたいじゃない！」とか言いたくなることです。

　一日中、そのイラつかせることも含めて、その男性や女性を徹底的に受け入れる実践をしてみましょう。

5
聞くこと

　私は、他の人が言わずにはいられないことを聞くのが好きです。60年近くも聞き続けてきましたが、この「互いに言葉を交わす」という人間の並外れた共同活動に、今も驚きの念を覚えます。演劇やパフォーマンスにも同じく魅了されています。舞台を見物し俳優の声を聞くことは、本当に私を魅惑し恍惚とさせます。劇場の座席に座って、批評するなどとんでもないことです。芝居が「うまいか」「下手か」、「芸術的か」どうかを評価するためになんか、観劇しません。そのような判断の必要をまったく感じません。誰か他の人の批評も不要です。俳優が舞台上でパフォーマンスし、誰かの振りをし、演じ、芝居を作る、つまり何かを創造することに感動し、喜ぶだけなのです。素敵な芝居を味わい、終幕には惜しみなく拍手するのです。

　このことは、話すことにもそのまま当てはまります。話すこともパフォーマンスであり、芝居しているのです。人びとが一緒になって意味を創造することは驚きです。そして私たちのほとんどが、そうすることはまったく当たり前だと思っている事実も同じく驚きです。そういうわけで、私は人の話を聞くのが好きだというとき、それは特定の人が、特定の話題を、特定のしかたで話すのを聞くことだけについて述べているわけではありません。聞くこと自体が好きなのです。話し手が何を話しているか（どんな話し振りか）に関係なく、話すこと自体が魅惑的だと思うのです。

　聞くことは、典型的な完成のための活動です。それは、（話し手でない）他者がコミュニケーションの成立のためにしなければならないこと、つまりギブすることです。「完成」という言葉で、誰かの発話を終了させたり停止させたりすることを意味しているのではありません。話し手が始めたコミュニケーション活動を持続させることを意味します。話し手も聞く人がいなかったら、その

話し手は（実際に一人でもそうでなくても、また意図にかかわりなく）コミュニケーションしていないのです。怒り狂った父親が「お前に話しても、まるで壁に向かって話してるみたいだ」と、10代の息子に言っている場面、傷ついた妻が夫に、「言ったこと、これっぽっちも聞いてないのね」と言っている場面、イラついたバスの運転手が「このバスは町の向こう側には行かないって言ってるだろ、聞こえないのか」と乗客に言っている場面を想像してみましょう。このような状況で話し手は何を言っているのかといえば、話し手の完成させてもらえない経験、言い換えればコミュニケーションのない経験を述べているのです。話すだけでは十分ではないのです。話しかけた人たちは聞いていないのです。対話になっていないとわかったとき、父親、妻、運転手は、叫び出し、ののしり出し、あるいは両方とも始めるのです。たとえそうしたとして、息子、夫、乗客は聞こうとするわけではないのですが。

　他の社会的活動同様に、聞くことにもさまざまの種類があります。他の人があなたに話している間、黙って口を閉じているというのは、積極的に聞くこととはずいぶん違います。一所懸命テニスをしたり、情熱的に愛しあったり、セックスアピールを込めてダンスしたりするのにもさまざまな程度があるように、聞くこともさまざまです。実際には耳を傾けずに聞くこともできるし、「耳半分」で聞くことも可能です。また、言われた言葉を追うだけではなく、一心に集中して聞くことも可能です。こういうときには、言葉という道具を絵筆のようにして、コミュニケーションする — 創造する — ために懸命に努力する話し手の全人格を経験するのです。

　このように聞く活動は、ある種の「パフォーマンス」と言えます。アクティブな聞き手は、聞いていることを表にあらわしてみせます。うなずき、微笑み、驚きや興味を表現しますし、質問もします。話し手から何もゲットする必要などありません。聞くことで、参加するのです。

　私は多くの人びとが聞くことに困難を感じていると思います。こう思うのは私一人ではないようです。過去20年くらい、多くのアメリカの主要企業が相当のお金を従業員の聞くことの訓練のために費やしてきました。言うまでもなく、家庭にいる普通の人びとは、それよりももっと以前から、「コミュニケーションギャップ」に気づいていました。私は、人びとが互いにうまく聞けないことを見つけ出そうというのではありません。ソーシャルセラピーは、この困難を取り除きます（解決ではなく！）。

なぜ聞くことは難しいのでしょうか？　私の考えでは、多くの人びとは、話す活動の全体（意味を創造する質的なプロセス）というよりも、特定の産物（意味）に向かう傾向があることと関連しています。そういう人の聞き方は、話し手が何を話しているのかを知ることに、過剰に決定されています。誰かが話していることは、せいぜい、たまたまあったことだったり、ひどい場合には、うっとうしかったり、本当にイライラするものです。我慢がならなくなり、話し手に「要点を言えよ！」「はっきり言えよ！」となるのです。

　こういう場合には、人びとは基本的に、自分の「番」がきたら、説明し、解釈し、喩えを持ち出そうと待ち構えて聞いているのです。そうして、既存の理解しやすいカテゴリーに押し込めることで、話し手が言ったことを「確認」しようとしているのです。このようなかたちで話すことに関わるのは、つまり聞く「価値が」あるかどうかによって話をカテゴリー化することは、典型的に判断的なものです。

　言語を意味と同じものと見なしすぎると、当然ながら、言語はコミュニケーションや創造の道具ではなくなります。代わりに、人びとが互いに話し合う共同活動への参加から得られる理解の壁となってしまいます。人びとが感情について語るとき、大きな痛みを伴うものになり、欲求不満がたまるものとなります。この「意味によって過剰決定された言語」は、伝統的な、いわゆる「洞察重視の」語りのセラピーに普及しており、さらには、これをモデルにした（あるいは、モデルにされた）ある種の友人同士や家族間、そして恋人同士の会話にも蔓延しています。

　高校の1年生アンソニーは、進路指導の女性カウンセラーに大学には進学したくないと言いました。カウンセラーは、「わけ知りに」アンソニーが母親を「罰しよう」としていると応じました。それ以来アンソニーは、彼女と話をしなくなりました。今は、アンソニーは、進路指導室に呼ばれてもいつも漫画本を読んでいます。進路指導カウンセラーは、両親に17歳のアンソニーが自分を「コケにしている」と不満を伝えました。カウンセラーによれば、アンソニーは、「人生において権威的人物と対決しなければならず、しかしそれをする上での感情的なリスクを恐れている段階にあり、とくに母親との関係を恐れている」のだそうです。この「分析」の唯一の「証拠」は、アンソニーの母親がカウンセラーと同じくらいの年齢で、進路カウンセラーになるために勉強していることだったのです。

これは、聞く活動の代わりにされた、判断的で洞察重視のカテゴリー化の極端な事例と思うかもしれません。残念なことに、私の経験から言えば、本当にまったく普通に見られることなのです。
　このようなカテゴリー化好きで判断的な聞き方の問題点は、「聞いている」人が十分聞けないようにすることです。特定の意味を拾うことばかりに熱心なあまり、話し手が言おうとすることの全体を聞き逃したり、はねつけたりしてしまいます。私の経験では、他の人の言うことの意味を「探そう」としなければ、私たちはずっと良く、話し手がどういう人なのかがわかり、どんなに才能に恵まれ、ウイットに富み、繊細で、魅力的かを発見することができるのです。
　ソーシャルセラピーでは、人びとがお互いの聞きあう活動に参加できる環境を創造するよう取り組みます。そのために、ゲット文化に特有の、意味に支配された、「洞察重視の」カテゴリー化する聞き方に挑戦します。グループのメンバーの一人Aさんが話し、別のBさんが判断的／カテゴリー的／洞察重視で返したなら、メンバーの他の誰かがBさんにこう語りかけます。「あなた、Aさんの話を聞いてなかったんじゃないの。意味をとらえようとしないで。そうする代わりに、一緒に話す活動に何かギブしてみたら」。
　単にそうするのが道徳的に正しいという理由で他の人の言うことを聞くわけではありませんが、聞く活動には道徳的な意味があります。ソーシャルセラピーの実践者として、話すことで意味を創造する人びととの努力は大変価値あるものと思います。話すことによる意味創造は、私たちの人間性に表現を与える、主要な方法の一つであると思います。

| エクササイズ |

　聞く環境を創造する実践の助けになる完成ゲームです。
　集団でお話作りをしましょう。参加者は、一人1文ずつ話します。次の人は、前の人と矛盾しないよう続けます。たとえば、1番目の人が「ある晩、月まで飛んでいきました」と言います。次の人は「事故があったので、いつもより時間がかかりました」というように続けます。

6 家族の価値

　過去数百年の間、〈家族〉(大文字の家族) という制度 (家族という規範観念) は、あらゆるタイプの社会科学によって説明されてきました。なかには、家族について重要なことを指摘したものもあるように思います。
　言うまでもなく、人びとの集団が、ストレートであれゲイであれ、生活を共にし、自らを家族と考える場合 (私の家族、あなたの家族、誰の家族でも) と、〈家族〉の間には大きな差異があります。〈家族〉は (家族の中で暮らそうが、あるいはそうでなかろうが) 私たちの生のあらゆる局面に影響を与える制度です。この制度を、今進行している芝居であり、演劇学校だと見なすことはとても役に立つと思います。
　ほとんどの人は、〈家族〉の芝居の役柄のために「書かれた」社会的な台本どおりに家族生活を演じる傾向があります。〈妻〉〈夫〉〈母〉〈父〉〈娘〉〈息子〉〈姉妹〉〈兄弟〉などは、主に年齢と性別をもとに割り振られた役柄です。生活を共にする人と「即興的に演じる」ことはほとんどないのです。
　このことは、たとえば、家族のメンバーが互いに次のようなことを言い合うことに、典型的に表れます。「父親に向かってそんな言い方をするな！」「お前は女房だろ、女房なら言うとおりにしろよ！」
　〈家族〉ドラマの学校では、最初に役柄があることを学び、次にその演じ方を学習します。〈父親〉や〈母親〉の役割には、子どもたちにどう「正しく」演じるかを教えることが求められ、それをいろいろのやり方で行います。正しい行動のルールを何度も何度も教えます。「ちゃんと座りなさい」「食事の前は手洗いでしょ」「口に食べ物をいれたままで話さないの」「ありがとうって、ちゃんと言いなさい」「邪魔しないでね」。親は、子どもに「ふさわしい」おもちゃ (男の子だったらトラック、女の子だったら人形) を買い与えます。さらに、

そうしろとは言わないままに、子どもたちが模倣する役割モデルとなるのです。

すべての役割演技と同じく、〈家族〉役割には、何にでも口をはさむ、命令と禁止事項がついてきます。この命令と禁止事項は、何をどうやっていつ食べるかから始まって、どこで誰と寝るかまで、すべてを支配します。この役割には固定した価値もついてきます。それは役割の正当化のために持ち出される、権威主義的理由づけなのです。そういう理由づけを、誰もが百万回は聞いたり、言ったりしているはずです。「俺がそう言ったからだよ」「お母さんに口答えしないの」「それが聖書の（あるいはスポック博士の）教えなんだよ」「ずっと、こうやってきたんだ」「それが良いマナーというもんだ」「一般常識ってものを教えようとしているんだ」。

家庭は劇場です。この劇場では毎日毎晩、〈家族〉の劇が上演されています。そこは同時に「稽古場」でもあります。子どもたちは大人になったら自分の家族を持つように期待されるわけですが、大人の演技を稽古するのです。このときはじめて私たちは、社会が決めた、自分が誰であるかの限界に出会います。「お父さんの娘」「家族の赤ちゃん」「困った子ちゃん」「秀才」「行儀の良い子」「問題児」などです。皮肉にも、これらの役割をあまりにもよく学習してしまって、役割を演じることが「自然な行動」と思えるようになってしまいます。

「実際の生活」が「自然」で劇場が「人工的」だという考えは、私には本当に馬鹿げたものだと思えます。結局のところ、「自然」とされる生活は、ずっと以前に書かれて以来変わることのない芝居の、前もって決められた役割を演じているにすぎないのです。私の考えでは、このような社会環境で私たちのあり方を創造するには、パフォーマンスしかないのです。

チョークで円を描いて、子どもや、姑や仕事場の同僚に、次のように話す場面を想像してみましょう。「私の人生の最近の30分はすごくうまくいったと言えない。舞台に上がって、違った演じ方をしてみよう。」なぜパフォーマンスは、「劇場」と呼ばれる特別な場所で、特別な訓練を受けた「俳優」だけが演じるものなのでしょうか？

最近20年ほど、私は劇作家として演出家として、たくさんの才能ある人びとと一緒に、「発達のための劇場」創りに取り組んできました。次回ニューヨークにくるときには、マンハッタンにあるカスティロ劇場においでになって、私たちの芝居を見ていただけたら嬉しい限りです。

カスティロ劇場では、私たちは劇作家、演出家、批評家、そして観客の予断にとらわれないようにして演劇を創っています。演劇は、かくあるべきという固定し理想化された見方の問題点は、そうした見方は常に「正しい」ことをしているか「誤り」をしているかを告げようとするところです。この見方では、「正しいこと」でも「悪いこと」でも取り入れて、それをもとに発達的な新しいことを創造することは許されません。

　そういうわけで、私たちは使える駒をすべて使います。台本、俳優の才能・人格・容貌・経験、「裏方」のスキルやアイディア、再上演したり組み合わせたりする昔の演目（自分たちのも他の作家のものも）、これらすべてを使って創造するのです。私たちは手持ちの駒すべてを使って遊び、一つのパフォーマンスを創造するなかで、互いに「完成」しあうために駒をどのように使えるのかがわかるようになります。想定されたプランに沿った作品を作って、初めから思い描いていたとおりの作品にするよりも、発達のプロセスに深く関わり、何が出てくるのかを見るのです。

　これもまた、生きることへのソーシャルセラピーのアプローチの一つなのです。私たちのアプローチでは、人びとがそこにあるものを何でも使って、持続的に生を創造するのを助けます。私たちは、人びとに、発達する演劇パフォーマンスとして生を「パフォーマンスする」よう教えます。（年に2回、私は週末ワークショップを開催しています。これはソーシャルセラピー参加者もそうでない人も集まる大人数のグループで、その場で創造する演劇の制作と上演の活動を行っています。）

　家族の一員、同僚、友人、恋人等として、誰も、これまで与えられてきた役割を演じる必要はありません。この「芝居」がいったいどうなるのか、誰も事前には知りません。私たちは誰もが自分の人生をパフォーマンスできます。もし、そのパフォーマンスの成り行きが気に入らなければ、1日後、1時間後、あるいは1分後、違うパフォーマンスをしてもいいのです！　競争ではなくて完成が、そのやり方です。

　完成が意味するのは、何であれ起こったことに、進行していることの全体性を変えることのできる何かとして応答することです。誰かが何か違ったこと、新しいもの、予期なかったことを行います。すると全体が違って、新しくなるのです。殺人ミステリーとしてストーリーを始めたのが、ミュージカル喜劇になっても、SFになっても、クイズ番組になってもいいのです。どうなるか、

誰にもわかりません。前もって決めたプランに合わせる必要はないのです。

　人びとを完成よりも競争に向かわせてやまないものの一つは、物語は何らかの方向に進んでいくはずだと思いやすい私たちの傾向性です。もしあなたがA、B、Cで始めたら、次にはD、E、Fが起きるはずだ、と多くの人は想定しやすいのです。たとえ、あなたや他の人がA、B、Cに対してどんなふうに反応するかにかかわらずです。言い換えれば、物語の事前の想定が結末を決めると考えがちなのです。こうして、誰が正しい結末を言い当てたかを競いあうのです。

　しかし、アメフトを見に行ったとして、必ずしも最終クォーターまでいるかどうかはわかりませんね。誰かとベッドにいても、セックスするかどうかわかりませんね。たとえセックスしても、どういうふうにするかはわかりません。たとえ経理の資格を持っていても、看護師や芸術家にならないとは言えません。

　たぶん、「正しい」結末はないのです。このことを、ソーシャルセラピーは人びとにわかってもらうよう支援しています。人間として、私たちはここにあるものから何か新しいものを創造できるということです。

　家庭を持つ人びとのセラピーでは、ソーシャルセラピーの課題は、家族の中でいかに重い社会的役割が押し付けられているか、そして〈家族〉それ自体が、劇として、どうやって人びとをその役割に縛りつけるのかをあばくことと、それができる環境を作ることになります。セラピーに来た家族に助けを求められたとき、私は誰に対しても次のように質問します。「ここに来られた方は、この人びとのグループのあり方を創造し、そのために一緒に何ができるかを考え直すのですが、その準備はできていますか？　あれこれの役割のためではなく、みんなのために立ち上がることができますか？〈家族〉の台本を脇にやって、全員が成長し発達できるような何かをみんなで作る準備がありますか？」

　言い換えれば、ソーシャルセラピーのアプローチは、どんな家族にしたいかを決める手助けをします。それは家族台本の台詞をうまく言い回すための指導ではありません。つまり、与えられた役割に適応させてより良い演技をさせるのではないのです。

　ドロシーと家族の話をしましょう。70歳のドロシーは、ひどい癇癪持ちです。彼女は一中家にいて、寝るかテレビを見るだけです。夜も週末も、夫と出かけるのを嫌がります。夫のノーマンは71歳になりますが、成功したビジネスマンで外へ出かけるのを好みます。ドロシーはいつも誰かに腹を立てています。ノーマンが50年も前に言ったことやしたことにも腹を立てます。娘の離

婚に対しても腹を立て、嫁の「配慮のない」扱いに対してもです。古い友人が何かの集まりに招待しなかったといって癇癪を起こします。家政婦が遅く来ても早く来ても、腹を立てます。

　医者が十分すぎるくらい健康だと言っても、ドロシーは家族に自分がすぐに死ぬのは「わかっている」と言います。娘が「外に出てみたら」と諭しても、ドロシーは悲しそうに微笑んで、「年老いて太って醜くなる」のがどういうことか、誰にもわからないと言うばかりです。

　他者、とくに高齢者に対する最大の敬意と優しさとは、継続した成長を要求することにほかならないと強く信じます。言いたいのは、彼らもあなたと一緒に家族のあり方を作り直し、再建するプロセスに一生かけて参加するように要求することです。家庭を、老若男女すべてが発達できるよう支援する場所にすることです。父親や母親役割に縛りつけたり、役割を反対にして両親の役割になったりなどは、関係者全員を弱くしてしまいます。

　素晴らしい！ でも、それを行うのは非常に難しいんじゃないかなと言うかも知れません。そのとおりです。高齢者も含めて、誰もが高齢者には、感情の面でも、知的な面でもどの面でも、ギブするものは何もないと教えられてきました。高齢者は犠牲者と見られがちですし、自分自身もそう見ています。時間の犠牲者であり、環境の、病苦の、子どもの、あらゆるものの犠牲者としてです。もしかして、病気になり、失明したり、難聴になり、歩行も困難になるかもしれません。痛みのために、明晰な思考もままならないかもしれません。ドロシーのように、もはや取り戻すことのできない「失った」もの（ドロシーの場合は若さ）を嘆き悲しむかもしれません。社会の常識からすれば、彼らをケアする人にとっても、「どうしようもないでしょ」と言うかもしれません。

　それゆえ、高齢の人びとに、発達し続けることが必要だと言うのをためらうのです。彼らは、発達なんか無理だし、発達しないと言い張りそうです。私の意見では、年取った人びとが恥をかかされた、退屈だ、悲しい、腹が立つ、疲れた等と感じやすい本当の背景は、このことにあるのです。5歳児も、15歳の若者も、45歳の成人も、成長と無縁の環境に無理矢理置かれた人は、このように感じるのです。

　そうか。わかった。あなたは老人方に興味を持たして、ケツを叩こうというわけですね。いいえ違います。励ましというのは、そういうものがあればですが、強制の丁寧形にすぎません。それは、自分のさせたいことを人びとに

させること、あるいは「自分のために」そうしなければならないと考えるように仕向けることなのです。私のいう成長の環境には、目に見える目的はありませんし、判断による過剰な決定も無縁です。この種の環境は、徹底的な受容を特徴とします。

　高齢者に発達するよう、実際にはどうやって要求できるのでしょうか？　幼児が初めて言葉を話すようになるときに大人が幼児にすることを、模倣するといいでしょう。自分たちではやり方を知らないことに取り組むのを支援する環境を創造しましょう。そして、何をしても、それを受容しましょう。これが子どもたちの発達を可能にする発達活動です。もし高齢者が参加してくれるなら、高齢者にとっても役に立つ活動です。

　ソーシャルセラピーの観点から言えば、どんな心理学的「診断」であれ、どんな標準「IQ」テストの得点であれ、どんな「年齢」であれ、どんな社会的ラベルづけをされていても、誰もが無限の発達可能性を持っているのです。つまり、ソーシャルセラピーは、「病気」や「問題点」から人びとと関わるのではなく、未発達や発達不全があったとしても、人びとの発達はいつでも再開可能だという想定のもとに関わるのです。発達の可能性が私たちを人間にするのです。このような観点からすれば、年齢やその他にかかわらず、発達的でないかたちで人びとに関わるのは非人間的なのです。

│ エクササイズ │

　これは、あなたや、あなたと暮らしを共にする人びとが〈家族〉劇から離れて「幕間の休憩時間」を取り、他の視点から家族を見ることができるエクササイズです。
　家族の誰かと、一日、役割交替をすることを提案してみましょう。

7 子どものこと

　主役であれ通行人役であれ、マクベス夫人または夫人の女官であれ、役を演じるのは、とても制約の多いものです。あなたが〈子ども役〉の場合、どんなことを言わねばならず、やらなくてはならないのか、〈母親〉だから何をしたり言ったりするのが許されないのか、考えてみてください。
　今日では、文化の急速な変化とともに、事態はもっと複雑になっています。多くの人にとって、どういう役柄を演じればいいのかはっきりしなくなっています。去年とも、先月からも、先週からも、昨日とも違う役柄になってしまうかもしれないのです。
　その結果、今の子どもたちが、親の世代よりも知識によってはよく知っているという場合もでてきます。9歳や10歳の子どもたちは、今の世界の申し子ですから、世界の急速な変化をよく知っています。しかし、母親と父親は、25年前の子どもの頃の世界変化のスピードをもとに、今の変化を理解しようとしています。父親も母親も、今日の質の上でも量の意味でも急速な変化についていけず、当然「おいてけぼり」なのです。
　数年前、私の同僚が教えるある労働組合学校の心理学のクラスに通う中年の婦人労働者たちと、このことを議論したことがあります。彼女たちの多くが、それでとても安心したと語りました。彼女たちは、子どもたちが自分よりも知識があると考えており、それがとても都合が悪いと感じていました。
　伝統的な〈親〉（大文字の親）の役割が求めることと、社会の新しい現実の間には、そもそも矛盾があるのです。伝統的には、親は、子どもの社会適応を支援しなければなりません。しかし、昨今の新しい現実の世界では、しばしば子どものほうに親の現実適応を助ける能力があるのです。
　多くの場合に、子どもはこれがわかっていますが、大人はわからないのです。

もしくは、大人が認めようとしない場合もありますが、結果は同じです。これは、たくさんの、本当にたくさんの家族のもめごとの原因になっています。親は、社会的な（法的、宗教的、道徳的）権威を持つかもしれませんが、実際には無力です。「父親（母親）が一番知っている」という文化的神話を普及させるために多大のエネルギーが使われますが、子どもたちは親が知らないことをよくわかっています。もっと悪いことに、親たちは自分が知らないということを理解していないのです。

　ところが、アメリカの移民家族における典型的な経験は、これとはまったく違っています。移民の家族では、学校や路上でアメリカ人になることを学んだ子どもたちが次のように親に向かって言うことは正当であり、また「まったく自然なこと」です。「この新しい国や、お金や、やり方がわからないでしょ。言葉も話せないし。どうやるか教えてあげるし、代わりに話してあげるよ。」生きるコツを知らない、アメリカに来たニューカマーの移民の親たちには、このような言葉は何ら恥とも思われず、事実として受け入れられるのです。

　しかし、「USA生まれ」の親たちに対して最近の子どもたちが言うことは、「自然」でも、「受け入れ可能」でもないのです。この場合には、次のようになります。「社会自体があまりにも急速に変化しているし、それもあなたがわからないやり方で起きているんですよ。で、この社会に35年間も適応してきたという事実が、社会で今どんな変化が起きているかを理解できなくしている、というのが本当のところなんです。勉強のやり方とかあなたの"知っている"ことは、ほとんど時代遅れだし見当違いなんですよ。」

　教師たちも、この親たちと同じようなジレンマに直面しています。教師も昔の世界のために「書かれた」配役を与えられているのに、今の世界がどうなっているのかを教えることを期待されているのです。教師も親と同様に、しばしばよくわかっていないのです。しかし、親たちと同じで、すべてわかっているかのように演じることを期待されています。

　まるで、教師も親も裏庭の小さな、浅いプールで泳ぎを学んだかのようです。そして、今や突然に、自分が大海の真中にいるのに気づくのですが、それでもすでに8年、10年、14年と大海にいる子どもたちに泳ぎを教えようとしているのです。この「プールのエキスパート」は、プールの泳ぎに適応する過程で、この環境に合わせて心身を養成してきたのです（本当は養成ではなく、プールに合わせた変形なのですが）。彼らのプールに合わせた熟達化は、とくに環境条

件の変化の下では、持続的な成長を制約してしまいます。ソーシャルセラピーの観点から言えば、発達不全ということになります。新しいことを学ぼうとするなら、今まで学んだことの多くを捨てなければなりません。このようなことは、ゲット文化においては、多くの人が簡単にも、うまくもできないことです。というのも、人びとは自分がゲットしたことを手放そうとしないからです。

しかし、大海で生まれた子どもたちは、ただ未発達なだけです。まだ誤った教育を受けていないので、知らないことを学べばよいのです。子どもたちは、知らないのに知っている振りをする必要もないので、良い学習者になることができます。

私は、子どもを褒めそやそうとしているのでも、親をけなそうとしているのでもありません。私が指摘したいのは、今の変化の激しい世界には、学習と発達への新しいアプローチを必要とするということなのです。

親たちに対するセラピーの実践で、私は親に子育てストラテジーを決める必要を理解してもらうようにしてきました。そのストラテジーには、少なくとも、二つの選択肢があります。一つは子どもの父であり母であることから直接得られる喜びを極限まで大きくするという選択肢です。この喜びは、家庭が良いものと見えるし、両親の気分も良くするでしょう。もう一つは、子どもが巣立ったときに、世間で生きていけるようなことを何でもしてあげることです。これは、世界の変化の速さを考えると、とても難しいことです。

両親がこの選択をしなければならない理由は何でしょうか？ これらの二つは、両立しないからです。第一の選択肢は「子どものため」とされているものの、両親が自分たちで得るものに関連しています。第二の選択肢は、両親がそれまで得たものを、子どもが成人するときのためにギブすることに関係しています。

第一の戦略は、一見すると、両親が子どもたちに正しい発言をし、正しいことを実行させるために、賞罰を与える戦略に見えます。ベッドを整えたり、マナーに気をつけたり、チームワークに貢献したり、ピアノを弾いたり、良い成績を取ったり、良い友達とつきあう等の正しいことです。第一の戦略に従えば、この家族がアカデミー賞ものの〈家族〉を演じている様子を、親戚やご近所や他の人びとに見せる上で、子どもたちは両親を助ける責任を負っているのです。

二番目の戦略は、親としてあなたは「子ども時代」と呼ばれるものを創ることを子どもと一緒にすることが求められます。この子ども時代を通して子ども

たちに、将来生活を創造し生きるための道具を手に入れさせるのです。第一の戦略とは違って、これには台本はありません。パフォーマンスしながら創造しなくてはなりません。まさに即興なのです。

　この第二の戦略を進めて得られる結果は、第一の戦略よりもすぐに満足が得られるものでも、魅力的なものでもありません。子どもたちは、おばあちゃんの家にいても正しく振る舞おうとしなかったり、おばあちゃんの所へ行こうとしないでしょう。教会にも学校にも行きたくないと言うかもしれません。こう言うとしても、私は「何でもあり」というポリシーを主張しているのではありませんし、子どもたちが「主導権を握る」べきだと言っているのでもありません。子どもたちから何かをゲットするのではなく、むしろあなたが持っているものを子どもたちにギブするという戦略的な見通しに基づいて、子どもたちとの生活を創造する場合には、ゲット戦略の親たちが直面することはない一定のリスクがあるということです。

　子育てについての戦略的な展望が、毎時毎時、毎日毎日生起する状況への対処をかたちづくることになります。たとえば、何か「悪い」ことが生起したとき、第一の戦略では、「ひどいことが起こったもんだ」と言うでしょう。そして、こんなふうに問うことになるでしょう。「二度とこんなことが起きないようにするには、せめて、明日また起きないようにするには、どうしたらいいんだ？」第二の戦略の場合にはこう言うでしょう。「結果は忘れましょ！」そして、こんなふうに問うでしょう。「今回を教訓にするには？」「起こったことを発達のプロセス、発達を引き起こすような学習にするには、どうしたらいいのだろう？」これは、そのとき、その人ができることに「先立つ」種類の学習です。それは幼児期に起こるような学習であり、赤ちゃんや幼児がどうやって話すかを何も「知らない」のに、赤ちゃんや幼児に話しかけるときに起こる学習です。

　二番目の種類の質問をするには、学習、つまり新しいことをすることに対して大いにオープンになる必要があります。とくに、子どもたちと一緒に新しいことをやって、新しいことを学ぶことにオープンでなければなりません。しかし、子どもよりももっと知っているとか、子どもよりも「良く」できるかのように振る舞わねばならない、伝統的な親役割にがんじがらめだと簡単ではありません。

　シングルマザーのマリー・アンには、9歳の息子、マイクがいます。マイク

は今年、学校に行こうとしません。マイクの理由はとても明確です。学校が能力別学級編成をとっていて、クラスは学校で「最悪」で、校長、教員、他の子どもたちも、4Cクラスの子どもたちを「うすのろ」みたいに扱うとマイクは言います。今年になって、何も学んでいないし、担任は「意地の悪い」やつだとマイクは言います。

マリー・アンは、このシナリオを断固、伝統的なやり方でやりぬくことにしました。ソーシャルセラピーのセッションで、彼女の言うところでは、マイクの言うことは正しいと認めますが、「それは問題じゃない」と言います。マイクのことならば、何でもわかっているというのがマリー・アンの立場です。「行きたかろうがどうだろうが、マイクは行かなくちゃならないの」「それが人生というもの、そのことが早くわかったほうがマイクにはいいことなの」と語りました。

しかし、学校に行かせるために、脅したり、約束したり、一緒に「理由を考えたり」、何でもやったのに、朝が来るとマイクは顔を壁のほうに向けたまま、ベッドから出ようとしないのです。多くの親と同様に、マリー・アンは、自分で自分を窮地に追い込んでしまいました。わかっているのは私だというアイデンティティにこだわればこだわるほど（「私は母親だ。大人だ。お前のために何がいいことかよくわかっているのよ」）、9歳の男の子が困っているときに、マイクを助けることができるとわかっていること（「一緒によく考えてみましょう」）をギブすることができなくなるのです。

こういうときに、ソーシャルセラピーのアプローチが親たちの助けになります。子どもから学び方を学ぶことで、大人は若者たちの世界について知っていることを具体的に知り、道筋が理解できるようになるのです。

何年も前、私の娘のエリザベスが（今は30代前半ですが）小さかった頃、娘が成長したあとで役に立つような、つまりあとで頼れるような父親になろうと決心しました。いつも何をしたらいいかの指示を出してばかりいる、父親役割の「演技過剰」になりたくなかったのです。私との関係も含めて、娘が大人になったとき、どのような人生を送るのかに関心があったのです。20年か30年後に、彼女の人生がどういうふうになるのでしょうか？

私は5人兄弟の末っ子でした。私が生まれたときには、一番年の近い兄は7歳上で、他の兄たちは10代後半でした。姉が育ててくれたのですが、16歳上

でした。私の家の子育ての「方針」は、「温和な放任主義」というものでした。

　自分自身が父親になる頃には、私の子ども時代は最悪ではないなと思うようになりました。私の友達の母親たちは、子どもをいつも見張っていて、過剰に心配し、何から何までやってあげるのですが、母親の世話がよかれと思ってのことであるのは疑いないものの、その世話が良い結果を生んでいるとは思えませんでした。私自身は特別の発達の支援を受けたことはないのですが、「押さえつける」人もいませんでした。どうにか成長したし、自分の人生を生き抜いてきました。最小限、娘にもそうであってほしいと思いました。もし娘が人生で私を望むならば、彼女の望むしかたで、私を頼ってほしいとも思いました。

　望むことと必要とするということについて、少し追加しましょう。ソーシャルセラピーの視点に立てば、望むことは大いにギブに関連しています。必要はよりゲットに関係します。誰かに望むのは、その人が誰なのかに関連します。誰かに望まれるというのは、知られていて、そしてギブされることです。必要とするのは、通常、必要とするのは誰なのか、必要とされる、ギブしなければならないのは誰なのかに関係します。

　人びとが互いに必要とすることは、それほどひどいことだとも、不健康だとも、何かの「悪いサイン」だとも考えていません。大変に親切で打ち解けた関係も含めて、私たちの文化では、たぶんほとんどの関係性が、望むことと必要とすることの両方で特徴づけることができるでしょう。望み－ギブが一番親しい関係の中の「中核」である場合により健康だと思いますし、必要－ゲットが優勢になると、あまり健康とは言えないと思います。

　娘が8歳のときのある夏の日、ロングアイランドの西のビーチを2人で歩いていました。エリザベスは、波打ち際をスキップしていて、ときどき波に触れるために少しだけ海に入りました。まったく危険ではなかったのですが、引き波に注意しなさいと言いたくなりました。海に入るのを止めさせたいと思ったのですが、33歳の男の私が恐れることを、別に8歳の子どもが恐れなくてもいいことに気づきました。ルールは、安全であるために娘が必要とすることに基づくべきで、娘が安全だと「わかる」ために親の私が必要とすることに基づくべきではないのです。

　エリザベスには、娘のために私が寄り添っていることを伝えましたが、私が彼女の人生を決定しなくてもいいのです。私はとりわけ、娘をまったく「必要」とはしませんでした。娘の子ども時代の間、四六時中彼女を心配していた

というわけではありませんでした。今、彼女は大人になりましたが、私のことを年中心配しているというわけではありません。私は今までどおりに彼女に望みますし、同時に彼女に望まれることが好きです。

　生物学的意味でエリザベスは私の娘ですが、私はいわゆる世間的な意味で父親ではないですし、彼女もそのような意味の娘ではありません。私たちの文化には父親や娘に手渡される既製品の関係がありますが、私たちは既製品を「手に入れる」のではなくて、私たちだけの関係を創造することを選びました。この選択のおかげで、私も娘も、何をしようとしているのかを事前に決めつけることをしなくてすみました。事前にルールを作りませんでした。2人の関係を作り上げながら、ルールも作ったのです。エリザベスが小さい頃とくに、もっと普通の〈家族〉（大文字の家族）のようになってもらいたいと思っている私の家族からは、私が「善き父」（「責任ある」父親）のように見えないと言われることもありました。しかし、そのおかげで、2人にとって本物の価値と言えるものを、年月を重ねながら、創造することができたのです。

　もし親であるならば、そして子どもであるなら（皆さん誰でもそうですね！）、私がエリザベスとの関係の中で間違いをしてしまったことを、ご理解くださるでしょう。1001種類の違う、しかももっと良いやり方を思いつくことができます。ソーシャルセラピーには、間違いをしないという保証はありません。ここで言いたいのは、親として正しい答えを出そうとしたのではないし、娘にもそうしてほしいと要求したわけではありません。こうすることで、本当に根本から相手を受け入れることができたのです。子どもの友達になっても親であることには代わりがないですし、やり方を知らなくても、親なのです。

エクササイズ

　親だけでなくて、どの大人にも当てはまる、何でも物知り顔でなくなるための絶好のエクササイズです。
　子どもに、あなたがやり方を知らないことを教えてくださいとお願いしてみましょう。

8
罪悪感、恥、「私のもの性(my-ness)」

　ほとんどの人が体系的な信念、見方を持っているものですが、それには道徳的・倫理的原理、あるいはまた宗教的価値が含まれるでしょう。私は全力で、世界中の誰もが宗教の自由と思想の自由に対する権利を持つべきとする立場に立ちます。しかし、倫理的、宗教的な見方は、人間の成長や発達に関する科学とは異なります。

　フロイト派心理学を例に挙げれば、宗教の世俗的な見方に基づいた見せかけの科学です。

　フロイトは人間の心を道徳的闘争の場であると特徴づけています。そこには超自然的な（無意識的）力としての良心（超自我）と悪の心（イド）が、人間の位置を争っています。これは明らかに、ユダヤ教とキリスト教の聖書からほぼ引用したものだと言えるでしょう。彼は、西洋の宗教のタペストリーを用い、そのイメージで異常心理学を形作ったのです。フロイトの心理学がこれまで、科学を信じる者たち、宗教を信じる者たち、あるいは両方を信仰する者たちを立腹させてきたのも不思議はありません。

　人間の心の性質を擬似宗教的に「打ち立て」て、フロイトは ── 擬似科学的に ── 世界は心の反映であると結論づけました。フロイト派の人びとにとっては、個人の心がそのように作ったので、世界がそのようにあるのです。

　ここで少し、フロイトに影響を受けた伝統的な心理学が、罪悪感をどのように理解しているかを見てみましょう。多くのキリスト教とユダヤ教では、罪悪感が主要な役割を果たしています。ですので、伝統的な心理学において罪悪感が基本的感情であることはいうまでもありません。しかし、反宗教的で非科学的に歪んでいますが。宗教は、罪悪感を、その人の悪い行いの客観的な内側のサインとしてみます。そして、その人は善と悪の違いを知っています。一方心

理学は、罪悪感を、間違った欲求に結びついた感情であり、それは生まれたばかりの頃からずっと持っていると見なします。小さな男の子が、自分の母親とセックスしたいがために父親を殺したいと思ったり、小さな女の子が自分にはペニスがないので、その代わりに赤ちゃんを産むと考える、というわけです。

　伝統的な心理学とは違って、ソーシャルセラピーのアプローチでは罪悪感を感情としては一切扱いません。むしろ、罪悪感は信仰のやり方の一つである、審判主義（神の裁き主義）として一番よく理解できると思います。それは深くユダヤ・キリスト教の世界観に根ざすもので、間違った行いは道徳と宗教的世界の基準で審判されるという「通念」に関わっています。

　ソーシャルセラピーの観点からすれば、私たちの文化の基本的な感情経験は罪悪感ではなく、恥です。人びとはよく恥や恥辱を感じることがあります。恥というものは、どう自分の身体を感じるか、人生を感じるかと、その結果として何かあるもの（身体的・感情的なものの両者）を視野から隠そうとする不断の努力と関係があると私は思っています。

　罪悪感は人間が知識の上や、道徳的にどのように神と関係しているかであり、一方恥は他の人間とどのように関わっているかにもっと関係すると言ってもよいでしょう。恥は互いの距離を測るものさしです。この観点から考えれば、親密さは、なかでも、恥や恥辱を他者と共有することだと言えます。つまり、身体的にも感情的にも、自分をさらしていくことなのです。

　私たちの文化では、恥は典型的に他の感情によって「覆い隠され」ます。もっとも多く「抑圧される」感情だと言えるでしょう。たとえば人が怒るとき、しばしば自分の恥辱を「抑圧して」います。それを直接表現するのはあまりに恥ずかしいのです。がっかりしたり、怖かったり、道に迷ったり、答えがわからなかったり、お金がなかったり、ちゃんとした格好をしていなかったり…ゲットの文化では、これらのすべてが恥ずかしいと感じてしまう場面です。ゲットの文化では、誰もが「うまくやりこなす」「流行の先端を行っている」「格好よく振る舞う」ことが期待されています。だから、多くの人にとっては「すごく恥ずかしい気分だ、恥辱的な気持ちだよ、きまり悪いよ」と言うよりも、自分自身や他者に怒りをぶつけるほうがより簡単なのです。

　こうした罪悪感の擬似感情を扱うのに、ソーシャルセラピーでは、審判することが主な活動にならない環境をどのように創造するかを教えます。それによって「感情的」な要因としての罪悪感の重要性が薄まっていきます。こうし

た相対的に審判から解き放たれた環境の中では、つまり罪悪感から自由な環境には、恥をより建設的に扱うための条件が生じるのです。

ソーシャルセラピーのグループは、そのような環境の一つです。友達のグループ、家族のメンバー、恋人たちも、判断なしの、罪悪感を感じない「ゾーン」として関係を築くことができます。そうした環境にいたら、絶対に審判などしない、というのではありません。そうではなく、そこでは審判主義は、メインの活動ではないのです。

ではどうやって、建設的に、恥に対処したらいいのでしょうか？ ソーシャルセラピーグループでは（同様の環境をつくればどこであっても）、孤立化され、個人化された、所有的な自己概念、私が「私のもの性（my-ness）」と呼ぶものを、壊す、あるいは解体することでそれを行います。何か恥ずかしいと思うときは、過度に個人的なアイデンティティにしがみついている場合だけだからです。昨夜のベッドでしでかしたこと、水着の着こなし、親友の恋人に言ってしまったひどいこと、7歳の娘との喧嘩、77歳の母親との喧嘩、試合に負けてちょっと酔っぱらってしまった、思わずカッとしてしまった‥‥。

人は、自分が良い恋人、良い見た目、良い友人、良い母親、良い娘、良いスポーツプレーヤーだというアイデンティティに投資すればそれだけ、恥ずかしさを感じることにもろいものです（そして、その恥辱を隠そうとするものです）。

ソーシャルセラピーのアプローチは、新しい環境を創造することで、この「私のもの性」に挑戦します。この環境では、私たちの高度なゲット文化に特徴的な、自分自身も含めて商品化された、人間の個人所有にとって代わる文化を実践することができます。

完成は、文化的に競争にとって代わる人生の活動に私たちがつけた名前です。この活動では、ほぼ誰もが小さな子どもとして参加します。赤ちゃんが初めて声を出すとき、年上の子どもや大人は赤ちゃんたちのために会話を「完成」させます。赤ちゃん（「未熟な」話者）が何らかの声を出します。「バーバー」のような声です。すると年上の子どもや大人（「熟練した」話者）はこう言うでしょう。「哺乳瓶？ ミルクが欲しいのね！ お昼寝のあとだから喉が渇いているんじゃない？」と。こんなとき、赤ちゃんと争う人は誰もいないでしょう。ましてや大人たちが何か欲しいとか、喉が渇いているとか、寝起きに何か飲みたいとか、そういったようなことを言ったりしません。大人同士で話すときは相手の会話のターン終了を待ちますが、赤ちゃんが何も言わなくなるまで待つ

ことはありません。

　完成がメインの環境は、審判つまり「罪悪感」から比較的解放されていると言えます。完成にあたって、赤ちゃんは話者としての能力を値踏みされることはありません。というのも、この環境には「正しい」「間違い」「良い」「悪い」ということがないから、罪悪感は問題にはならないのです。何かを審判するというよりも、大人は徹底的に受容します。赤ちゃんが何を言っても、それは赤ちゃんが言ったということ以上には意味をなさないのです。

　こういう環境はまた、比較的恥を感じることが少ない環境でもあります。完成しあい共同しあうという（私の研究仲間は「一体となって（conjointly）」という言葉をよく使っています）心から安心でき、きわめて社会的な活動の中では、「私のもの性」も「審判」も存在しません。赤ちゃんは隠すものが何もないので恥ずかしいということがありません。赤ちゃんには「良い」話者とか、その他何であれ、そういうアイデンティティはないのです。赤ちゃんは、自分が誰であるのかを探索することを恐れたりしません。まだアイデンティティを持つに至っていないからです。恥ずかしいと感じるようなことは何もないのです。赤ちゃんは、一人の人間として、赤ちゃんが他の存在、大人に対してできることを示し、ギブします。赤ちゃんに向き合う人たちは争うことなく、まず、「完成させる」でしょう。赤ちゃんと大人は、この共同活動に持ち寄ったものから、一緒に新しい何かを創り出すのです。

　たぶんご承知のように、私たちが話すことを初めて学ぶ「環境」は、場所ではなく、複雑な社会的活動なのです。小さな子どもたちは、自分たちがやり方を知らないことをやることで、「自分ができることを超えていく」ことを支援されます。そして、本当にそうなるのです。ものすごく短期間に（文法とかそういったものがあることを知るずっと前に）、人間社会にやってきた新人さんたちは、ただジュースをおねだりするだけではなくて、歌ったり、冗談を言ったり、お話を作ったりします。それらすべてを赤ちゃん自身が創り出した言葉で行い、同時に、新しい何かを私たちの世界にギブしているのです。

　話すことの学習は、人間の発達のまったくもって日常に見られる奇跡の、非常にわかりやすい例でしょう。もし赤ちゃんや小さな子どもたちがこうしたしかたの関わりを得られなかったなら ── もし、発達する「より前に」学習することを支えてもらえなかったなら ── 発達はないでしょう。もっと重要なことに、いかなる発達もないでしょう。私たちは今も赤ちゃん言葉を話し、

リビングルームをハイハイしているでしょう。完成という活動は、私たちが成長することを可能にするのです。

　もちろん、従来の学習は、私たちがすでに知っている公式やパターン、カテゴリーに入れ込むことのできる情報を獲得することですが、それは橋を作ったり、火事のときに火を消したりするのには大変有用でしょう。しかし学習を、こうした定量的で獲得的で、競争的な学習モデルで定義したり、そういうものだと決めつけてしまったりするなら、未だないものになる、人生の創造的な側面 ── 私たちを人間たらしめるユニークで無限の発達の可能性 ── を見失ってしまいます。

　ソーシャルセラピーのアプローチは、課題を完成する発達的活動が、決められた役割やルールに縛られた競争的な行動よりも、優位となる環境創造を教えます。どうやって？ 言語ゲームを遊ぶことによってです。つまり、言葉に表される競争文化に積極的に挑戦していくのです。それはとりわけ、感情とか欲求、意図について語るのに用いられてきた言葉です。同時に、言葉を解体する脱構築の活動によって残された「もの」を、新しい何かを創るために使うのです。新しい何かとは、新しい意味、言語、新しい感情、感情の持ち方のことです。

　誰もが、言ったことの意味は、それを話す行為の中にあるというよりも、使用する言葉の内容にあると教わってきました。ソーシャルセラピーのアプローチでは、伝統的な、フロイトに影響を受けた臨床心理学が話者の「下意識」の深層から「隠された意味」を引きずり出すために用いる「説明的」で「解釈的」で「洞察的」な方法への解毒剤として、言語ゲームを遊ぶことを教えます。その方法を説明しましょう。

　「もっと話すよう決意しました。」あるセッションの夜、ポーラはソーシャルセラピーグループのメンバーに言いました。私はセラピストとして、この発言を言語ゲームを遊ぼうという誘いとしてとらえました。グループ（ポーラを含みます）に、ポーラが「もっと話すよう決意しました」と言ったとき、彼女は何をしていただろう、と問いかけたのです。

　ポーラの発言について考えるなかで、それはそこにいるみんな（ポーラを含めて）に、ポーラの言葉は、何か異なることをしたい（もっと参加したい、もっとギブしたい）という欲求と一致している、あるいはそれを表している、あるいは反映していると考えるようにさせることを意図していることが明確に

なりました。しかし、そう発言しながら、ポーラは何か違うことをしてはいませんでした。「もっと話す」ことについて（ほんの少し）話すことは、もっと話すこととは似て非なるものです。実際に、もしポーラがもっと話していたら、そうすると「決意した」と言う必要はないはずです。仮に、呼吸する代わりに、呼吸すると「決意した」と言ってまわることで、心理学的・生理学的に正しいことをするという決意が賞賛されると期待するとしたらどうでしょうか。これは危険であるのは言うに及ばず、いかに奇妙かを想像できるでしょうか。

　「もっと話すよう決意しました」と言うことで、ポーラは普段行っていることをしているのです。それは、自分自身のために何かをゲットするために、最低限のギブをすることです。この場合、ポーラがゲットしようとしていたのは、グループからの賞賛と承認です。ポーラの言ったことの「意味」を解釈しようとするのではなく、そう言うことで何をしていたのかを発見するゲームをしながら、私は彼女が言ったことを真剣にとらえていました。このようなしかたで応答することは、グループが抽象的な意味ではなく、活動に焦点を当てることのできる環境を創造するのに役立ちます。

　ソーシャルセラピーグループは子どものような環境であり、競争ではなく、完成することがメインの活動になります。過度な「私のもの性」を取り除けば、あなたも家庭で、友人同士で、こうした環境を創造することが可能です。「私のもの性」とはどのようなことでしょうか？　そうですね、たとえば、多くの人は何か意見を述べるとき、ただ自分の考えを述べているのではありません。自分が正しいということも伝えています。「窓を開けておいたほうがいいと思うよ」「向こうに置くランプは青いほうがいいんじゃないかな」「犬を飼うべきだよ」「お金を節約して、自分たちでやったほうがいいよ」「病院に行ったほうがいいんじゃないかな」「今まで見た映画の中で最悪だったわ」。

　なぜ正しいということがそんなにも必要なのでしょうか。それは私の意見、私が考えていることだからです。単なる一つの意見ではないのです。自分の考えが間違っているとか思い違いをしているかもしれないという可能性は ── たとえ完全に正しくないと見られるかもしれない可能性ですら ── 、多くの人にとって恥ずかしいことです。窓は一部分開けておいたほうがいいかもしれません。青いランプはあっちと同じようにこっちに置いてもおしゃれかもしれません。たぶん猫やカメも飼うべきかもしれないし、安くできるかもしれません。よく眠ればいいのかもしれないし、映画だってそんなに悪くないか

8　罪悪感、恥、「私のもの性（my-ness）」

もしれません。

　人は、自分の個人的な信条が間違っているかもしれないという可能性を気にしがちです。間違えることは恥ずかしいので、正しさの背後に隠れるのです。正しくないことは、他の誰もがそうであるように、間違いやすい、間違いをおかす普通の人間であるということをさらすことなのです。

　しかし、意見が単なる意見であり、「私のもの性」（つまり、自分のアイデンティティ）の確証が不要の環境では、恥辱を感じる余地はあまりありません。このような子どもに近い環境では、私たちはもっと簡単に成長できるのです。話すことを互いに教えあうとき ── 互いに完成しあうとき ── 互いに競いあう言葉を使うことがずっと少なくなります。

| エクササイズ |

　「私のもの性」の垣根の反対側にある人生がどんなふうか、理解するのを助けるエクササイズです。
　賛成できない誰かに、「あぁ！　私の間違いだ」と言ってみましょう。
　自分の考えを言う代わりに、他者の考えを述べるだけの一日を過ごしてみましょう。

9
セックスと友情

　私たちの文化では、ゲットのゲームを得意としないというだけで多くの人が惨めな状態に置かれます。伝統的心理学では、この状態は、何らかの個々の「敗者」の中にある「問題」として見る傾向があり、そういう人たちは「社会に良く適応した」人格を作っているとされる特性に欠陥があると診断されてしまいます（または、自分でそう診断したりします）。

　これをよく示す例を紹介しましょう。アメリカ精神医学会の『精神障害の診断と統計マニュアル』は、よくお目にかかる擬似科学的な出版物ですが、子どもに「性同一性障害」と言われるものがあらわれるとみなしています。男の子にこの「病気」があると診断する基準の一つが、「他の男の子との乱暴で荒々しい遊びを嫌がり、攻撃性や競争が特徴的に報いられる男の子の典型的なおもちゃ・ゲーム・活動を拒否する」というものです。

　伝統的心理学の見方からすれば（「通俗」心理学のほとんども含めて）「問題」に対する「解決」は、欠陥を埋め合わせることです。実際、「欠陥の埋め合わせ」は、アメリカで急増するポストモダン産業の方法論の一つ、「速成コース」なのです。

　ニューヨークのラーニングアネックスを例に挙げましょう。ここは、自分の人生やキャリアを改善したい20代〜30代を主なターゲットとしていて、表向きどのようにしてキャリアや人生を改善していくのかを教授するようデザインされた、何百もの講義や短期講座を開講しています。もちろん「問題」は、より良い人生を送りたいという人びとの欲求の中にあるのではなく、多くの「速成コース」のシニカルな擬似解答にあるのです。

　驚くことではありませんが、女性は、何世紀にも及ぶ社会的な訓練によって、ゲットのゲームの敗者になることを事実上保証されたも同然です。それゆ

えしばしば、女性がこうした「役に立たない解決」の広告の主なターゲットとなるのです。ラーニングアネックスの最近のカタログの、コースの記述を紹介しましょう。

「より良い悪女になりなさい。見返りが少ないのに、人のいい、優しくて気立てのいい人でいようとして悩んでいませんか？ あなたはDMS（ドアマット症候群）にかかっているのかもしれません。もしそうなら、今こそ現実の世界に目覚めるときであり、どうやってあなた自身の欲求を第一に置くかを［インストラクターから］学びます。･･･ なぜ悪女たちは最高の男性を引きつけられるのか、なぜより良い悪女たちが最高の男たちをはべらせていられるのかを学んでください！」

「復讐、報復、それ以上のことをする方法 ･･･ 完全に合法、かつ社会的に認められたやり方で、ターゲットに生まれたことを後悔させる復讐方法を学ぶことができます ･･･」

ソーシャルセラピーの観点から言えば、「より良い悪女」になるために学ぶことや「ターゲットに生まれたことを後悔させる」ことを学ぶことは、単に道徳的に問題であるというだけではありません。それでより満足し、充実し、喜ばしい個人的生活が得られることは、ほとんどありえないのです！ 確かに、非常にいい人たちが多くの時間悲しい思いをしているのに、さまざまな悪行をやってのけ、それを大いに楽しんでいる人たちがいます。しかし、四半世紀セラピーをやってきて、ゲットのゲームが上手な人たちは、ゲットのゲームが得意でない人たちと少なくとも同じくらいに、惨めであることをしばしば経験してきました。そういう人たちは他者に疎外され、欠乏し、自己卑下し、感情的に豊かでないのです。

こう言ったからといって、私は道徳やその他の権威を持ち出そうとしているのではないことをはっきりしておきたいと思います。たぶんすでにおわかりのように、ソーシャルセラピーの文化的経験は、ゲット文化と結びついた道徳原理とは非常に異なる道徳原理に影響を受けています。しかし私はここで、他の人びとと感情的に関わるやり方（できる限りすべてをゲットする）について科学的観点から述べています。そういうやり方は、私たちの種の生命のこの瞬間、この時代においては、もはや個人、ひいては人間という種の成長や発達に何ら助けとなりません。だから多くの人たちが「ゲットの人生」を破壊的で自滅的であると経験するのです。そういうことなのです。

これは、「異性愛」と呼ばれようが「同性愛」と呼ばれようが、多くの人たちがどのように性生活を送っているかのなかに、はっきりと見ることができるでしょう。私たちのゲットの文化では、典型的に実践される伝統的なセックス、それは私が魅力ベースのセックスと呼ぶものですが、男性に方向づけられています（女性にとってさえも）。
　つまり言いたいのは、魅力と性は恥辱と密接に結びついているということです。そのモデルは、女性の恥辱です。異性愛も同性愛も、ほとんどのセックスは恥辱を与えるようデザインされています。
　すごく不快に感じられるかもしれませんが、しばらくの間私の話を聞き、自分自身と正直に向き合ってみてください。
　恥辱感は、女性にとっても男性と同様に典型的に性的に興奮するものです。こういうセックスを扱っている映画を思い起こしてみましょう。たとえば、アメリカでの一般的な性行為に影響を与えたり、影響を受けた映画です。そうした映画の広告は、非常に明確に、恥辱の性的興奮を描きだしていると思います。こう言ったからといって、ほとんどの男性が意識的に女性を辱めようとしていると指摘しているわけではありません（明らかにそういう人たちもいますが）。ほとんどの女性が性的に興奮するために自分を辱めるようなことをしたり、他の女性を辱めようとすると指摘しているわけでもありません（「より良い悪女」になろうとする人もいますが）。
　むしろ、アメリカ文化における女性の恥辱は（恥辱一般のように）、より「密やかで」「ノーマルな」方法で、日々の性的興奮を刺激するための媚薬として作用しています。それが、私たちの文化のセックスの有り様なのです。「精神異常」ではなく、普通で、実直で、「良い」男性が、女性を「受け身の存在」として、男性の前に跪き「おねだりする」ものというファンタジーを抱いています。一方「変わり者」でない、普通の、上品で、思いやりのある女性が、セックスという戦場で他の女性たちを打ち負かしたことを知って誇りを持ち、喜ぶのです。攻撃性と恥辱こそが、性的に興奮させるのです。
　ここでもう一度、道徳的判断はいったん脇に置いて、シンプルに映画、広告、テレビ番組、「お茶の間」テレビ伝道師、さらには「プライベートな」妄想について考えてみましょう。テレビ伝道師のジミー・スワガートやジム・ベイカーの性生活のスキャンダルが報道されたとき、私はまったく驚きませんでしたし、ジミーやジム、その仲間たちと彼らの何百万の信者たちを区別できると

も思いません。まったく逆で、ジミーやジムと信者たちが同じ穴のムジナであることを示しています。ことセックスに関しては、彼らがアメリカの内情に精通していることをよく示しています。

性的魅力は、大衆文化、外見、社会的に望ましいとされる定型化されたジェスチャーや動きといったような、ある程度しかコントロールできない事柄によって過剰に決定されがちです。ちょっとその辺の広告看板を見上げてみてください！魅力という文化的観念の中に埋め込まれた条件に「距離」の条件があります。身体的な特徴がぼやけてしまう、もっと接近した距離ではなく、腕を伸ばした距離でどう見えるかの条件です（プロのカメラマンは、モデルがもっともセクシーに写る距離を正確に知っています）。

ゲットの文化では、まず「魅力的な人」を（適切な距離から）見つけたら、普通、「声をかけてゲットする」、あるいは少なくともそのことに挑戦はするでしょう。しばらくの間、そうしたゲット行為（誘惑する、口説く、そしてそれに伴う恥辱）に興奮します。それに飽きると、たいていセックスを続けることを合理化したり「正当化」したりする、何か別のものが必要になります。「恋愛」中、結婚する、子どもを作る、「子どもたちのために」一緒にいる。誰でもそうなのでしょうか？明らかに違います。それどころか、私たちがここで話しているのは「逸脱」行動についてではありません。この社会の多くの人にとって、まず性的魅力（とそれに伴うものすべて）が先だということです。たとえあるとしても、友情は二番手なのです。

この種の、魅力をベースにした標準的なセックスは、たとえ自分が受け身の側であっても、征服と支配が第一となりがちです。一人が他方に屈辱を与えることを基礎とした社会的に構成された攻撃性は、しばしば残酷です。それは必ずしも内容ではなく（愛にあふれた言葉や誠実な意図が伴うかもしれません）、その形式において残酷なのです。いつも知的に認識されているわけではないにしても、何百万という小さな支配と恥辱の行為が、感情的に経験されるのです。これが現代のアメリカ（やその他のどの地域でも）における、多くのセックスのあり方なのです。

このような中にあって、「当然ながら」、女性が傷つくことになりがちです。だからといって、女性が自然に、よりギブしているということではありません。反対に、ゲット文化の女性は、自分のセクシュアリティ、感情、自分の「理解」その他何でもをギブし、それに応じてただ自分自身をゲットする価値ある

ものとしようとするのです。訓練されている男性に比べるとほとんどの女性は上手なゲットができません。私の考えでは、これが、女性がしばしば男性に怒りを露わにする理由の一つです。私は、ジグムント・フロイトとは異なり、女性が基本的に「ペニス羨望」に動機づけられているとは思いません。しかし、ゲット文化の文脈では、女性が嫉妬深いのももっともなことなのです。言うまでもなく男性の生物学的属性にではなくて、社会的な優位性に対して嫉妬深いのです。

　ここ40年間で、フェミニズムは一部の女性に対して、無償の行為や、ある程度は外での仕事に「より良い条件」を得ることに成功してきました。こういう女性はある程度の経済的自立を果たしているでしょうし、夫たちはおそらく、家事や育児を「助けて」いるかもしれません。私の考えでは、これらはとても良いことです。しかし、より働きやすいよう（労働時間の短縮や労働条件の改善、付加給付など）経営側と交渉して合意を勝ち取った労働組合のように、労働者はこれまで勝ち取ってきた改革が何であれ、それを失うかもしれない弱い立場にいます。ゲットの活動が感情面で人生の基礎になっている限り、女性は性的にも個人としても、羞恥を受ける攻撃の対象であり続けます。そして男性は、一体となった「ゲット行為」における恥辱を与える者として、ますます純粋な親密さを経験することがないでしょう。

　ソーシャルセラピーでは、セックスをまったく異なるやり方で行うことを支援します。私はときどき、いたずらっぽく、これを友情セクシュアリティ(friendosexuality) と呼んでいます。これは、誰でも（女性でも男性でもゲイでもストレートでも）遊ぶことのできるゲームです。

　「友情セクシュアリティ」とは、実質的には見知らぬ人（たとえ過去15年間ベッドを共にしていたとしても）とゲット行為にふける代わりに、仲の良い友人とセックスゲームをする、という意味です。

　小さな子どもたちが遊ぶ方法は、友情セクシュアリティのモデルです。3歳児や4歳児は、友達と遊びの文脈を創り出します。そこですること、たとえば互いにボールを前後ろに転がしたり、砂を掛け合ったりは、罪を感じたり、道徳的に過剰に決定されたり恥辱に根ざしていたりしません。解釈にわずらわされることもありません。単純に愉快で楽しいのです。私は大人も、子どもがしていることを性的に、あるいはそうでない方法でしようと言っているわけではありません。むしろ、ソーシャルセラピーのアプローチは、小さな子どもが

遊ぶようなしかたで、大人がセックスをするのを助けるのです。

　友人と合意の上でセックスすることは、あなたを実効支配する人やあなたに従う人とセックスするのではなく、平等な仲間とするということです。そうした平等な者同士の性的関係は、過度に恥辱に支配されることがありません（あるいは、いずれにしても、外から加えられる恥辱に過度に支配されることはありません）。このような関係の中で、あなた方自身の性的な興奮を一緒に創り上げていくことができるのです。

　私たちはこれまでずっと、映画や広告やテレビやその他によって、恥辱によって性的興奮を覚えるように社会化されてきたので、ほとんどの人たちは、自分がどんなことで興奮するのか、あまり自覚していない傾向にあります。仮にありきたりで、恥辱的なセックスのしかた（電気を消して、男性が上位で目を閉じて）であったとしても、意識的にどんなことに性的興奮を覚えるのかをはっきりさせることは、あなたの性的行為を直ちに変えます。他の日常の行為と同じように、セックスをそのようにしているのは何をしているかではなくて、どのように行うのかということなのです。一定の体位や、下着や、言葉それ自体が恥辱的かそうでないかではないのです。それらをそれらたらしめているものは、少なからず、それらがどう使われるか、それらを使おうと誰が決めているのかなのです。

　私たちのゲット文化で当たり前とされる、セックスの魅力と恥辱の結びつきに代わるものとは何でしょうか？　それは、セックスする相手と一緒に、互いに「ギブする」ことができて、他の人びとに「ギブする」ことができるように相手を支えられる環境を作っていくことです。言い換えれば、友情を作っていくことです。

　この友情とは、人びとが持っているものではなくて、常に創造し続ける共同作業によって生み出すものです。それは、私たちが親密でいられる環境なのです。あなた方両者がその活動に持ち込む要素で、友情を築くのです。友情は、そこにあなたが持ち込むものであなたがすることの産物です。共有されるものは、あなた方が一緒に築き上げたものなのです。

　遊ぶことは、友人同士で一緒にできる活動の一つです。彼らはその中で、遊び心を発揮できる環境を創ります。それは、ほとんどの人が、全部自分たちで、いともたやすく、気兼ねなく一緒にできるような環境です。シャワーを浴びながら大熱唱したり、シャンプーで髪の毛を変な形にしてみたり、おいしそうな

チキンサラダのクルミだけ食べてみたり —— 当惑して緊張してしまうようなことはありません。罪悪感を感じることなく、照れるようなことすべてができる環境を創っていくことなのです。

　それは、友人たちが個々で、互いの前で個人的なことをするのではありません。のぞきではないのです。むしろ、しばしば一人でいるときにだけ感じるような自由と気楽さを楽しみながら、誰かと何かをするのです。これは、徹底的に受容することがとる一つのかたちです。友人と遊ぶということは、髪の毛を下ろして、足を上げて、間抜けなことができるということなのです。恥辱で興奮するのではなく、このような環境を創造し、そこでは思いのままに行為し、ありのままでいて、それが興奮することなのです。

　もちろん、すべての友情が遊びであるとは限りません。ただ、遊ぶことはその大きな一部です。友情とは、築いた環境の中で、遊びの場を創っていくことなのです。そうして、セックスと呼ばれる特定のゲームをする、一緒にセクシュアルに振る舞うことができます。もし互いに選べばですが。そのとき、セックスは友情の環境によって決定され、それは幼児の時代のルールのないゲームにもっとも似たものとなります。のびのびとしていて、楽しくて、その行為をしている人びとにとって大切であるという意味において、価値があるのです。

　セックスが関係に意味を与えるのに使われるとき、しばしばこの素晴らしい遊びの感覚はなくなってしまいます。楽しむためにやることではなく、何か他のことの象徴に変わってしまうのです。その関係性が良いのか悪いのか、本当に互いを愛しているのか、どれくらい自分が魅力的なのか、ベッドで「うまい」かどうか等々、その他あらゆることが、とてつもない感情の重荷となります。セックスを、それが表しているとされるもののゆえに、実際以上に重要だと見なしたり、それは何か他のものを表すにすぎないのだからと、過小に見ることになります。

　セックスは、すべてでもないし、取るに足らないものでもありません。それは、何か現実的なものの象徴では「本当に」ありません。また、究極の「現実」でもありません。（これらはフロイトの考え方の二つの側面です）。それは、創造的であってもそうでなくても、建設的であってもそうでなくても、発達的であってもそうでなくても、単純に人間が共同で行うことのできる数限りない活動の一つなのです。私の考えでは、もっとも心地よい発達的な種類のセック

スは、社会的に引き起こされる恥、恥辱、屈辱による抑圧が最小限の中で、分かち合い、ギブすること自体のためにギブする人間の能力の身体的、感覚的な表現となります。しばしば、自分たちの恥辱を笑いあうこともあるでしょう！ゲット文化の中でのセックスのように、消耗されるものでも破滅的でもない、プロセスの一部なのです。

　魅力ベースのセックスをする人たちは、互いに互いを商品として見なしがちです。最初に「それ」をゲットするときは気にしますが、いったん「それ」を手にすれば、当たり前のものと見なされるものです。友情セクシュアリティは、それとは対照的に、成長的です。

　この本を読んでいるのであれば（ソーシャルセラピーに「参加」している人たちのように）あなた自身のやり方で、ぜひソーシャルセラピーのアプローチに挑戦してほしいと思います。たとえば、宗教的あるいはその他の理由で婚前交渉に反対する人たちは、婚約を「夫婦」の社会的役割をリハーサルするために用いるのでなく、結婚しようと思っている人と良い友達になることを学ぶことで結婚後のセックスにそなえることができます。

　あなたは今、結婚式を待っている最中かもしれませんし、あるいは結婚10周年、25周年、50周年のお祝いを準備しているかもしれません。もしかしたら「生涯独身」「決心のつかない独身」「それ以外」のどれかかもしれません。どんな状況であれ、もしそうしたいと思うなら、友情セクシュアリティを実践することを強く勧めます。良いセックスを「所有する」（あるいは所有させられる）のではなくて、作り上げ、発達させてください。

| エクササイズ |

　「恥を共有する」ときどう感じるかを理解する助けになるかもしれません。
　今度誰かとセックスをしているとき、そのことで一番恥ずかしいことは何かを述べあいます。「終わる」ときまで待たないこと。とにかくその最中に話してください。

10 過去をやり直す
―― ソーシャルセラピーの成功例のいくつかとその教訓

　ソーシャルセラピーは、伝統的なセラピーとはまったく違いますが、同時に、似てもいます。人びとは感情的な支援を求めてやってきますが、それはもちろん、他のセラピストのところへ行く理由でもあります。もしどんなセラピストも気遣いと感受性があれば、多くはそうですが、人びとは心を動かされ、応答するでしょう。たとえセラピーが何たるかをほとんど知らなくても、そのセラピストと「一緒に」やっていこうと決めるでしょう。セラピーのもっとも良いところは、この人間的で愛情深い方法によって人に触れ、届くという点です。私の考えですが、伝統的なセラピーがそれほど成功していないのは、そのやり方と関係があります。ソーシャルセラピーが面白くてとくに価値があるのは、人びとと一緒に旅をするところにあります。

　ソーシャルセラピーは、人びとを旅に連れ出します。ただし特定の目的地（「より高い機能を得る」「より素晴らしい自己認識ができる」「回復する」「その後ずっと幸せでいられる」）にたどり着くためではありません。むしろ、ソーシャルセラピーの旅に出る人たちは、感情の脱構築と再構築をする連続的で果てしない旅に出ることを学ぶ、と言えるでしょう。言い換えると、感情生活を新しく創造・再編成しながら、ゲット文化の基本的仮定や役割に挑戦するのです。

　このプロセスに参加することで、まったく新しい人間になるわけではありません。新しい種類の道具を手に入れるのです。実際、それは新しい種類の道具です。新しい感情が作られる新しい環境を築くことができる人になるのです。

　私たちは、人びとが、人生とくに感情生活の建築者、制作者、創造者になっていくことを助けます。それは継続的で、一生続くプロセスで、終わりがなく、結論もなく、人生をより良く生きるという以外の目的はありません。これまで

以上のより良い人生の環境を築くことを可能にする、より良い人生の環境を築くことができるように、人生の環境を築くことを教えるということなのです。私たちは、発達と感情の成長を生み出すのは、洞察を得ることではなくて、創造的な活動であることに気づいたのです。

　ソーシャルセラピーに参加する人たちは2セッションで終えることもあるし、2か月だったり、2年だったり、20年だったりすることもあります。ソーシャルセラピーに参加する人たちは、自分の心理学とセラピーを創造します。どのようにそうするかの多様な決定には、どれくらい「時間」をかけるかも含まれます。ある人は緊急で短期の助けを求めてやってきます。他の人は、人生の長い期間にわたって行います。どちらかがより優れているというわけではありません。継続的にソーシャルセラピーを創造し、成長してもなお続けているごく普通の人たちのストーリーを、いくつか紹介したいと思います。
　今でもはっきりと、ジャニスとの非常に感動的なセラピーセッションを覚えています。それは初期の頃のセッションでした。20年くらい前だったと思います。当時ジャニスは18歳か19歳でした。彼女はとても、本当にとても反権力主義でした。私に対しても最初、強い敵意を剥き出しにしていました。そこでなぜそんなふうに振る舞うのか、不信感と怒りに満ちた態度の理由を尋ねました。すると「あなたは私の最後のチャンスなの」とストレートに答えてくれました。彼女は怒っていて、とても不幸せな若い女性で、これまでに2度の神経衰弱を経験していました。「もしこのセラピーが効かなかったら、もう終わるのよ。すべてが終わってしまうの。」私は、彼女の終わるという言葉を、「自殺する」ということだと確信しました。彼女はセラピーの成果にこだわるあまりか、皮肉のように、私から少し距離を置く必要があると感じていると言いました。彼女がそう言ったとき、彼女の私への怒りを、ありふれた治療者への転移ではないしかたで理解する道を与えてくれました。
　ここで、「転移」という言葉について少し考えてみましょう。伝統的なフロイト派やフロイトに影響を受けたセラピーでは、転移は、クライエントが長期にわたって通過しなければならないものと考えられています。その間クライエントは、人生でもっとも重要な大人に対する幼少期の感情をセラピストに「転移」します。するとセラピストは、クライエントのその感情を理解し、分析し、最終的には「正す」のです。クライエントがセラピストにどのような反応や応

答をしようとも、転移として解釈され、セラピーが「うまくいっている」証拠と見なされます。

さて、ゲットの文化では、当たり前のように、人びとがありのままの人としてつながることがなくなっています。他者をお互いに、その人そのものに価値のある、リアルでユニークな個人として見ない傾向にあります。むしろその人の価値を、ゲット原理に従って市場でつけられる価格によって決められる、交換可能なモノ（商品）として見る傾向にあります。したがって、ソーシャルセラピーのアプローチでは、転移を臨床的技術とは見なしません。むしろ転移を、ゲット文化の「正常な」疎外に生きる、私たちすべてに起こる、「正常な」プロセスだと考えています。

こう言ったからといって、ジャニスとの治療上の関係に「転移」がないということを示唆しているのではありません。すでに述べたように、ゲット文化の性質から、セラピーの内でも外でも、転移は私たちの社会的相互作用のほとんどの中に存在しているのです。もう一度確認しましょう。転移とは、商品化されたゲット文化の中で人びとが互いに典型的に関係しあう方法なのです。重要なことは、ソーシャルセラピーでは、転移も転移による分析も、すべてのことを説明する「核心」ではないということです。たとえば誰かがある人に怒っているとして、私たちはその理由が「本当は」10年あるいは20年、50年前の、親の無関心や虐待に対する怒りであるとは想定しません。またこうした想定に基づいてクライエントと関わることもありません。仮にそれが本当のことであったとしてもです。ソーシャルセラピーのアプローチでは、徹底的に受容します。つまり、反解釈、反説明です（それゆえ日常生活の中で実践しやすいものです）。

ジャニスの私に対する怒りは、もしここで失敗したらもうどこにも行くあてがないという恐れからくるものでした。ジャニスは彼女の人生の中の私に対して、彼女の視点から見た私と関わっていました。私は、ジャニスが話したことについて解釈をしませんでしたし、説明しようともしませんでした。彼女の話と怒りを、受け入れたのです。

私には、共通の知人に紹介されてきたハウイーというクライエントがいるのですが、ジャニスはハウイーとつきあい始めてから間もなく、私のところへやってくるようになりました。ハウイーは、両親とまだ一緒に住んでいた18歳くらいの頃に、私のクライエントになりました。非常に不幸せな幼少期を過

ごしました。彼は年齢に比してずっと大きく、家族、そして他の人びとも、彼を木偶の坊として扱いました。デブで不器用な木偶の坊で、バカで、とんでもないいじめっ子であるかのように。私には、彼がそういう人間として扱われてきたからいじめっ子になったのだということは、疑う余地がありませんでした。

彼がセラピーに来た当初は、両親とよく喧嘩をしていました。喧嘩になったことの一つは、大学に行くべきかどうかでした。彼自身は成績も良くなかったし、継続して勉強する意思はとくになかったのです。実際にはグラフィックデザインの仕事に就きたいと思っていて、その手のスキルもすでに大いにあったのです。私は、彼が望む決定をするのを後押ししました。彼は両親の家を出て、デザイン会社に職を見つけました。どちらも、有益な動きでした。

ハウイーとジャニスは、ハウイーがセラピーに来て1年くらい経ってから出会います。何回か2人で一緒にセラピーに来ることもありました。その後、ジャニスはそれまで1年くらい通っていたセラピストのところをやめて、私のセラピーに来ることにしたのです。最終的には、個別セラピーとグループセラピーの両方に、それぞれ参加しました。ときには、カップルとしてセラピーに参加することもありました。

ジャニスの家庭はハウイーの家庭よりも上の中産階級でしたが、ハウイーと同様に不幸な幼少期を過ごしています。父親から性的虐待を受け、家族と感情的に疎遠だったのです。ジャニスには「感情的に混乱した」人の振る舞いがありましたが、ハウイーは単に、非常に不幸せなように見えました。

私が2人に出会ったとき、2人とも感情的に上手に生きていけず、どうしたらいいのかわかりませんでした。2人は互いとソーシャルセラピーに同時に出会ったのです。今は30代後半となり、共にとても良い人生を過ごしています。ハウイーとジャニスは公平に見て、ソーシャルセラピーで「成長し直した」と言えると思います。とても時間はかかりましたが、あまり驚くことではないでしょう。17〜18年もの間、感情面で（ジャニスの場合は身体面でも）虐待的で、成長支援が与えられない、剥奪的な環境の中に置かれてきたのです。

大人になり、彼らは両親やその他の「権威ある」人物によって人生を決められたり、定義づけられて受動的に応答することはもはやありません。彼らは人生を、自分たちが今あるあり方、そしてなろうとしているものとして、創造する活動に積極的に取り組んでいます。ハウイーはこれまで非常に成功していて、今では自分でデザイン会社を経営し、仕事を楽しんでいます。ジャニスはキャ

リアについては苦労していて、現在もある程度その状況が続いています。彼女は教員免許を持っていますが、これまでとくに教壇に立ちたいと思ったことはなく、書店で働いています。最近、2人の間に子どもが生まれました。ジャニスは長い間子どもが欲しいと思っていて、ハウイーはそうでもありませんでした（実は何年もの間、どのようにして親になるのか、そもそも子どもを作るかどうかについて、セラピーで集中的に取り組んできました）。そして現在は女の子を授かり、2人とも非常に幸せです。なんと、次の赤ちゃんを作ろうかと話しているのです。2人は非常に良い親になるでしょう。

　2人は、成長して正常ではない惨めな人間となりました。それが、彼らの感情面での人生行路だったのです。ジャニスには自殺願望がありました。彼女はわがままで反権力主義の反抗的なところがあり、そうしたものが十分彼女を自殺に追い込みかねなかったと思います。現在でさえも、幼少期の性的虐待の記憶が蘇ってきて、感情的な衝撃に襲われることがあります。とくに、彼女の「許せない」という思い（もちろん理解できますが）によって、自分を傷つきやすい状態にし、痛みの中に置き、ときに愛するものに対してさえも意地悪になってしまうのですが、とくにこのことにセラピーで取り組みました。

　ハウイーは深く心が満たされておらず、感情の面で栄養不良状態でした。セラピーで繰り返されるテーマは、大きな出来損ないの子どもとされることの恥辱でした。しかし彼は、それを抱えながら、長い道のりを歩んできました。彼は、愛らしい、繊細な男性です。とりわけ、この文化の男性のスタンダードからいうとそうです。おそらくジャニスに対する虐待の可能性もあったし、実際虐待したこともあったでしょう。しかし、ハウイーは切り抜けようとし、乗り越え、反対側にたどり着いたのです。

　18年前のジャニスやハウイーのようなアメリカの若者たちは、現在も大勢います。当時は2人が成功し、普通の、満足できる人生を送れるとは、誰も期待していなかったし、予想もしていなかったでしょう。今や不自由なく暮らし、友達もいるのです。互いに思いやり、愛情を込めて赤ちゃんを育てています。2人は素敵な人間です。より重要なことは、そして間違いないのは、2人は互いに思いやる男性と女性であるということです。

　人間は、ときに自分や他人が「良い」か「良くない」かということにとらわれて悩み、そういう判断で、互いにどのように行為しあうかをあらかじめ決めてしまうものなのでしょう。私は、それは逆だと思います。重要なのは、何を

一緒にするかであり、活動なのです。人びとに銃を与え「戦争」と呼ばれる場所に配置すれば、おそらく恐ろしいことをするでしょう。同じ人間におもちゃを与えて小さな子どもたちが大勢いる遊び場に連れて行けば、皆が楽しい時間を過ごす機会になるでしょう。

　ソーシャルセラピーのアプローチで、ハウイーとジャニスは互いにギブしあう人生の環境をどのように築いていくのかを学ぶことができました。それによって2人は、共に成長することができました。この2人の物語は、普通の成長物語じゃないの？　ソーシャルセラピーなしでも、2人は良くなることができたのでは？　私にとっての答えは、シンプルに、ノーです。なぜなら2人は、多くの人びとと同じように、感情的に「コース分け」されたからです。とても小さな頃から知能をコース分けされ、ラベルづけされ、それを表現する機会を与えられなければ、知性が発見されないままの子どもたちのように、ジャニスとハウイーは「コースを降りる」ために、感情的な普通状態をエクササイズする必要があったのです。

　ベラは50代半ばの女性で、1年くらい前にほんの短期間、ソーシャルセラピーにやって来ました。彼女の夫が心臓発作で亡くなった直後のことでした。ベラの何人かの友人が、彼女が「適切に」悲しみに向き合っていないことを心配し、もし今「きちんと」悲しみに向き合わなければ、半年後には夫のビルの死が彼女を「苦しめる」ことになるだろうと忠告しました。友人たちのおかげで、ベラは心配になり、短期のソーシャルセラピーにやって来たのです。

　初めの3回のセッションで、ベラは自分自身の人生について話してくれました。彼女の話では28年の間、夫婦は「完璧ではないが、良い結婚生活」を送ったそうです。一緒に画材販売の仕事を成功させ、仲の良い息子のポールは夫のビルの死後、その仕事がうまくいくように手伝ってくれていました。ベラは常に活動的な人生を送り、それは変わることがありませんでした。彼女は大好きな絵を描き続け、生前のビルと友人と何か月も前から計画していたカナダ旅行についても、現在も楽しみにしていました。言い換えれば、彼女は自分の人生を生き続けていたのです。もちろん、ビルに会えないことはとても寂しいのですが、何もかもめちゃくちゃになることはなかったのです。彼女の友人たちは、そのことを理解するのがとても難しかったのでした。

　彼女の友人たちは、ビルが生きていた頃の2人の結婚生活もなかなか理解で

きないでいたことが明らかになりました。2人はかなりお互いに独立した人生を送っていて、年月のうちに、〈夫〉（大文字の）と〈妻〉（大文字の）という「通常の」役割を演じるというよりも、お互いがお互いでいることを支えあうように一緒にいる（それは2人共が望んだことでした）方法を見つけたのです。ベラと話をして、私も彼女も、とくに問題がないのではないかと思いました。ベラは友達の素人心理学者が言うように何かを「否定」したり、「抑圧」したりしていたわけではなく、単に、友人たちの夫への頼り方のように、ビルに頼っていなかったのです。ベラは〈妻〉を振る舞う必要がなかったように、〈未亡人〉を振る舞う必要がなかったのです。今喪の悲しみを「解き放さ」ないと、突然悲しみに打ちひしがれて圧倒されてしまうという理由など、なかったのです。（4か月ほど後、カナダ旅行に行く直前に「確認」のためにセラピーに訪れたときも、すこぶる順調でした）。

　ゴードンは、ベラと同じように短期間のソーシャルセラピーのためにやってきました。ゴードンもベラと同じように、奥さんを失ったことが原因でした。しかし、ベラとゴードンでは、その状況に大きな違いがありました。6か月前、ゴードンの人生のパートナーであったニールが、時計のベルトを買おうと立ち寄った宝石店で、やってきた強盗に殺されたのでした。ゴードンは家具デザイナーでしたが、それからというもの、まったく使い物にならない状態になってしまいました。「涙を止められないんです」とゴードンは言いました。私が奥さんのニールとの関係が彼にとってどんなものだったか、一緒に何をやってきたのかを話してくれるように促しても、ゴードンは自分がもう終わってしまったという事実しか話すことができず、ひたすら泣くのでした。

　そこで私は、ニールは死んでしまったけれど、2人の関係はまだ成長し続けているのではないかと指摘しました。当然、ゴードンは私がおかしいのではないかと思ったでしょう。死んだ者は死んだのです。しかし、ソーシャルセラピーの見方では、「死という事実」は、もう一つの生の事実でもあるのです。ですから、それは単なる悲しみの源泉ではなく、新しいものを作り出す素材にもなります。それは、手にしているものを何でも使って創造していく、進行中の人生のプロジェクトに使えるものなのです。たとえそれが、痛ましい死であったとしても。

　その後3回にわたるセッションの中で、ゴードンはニールとの関係からどん

なことを学んだのか、その学びを他の人との関係を発達的に構築していく上でどのように利用できるかを探り始めました。それは、今度は、死んでしまったパートナーとの関係を変え、発達させたのです。たとえば、こんなことを話しました。ゴードンの友人たちをゴードンの人生に迎え入れる方法として、彼らにゴードンとニールとの関係に「加わって」もらってはどうかということです。これがゴードンにとってどういう意味を持つかと言えば、これまで「一匹狼」でやってきたゴードンには、人間、とくに男についての判断からすれば、「強く」ない人物を意味するのでした。

ゴードンは、ニールの死にうまく対処できないこと —— 彼が言うところの「こんな生ける屍」を恥じていると言いました。これまでのニールとのロマンチックな関係や友達との関係において、ゴードンはいつも「強い男」であり、誰もが頼れると思っている男でした。ゴードンが助けを求めても良いのは、ニールだけだったのです。人生のこういう場面で友達のところへ行き、助けを求めることは、彼の自己理解、彼の男としての「アイデンティティ」が試されていました。

その試練を受け入れる中で、ゴードンは、ある親しい友人に自分のスタジオに来て働いてくれないかと頼むことを決めました。そうすれば、突然悲しみが襲って来て、普段やっているようにペンをとったり、電話をかけたりできなくなっても、一人きりでいなくてすみます。同じ理由で、妹夫婦（その夫とゴードンは親しくしていました）からの招待（それまでは辞退していました）を受け入れ、彼らとその子どもたちと「ゴードンが望むだけ」一緒に過ごすことにしました。ソーシャルセラピーのアプローチを用いることで、ゴードンは自分の人生の全体を再編成したのです。そうすることで、再び成長し始めるために必要な、助けを得ることができたのです。

エイミーは、20代後半の女性で、株式仲買人でした。土木技師のジョアンヌという女性と1年ほどつきあっており、共に仕事は非常にうまくいっていました。エイミーは、度重なる一時的意識喪失があって、セラピーにやって来ました。どうやら遅い時間帯に見知らぬ隣人に囲まれ、どうやってそこに行ったのかも、夕方以降どう過ごしたのかも、まったく覚えていないのでした。一方、ジョアンヌは家にいて、心配で気も狂わんほどでした。そしてエイミーがやっと午前3時か、4時、5時あたりに、取り乱した格好で、明らかに酔っぱらっ

て帰ってくると、激怒しました。エイミーの1回目のセッションでは、ジョアンヌと一緒に住むようになってすぐに始まった、これら「奇妙な出来事」について、ずっと話しました。こうした出来事がますます頻繁に起こるようになり、2人ともこのことがとても心配になりました。エイミーによると、そうした出来事のせいで「素晴らしい」人生とは言い難いものでした。

　何回かのセッションを続け、自分の人生や人間関係について話すようになるにつれて、いろいろなことが素晴らしいわけではないことが明らかになっていきました。実はエイミーは、何か月もの間、ジョアンヌに対して強烈な怒りを感じていましたが、怖くて彼女に伝えられませんでした。ジョアンヌが怒るだろうと思ったからだけでなく、ジョアンヌにそのような感情を抱くことが「間違っている」とも思っていたからです。エイミーは自分の人生を完璧だと見なすことにのめり込み、他者にもそう見えるように肉体的にも感情的にも大量のエネルギーを注いでいました。このことは、彼女自身にも他の誰に対しても、「完璧な関係」が見かけとは違うことを認めるのを困難にしていたのです。エイミーがものすごく不幸せであるということを理解し、それを口にするまでに数週間かかりました。

　その後2か月ほど経って、ジョアンヌがエイミーと一緒にセラピーにやってくるようになりました。私は、2人がお互いの関係について話せるようにしました。私の励ましで、エイミーはジョアンヌのしたことに傷ついたことや、ジョアンヌに対する怒りを話すことができるようになりました。エイミーは、これまでの人生でそのようなことを誰にも話したことがなかったのです。その後3か月にわたって、エイミーとジョアンヌは、2人の感情に、自分たちがそうあるべきと信じていた「完璧な若いカップル」のアイデンティティを押し付けるのではなく、自分たちのありのままを互いに話せるような生活環境を、どうやったら創れるかを学んでいきました。自分がどう感じているのかを話すことで、エイミーはどうやって怒りを使ってジョアンヌと親密になれるか学んだのですが、学ぶにつれてエイミーの意識喪失の頻度は少なくなり、ついにはなくなりました。

　皮肉なことに、ハウイーとジャニスはソーシャルセラピーに何年もいますが、2人ともソーシャルセラピーにはほとんど頼りません。セラピーに依存することは、彼らの人生にとってたまらないことなのです。2人がセラピーを去ると

したら、少なくとも自分で「治った」として去っていくほとんどの人と同じように去ることになると思います。彼らがもしセラピーを去ろうと思うなら、そのときは、もちろん私はそうするのを支援するでしょう。しかし、2人は急いではいません。2人は、自分たちの人生の活動にセラピーを組み込んでいるのです。それは単に、健康クラブに行くのと同じように、生活の一部にすぎません。ハウイーとジャニスは、それぞれのセラピーグループに週に一度足を運び、感情的な「トレーニング」をしています。そして彼らは、定期的に運動をしたら良い体型を保てるように、良い状態を保っているのです。

　私は彼らと長く一緒にいましたし、彼らは人生の半分を私と過ごして来ました。いろいろな意味で、彼らとソーシャルセラピーは共に成長してきました。ハウイーとジャニスがやってきたとき、ソーシャルセラピーそのものも、理論的にも組織的にもまだ「若い」ときでした。そして2人は、ソーシャルセラピーを育て、ソーシャルセラピーにギブしてきました。ソーシャルセラピーの進展に素晴らしい貢献をしてきたのです。浮き沈みもジグザグの道も、ソーシャルセラピーと共に歩み、創造してきました。もし2人の成功に「秘密」があるとすれば、2人が最初から非常に寛大な姿勢や態度だったことにあります。感情的な面では、2人は最初まったくそうではありませんでしたが。

　2人とも、クライエントとして完全にギブしています。たとえばジャニスは「自然と」グループに来るのではありません。しかしそこにいるために、自分の感情をギブするために、いつも努めてきました。2人とも、持っているものをギブしました。最初は痛みだったり、怒りだったり、わからないことであったり、恥辱だったりでした。そして他の人たちと一緒に、その虚しさや醜さを全部用いて、何かを築こうと努めました。彼らにとって役立つだけでなく、多くの仲間たち全員にとっても役立つような何かを作ろうとしてきました。

　2人は、私たちがやって来たことの発達に不可欠な存在でした。2人は、ソーシャルセラピーの主要な建設者です。ギブの過程で、築いていく過程で、2人とも成長しました。2人は「モデル」クライエントですが、それは「スター」だったり感情的に際立っているという意味ではなく、「ただ」この過程にギブすることによって、とてつもなく助けられたのです。助けを得ることにおいてだけでなく、助けを与えることにおいても。今やそうした人たちがたくさんいます。ハウイーとジャニスは、単にその始まりの2人だったということ

です。

　ハウイーとジャニスは、長い間セラピーに来ているから、あるいは「初めから参加している」から、「たまたま」治っただけというのではありません。そして2人のとても良識的な人が、感情的な死に（ジャニスの場合はおそらく身体的死にも）向かっていたのが、今はしっかり生きているのは非常に素晴らしいことです。しかし、大事なことは、2人にソーシャルセラピーが「施された」ことでも、ましてや2人が「それ」に貢献したから、彼らの物語がハッピーエンドになった、ということでもありません。

　ハウイーとジャニスが行ったことは、貢献という言葉では足りませんでした。ソーシャルセラピーの特質である「反制度」を実現するのを支えてくれました。2人の治癒は、新しい心理学を創り出していく活動への参加と不可分だったのです。すなわち、実際、ソーシャルセラピーの「ただ中」にいたということです。ハウイーとジャニスは発達し続けながら、ソーシャルセラピーの発達に対して、ますますギブを増やしていきました。それによって、ますます2人自身のさらなる発達を助けることができるようになりました。これが、ソーシャルセラピーのアプローチのあり方であり、家族、友達のグループ、恋人、誰もが参加できるアプローチなのです。このアプローチは、新しい、人間の心理学を創造するのに用いることができます。そしてその活動をする中で、ハウイーとジャニス、ベラ、ゴードン、エイミーとジョアンナたちのように、自分を再び発達させるのです。

　もしかしたら、なぜ私たちがわざわざ、自分たちの心理学の創造が必要だと言うのか不思議に思うかもしれません。それは、今私たちが手にしている〈臨床心理学〉（大文字の Clinical Psychology）、すなわちフロイト派やフロイトに影響を受けた心理学は、発達の観点から、それゆえ人間の観点から、私たちにとってまったく役に立たないことが証明されてきたからです。

　伝統的な臨床心理学が自らに課している課題は、人びとの「不適応」の程度を測り、社会の既存のルールや役割に適応するよう説得すること（ますます麻薬を使って適応させること）です。「最高に」強制力を発揮して、心理学はハウイーやジャニス、ベラ、ゴードン、エイミーやジョアンナたちのような人たちを適応させてしまいます。心理学には人びとが発達するのを助ける「ノウハウ」がないのです。というのも、私の考えでは、人間の発達を真に「信じて」いないからです。

それこそが、心理学の抱えるやっかいな点なのです。現存の心理学は、物理系科学の研究が対象とする星や岩や昆虫や原子と同じように、人間と関わります。もちろん物理学のような科学の、一般化可能な法則や知識体系、相互に関連する形式的パラダイム（問題解決、因果的説明、予測）を物理的対象に適用するのは完全に納得のいくことです。そうした対象物も大きな変化を受けますが、誰の目にも明らかなように、ハウイーやジャニスが持続させたような発達は不可能です。非人間の世界の学問で用いられる道具も変化していくでしょう。しかし、研究の方法は、その対象と同じように、基本的に変化しません。実際に、物理系科学が非常に成功してきた理由の一部は、その方法と対象物とが非常に緊密に「適合している」からだと思います。

　そして、私の考えでは、これがまさに、物理系科学を模倣する臨床心理学が失敗する運命にある理由です。ハウイーとジャニスは再び成長していますが、伝統的心理学ではそれを「想像」できないでしょうし、そうした状況を生み出す条件も創り出せないでしょう。私たちは、自然科学とは異なる、人間科学である心理学が必要だと思います。その理由はシンプルで、一見して明らかです。人間は自然の一部ではありますが、根本的に人間以外の自然、物理世界とは異なるのです。したがって自然科学を忠実に映した心理学は、心理学の対象である人間（ハウイー、ジャニス、ベラ、ゴードン、エイミー、ジョアンヌを含めた私たちみんな）の最大の特質を否定しているのです。発達し、成長することができるという特別の可能性を否定しているのです。鳥が空を飛ぶという事実を考慮していない鳥類学を想像してごらんなさい！

　言い換えれば、星には天文学、地球には地質学があるように、私たちは、少なくともその学問の対象（私たち人間とその人生）に適切な、新しい心理学を創る必要があるのです。私の考えでは、それはつまり、それ自体持続的に発達し続けることができる心理学です。そうでなければ、私たちの生に直結するものとは言えません。心理学実践者たちにどんな資格があっても、どんな善意に基づいていても、神話以上ではないでしょう。

　ソーシャルセラピーの基本的な使命は、ソーシャルセラピーの保存ではありません。ソーシャルセラピーは反制度であると述べる理由は、ここにあります。ソーシャルセラピーは、クライエントや患者に貢献をお願いしたり、仲間入りさせたりする、固定されたものではありません。その活動に参加を決めた人びとが、自分で選択した方法によって行う、生の活動であり、新しい心理学の持

続的な創造なのです。

　新しい心理学を創造するということは、心理学の「新しい語り方の追求」を意味していません。才能豊かで献身的な仲間たちが最近、セラピーの実践をこう記述しています。彼らはクライエントを「ゲスト」と呼び、セラピーは彼らの「もの」であり、「問題トーク」ではなく「解決トーク」に焦点を当てると言います。ソーシャルセラピーのアプローチは、もっとずっと革新的です！私たちは、ハウイーやジャニス、ベラ、ゴードン、エイミーやジョアンヌのような人たちに対して、問題の解決や新しい感情だけでなく、新しい感情の持ち方や新しい心理学をも創造することができるような、環境創造を教えているのです。私たちは、この活動が実践可能であり、治療的でもあることを発見してきました。ハウイーとジャニスは、彼ら自身の発達だけではなく、ソーシャルセラピーという活動そのものも発達させていて、このことが2人のさらなる発達と成長を支え続けているのです。

エクササイズ

　新しい何かを創造するための、環境づくりのエクササイズです。
　仲の良い友達一人あるいは何人かと一緒に、行ったことのない場所に行ってください。その場所で、どのように感じるか、伝えあってください。

11
「依存症」対 発達

　「依存症」などというものは存在しないというのが私の見解です（ここまで読んでこられた読者は驚かないと思いますが）。もちろん、数十億ドルの依存症産業があり、とてつもない利益をあげています。神話を商売にしているという事実にもかかわらずです。さらに、「依存症」を「治療する」と主張するさまざまな治療計画（12ステップのプログラムなど）は、治療計画自身のデータからしても、まったく成功していません。たとえば、いわゆる薬物、あるいはアルコール「依存症」プログラムの成功率は、10％に満たないことを、そうしたプログラム自身が認めています！

　こうした失敗にもかかわらず、「依存症」モデルは事実上至るところにあります。「アルコール依存症」の治療に使われ始め、次は薬物使用に、今やギャンブルから「恋愛依存症の女性」まで、あらゆる人に、軽薄で有害なラベルづけが利用されます。これはただ、「依存症」ビジネスにとっては、治療によってどれだけの人が助かったか（仮にいたとして）よりも、特定の治療でいくら儲かるかが重要なことを示しているのです。

　いわゆるストリートドラッグ（違法薬物）に対する公的な非難の声がますます大きくなる一方で、精神医学の専門家たちはますますフルタイムで薬物を売るビジネスに精を出しているのは（偽善とは言わないまでも）皮肉なことです。合法なものも違法なものも、薬物は、アメリカでは非常に大きなビジネスです。アメリカ精神医学会と大手製薬会社は、「依存症患者」が（あるいはその人たちの保険会社が）支払い続ける限り、明らかに薬物「依存」の人に敵対する者ではありません。

　「検査の結果、お子さんは"過活動"で"注意欠陥障害"です。お子さんにはアデロールを毎朝オレンジジュースと一緒にあげてください。夜は毎日、牛乳と

クッキーと一緒に」と専門家は言うでしょう。「お子さんはすぐに落ち着いて、集中できるようになりますよ。」

「うつですね」とある専門家は診断するかもしれません。「ザナックスを毎日、生涯にわたって服用してください。そうすればずっと元気になります。」

ソーシャルセラピーの観点から言えば、「依存症」のラベルは典型的に、人間の発達の代用品、実際にはその真逆のものです。「依存症」という語りは無害なものではありません。たいていは、明らかな痛みをもたらすのです。

ただ、「依存症」というようなものはないと言っても、神話だと言っても、アメリカに何百万人もいる、アルコールや薬物摂取によってしばしば（いつもではなくても）自分や他者を傷つけている人の存在を否定しているのではありません。しかし私の意見では、「依存症」という専門用語や「依存」というラベルに何らかの説明的価値や治療的価値があるということについて、どんな証拠も論拠もないということです。また、悲劇的なまでに少数のケースを除けば、「依存症」を扱う伝統的な方法が効果的であると示した人はいないのです。これらの方法は擬似医学モデルに基づいていて、「依存症」を効果的に治癒されることは決してない病気の症状として、そうした行動を生化学的あるいは遺伝学的な病気の影響だと見なすのです。これがおそらく、「回復」という言葉が使われる理由です。常に「再発」しうることを示しているのです。

依存症産業がこのように飲酒や薬物の「習慣」を「断つ」のを助けるのに大失敗してきたからといって、言うまでもなく、依存症神話が信用をなくしたわけでもありません。むしろその逆で、多くのアメリカ人は今や、どんなものに対しても「依存症」になりうると信じているのです。たとえば砂糖、競馬、セックス、さらには他の「依存症」の人たちにまで依存するというのです！

しかし、何度でも言いますが、私の考えでは、「依存症」というものがある、あるいはそれが何かを説明できるという証拠はないのです。さらに、「専門家」たちが「依存」と呼ぶ人間のカテゴリーに属することを「知った」ところで、それが役に立つという証拠もありません。そのような分類は、社会的統制以外に、発達にとって何の役にも立ちません（一度「依存症」になれば、ずっと「依存症」なのです）。「依存症」の医療化 ── 依存症を特定の個人に内在する特定の「問題」としてパッケージ化する ── は、「依存」に責任があるとすることによって破壊的な飲酒や薬物使用の社会的原因を隠しているにすぎません。そして「依存」に責任があるとすることは、皮肉にも、患者自身には責任がない

ということを言っているのです。

　証拠が示しているのは、アルコールを摂取したり、化学物質を身体に注入あるいは摂取したりするのは、自分を「鎮静」させたり、「ハイ」な気分になったり、「気持ちよく」なったり、「忘れたり」するためであり、それというのも、それ以外のより良い方法を知らないからだということです。「より良い」というのは、道徳的に優れているということではなくて、より効果的ということです。あまりにも多くの人たちが、明けても暮れても襲ってくる慢性的で極度の感情の痛みに対処するための、より効果的な方法を知らないのです。その痛みとは恥ずかしさや恥辱、怒り、恐怖や不安、うつや疎外感です。薬物や飲酒依存のため、よそで治療を受けた人たち（たいていは失敗）と、20年以上ソーシャルセラピーをしてきました。そのなかには会社経営者や、都会に住む10代の若者、郊外の主婦、プロのダンサー、小学校教師、ソーシャルワーカー、長期間刑務所で過ごした人なども含まれています。ですが、これまでその行為をしようと選択したという以外の理由で、飲酒したり薬物を摂取したと言う人に出会ったことはありません。

　しかし驚くことではありませんが、「依存症」として分類された人たちは、誰でもそうなりがちなように、依存症神話にはまってしまっています。自分で決めた特定の選択の責任をとる代わりに、「依存症」や「依存」になることを選択するのです。

　ジニーは、そういうクライエントでした。彼女は1990年の4月、私がニューヨークで行った「依存症の政治と心理学」という講演にやって来ました。ジニーは40代の女性で、人生のうちほとんど使用していた薬物を、最近またやめたばかりでした（これまでに何回も「やめて」いました）。最初彼女は、私が「依存症」を神話だと特徴づけたことに怒っていました。彼女の全人生は「依存症」を克服した（あるいは克服に失敗した）という事実をめぐって構成されていたからです。有能なソーシャルワーカーで、10代の娘を持つ母親で、才能にあふれた作家でしたが、それでもジニーは、自分自身のことを、薬物「問題」を（ときには）なんとか乗り越えることができたけれども、しかし過去30年間依存症患者だったという存在から一発「ヒット」を打っただけの、基本的には犠牲者だとみなして（自己認識して）いました。

　ジニーは結局、ソーシャルセラピーグループに参加することを決め（選択し）、私たちは彼女の「依存症」への「依存症」に対する取り組みを強化しま

した。当初ジニーは、飲酒や薬物「問題」——あるいは「依存症」——を抱え、この問題で人格を決定されている、ある種の人びとがいると言い張りました。それが、飲酒や薬物に関わる行動を止めたあと、「元薬物依存症者」や「アルコール依存からの回復者」になっても、そういう人たちのアイデンティティの本質なのです。そしてそれが、彼らの日々の活動を過度に決定してしまうのです。ジニーによれば、たった一回でも飲酒や薬物使用の誘惑に負けてしまったら、再び「依存症」の泥沼に引き込まれてしまうのです。

　ジニーの自己理解の方法は、人間の一般的な自己理解の方法でもあるのですが、私の意見では、非常に有害なものです。いわゆる12段階プログラムは、より正確には「キャッチ22」〔訳注：どうもがいても解決策が見つからない板挟み状態、ジョセフ・ヘラーの戦争小説の題目に由来。米国軍規22項には「精神障害におちいったものは自ら請願すれば除隊できる」とあるが、自分で自分の狂気を意識できるということは精神障害とは認められず、除隊を許可されないというジレンマ〕だと言えるでしょう。これらのプログラムは明確に、「アルコール中毒者」あるいは「依存症者」が二度と飲酒しないようデザインされています。より起こり得ることですが、（12段階の開発者たち自身も認めるように）実際に飲酒してしまったときに起こる事態に効果的に対処する手助けではないのです。そのようなプログラムのご都合主義で擬似医学的定義では、一杯飲めば直ちに元の位置に戻ってしまいます。「アルコール依存症者」は、お察しのとおり、また一からやり直さなければならないのです。これが、私が依存症神話は発達とは別の選択肢であるという意味なのです。それ自身のロジックで、こういうプログラムは、その卒業者たちにこう考えさせることになりがちです。もし一口でも飲んでしまうという「間違いをおかしてしまったら」、その後好きなだけ飲むようになるだろうと。結局、一口で「依存症」の「引き金」になるのに十分だという理屈です。なぜ行きつくところまで行かないということがあるだろうか？と。

　これとは対照的に、ソーシャルセラピーのアプローチでは、一切、飲酒「問題」、あるいは薬物「問題」に働きかけようとはしません。同じ「依存症者」のみが理解できるのだからオープンに話せるようにというような理由で、飲み過ぎてしまう人たちや薬物を「やっている」人たちだけのグループ分けもしません。このロジックで言えば「依存症者」は、同じ「依存症者」とのみ話すことに「依存」していると言えます。私たちは、多量に飲酒をする人や薬物使用

をする人たちが、そうした経験のない人たちのグループにまったく貢献をしないとか、あるいはその逆だという仮定をしません。私たちは人間を「問題」や「依存症」に単純化しないのです。

現実には、ヘロインを注射したり、バーボンをボトル一本飲んだり、多量の精神安定剤アティバンを毎日服用したりする人もまた、そのほかのいろいろなことをしますし、興味を持っています。彼らは選択をしているのです。ヘロインを注射したり、バーボンを飲んだり、アティバンを服用する人の人生は、ほかの人と同じように、複雑で絶え間なく変化し続ける全体性なのです。特定の行動や特性の観点から全体性を定義することは、まったく科学的に妥当ではありません。

深刻な精神あるいは身体の病気にかかっている人にもまた、同じことが言えます。私たちの文化では、そういう人たちはしばしば、まるで選択も責任もないかのように、脅迫的に、ただ「狂気」や「障害」であるかのように見なされています。私は、フロイト派心理学は、いわゆる「狂人」と社会契約を結ぶことを含むアプローチを創り出すことによって、「狂った」人びとは悪魔に取り憑かれているという20世紀以前の非人間的な慣行から劇的に進歩を遂げたと考える者の一人です。しかし、1904年に「進歩的」だったものに、今日も留まってよいとは思いません。

事実は、私たちの誰もが、大酒飲みも薬物使用者も、「狂った」人たちも劣らず、自分の人生を、毎時間、毎日、毎年、どのように生きていくのか見出していかなければならないのです。私たちと同じように、彼らも、発達について問わねばならないのです。もし人生が発達的であるとしたら、人間は絶えず全体性を転換し、自分自身を再創造していかなければなりません。特定の行動を変化させるのではなくて、です。行動を変化させることは、「依存症」に対する従来の治療方法であり、私の考えでは、だからたいてい失敗するのです。

ソーシャルセラピーのアプローチはこれまで、人が他の人生の選択ができるということがわかるよう支援し、大きな成功をおさめてきました。驚くことに、何か特定の行動を変化させるよりも、自分をすっかり変えてしまうことのほうがより簡単で、より発達的に効果があるのです。

そうした例にロバートがいます。彼は法科大学院の2年生のときに神経衰弱になり、その後何年かは人事不省になるまで飲んで過ごしました。恥辱を経験しないですむからです。現在ロバートは30代の後半で、高校の英語教師にな

り、非常によくやっています。彼は失敗した弁護士や成功したアルコール依存症者というアイデンティティのもとに自分の人生を生きる必要はない、ということを学んだのです。

ジェシーは、もう一人のソーシャルセラピーのサクセスストーリーです。彼女は55歳の看護師で、かつて非常に多量の飲酒をしていたため、看護師の仕事を続けられず、路上生活者になりました。12段階プログラムを卒業したあと、ジェシーはまるで世捨て人のように生きるようになりました。もし社会に出れば、また飲酒するという「誘惑」を恐れたのです。ソーシャルセラピーで、ジェシーは最終的に、飲酒をするかどうか、もし飲酒すると決めた場合は、いつ、どこで、どのように飲むかを彼女は決定することができるのだということがわかったのでした。彼女は現在、非常に活発な人生を送っていて、ときどき夕食時にワインを一杯飲んだり、パーティで飲んだりしています。もう何年もそうしているのです。ジェシーは、飲酒によって過度に人生を決定されたり、自分を過度に酒飲みと見なしたりすることなく、飲酒を含めて人生をどう生きるかを学んだのです。ソーシャルセラピーの観点から言えば、問題はジェシーが飲酒をするかしないかではなくて、彼女の人生の全体をどう生きるかということなのです。

同じことがパムにも言えます。パムは30代の労働者階級の女性で、10代の頃にヘロインを始めました。20代の頃、刑務所（彼女は強盗で逮捕されました）の代わりとされていたメタドン［ヘロイン依存症の治療薬］プログラムに参加することに同意しましたが、ほとんど強制的なものだったのでした。パムはソーシャルセラピーに訪れたとき（彼女の麻薬相談員の反対はありましたが）、何年かメタドンを使用していました。彼女は瞬く間に薬の使用をやめ、文学学士と社会福祉の修士号を取得し、子どもへのアートセラピーを行うという人生の夢を叶えています。

そしてトムですが、若くして「気が狂い」、入院し伝統的な「治療工場」に送られました。彼は14年もの間ソラジン［精神安定剤］を服用していました。太り過ぎで、動きが緩慢で、遅発性ジスキネジーとして知られる状態がありました（不随意の筋肉の動きで、このため絶えず唇を舐めていました。これはソラジンのような薬によく見られる副作用で、しばしば永久的です）。トムは孤独で惨めな犠牲者として運命づけられたように見えました。しかしソーシャルセラピーに何年か通うようになってから、ソラジンの服用をやめることを決めたのです。

彼の全人生が再び始まりました。トムはきちんとした仕事に就き、体重を落とし、最近の噂では（彼はその1年後にソーシャルセラピーを去りました）、幸せな結婚をしたとのことです。

　以上述べてきたストーリーに道徳的教訓は何もありません。ハッピーエンドもありません。ジニー、ロバート、ジェシー、パム、そしてトムにとって、その他私たちにとっても同じように、人生は続きます。それは始まり、途中、終わり（あるいは章や「段階」）に分けられるものではありません。人生とは、できる限り責任を持って、そして発達的に生きることであって、説明したりラベルを貼ったりすることではないのです。

　私はさまざまな合法薬（処方箋薬や市販薬）の使用に絶対反対なのかと、よく聞かれます。そうではないという答えに、よく驚かれます。もし薬が痛みに効くのであれば、そして有害な副作用がなく、治療に役立つのであれば、それらを否定する理由はまったくないのです。それらは近代医学と技術が作り出したものの一部ですが、その一部はまさに奇跡と言えるものです。

　私は薬物反対主義ではありません。ほとんどの薬が必然的に発達と相容れないとは思いません。しかし処方箋に発達が含まれていないならば、・断・固・と・し・て・拒・否・す・べ・き・で・あ・る・と強く主張します。

　私はアンチ分類主義ではありません。現代医学の多くの進歩は、慎重に研究された、機能的分類と密接に関係しています。しかし、私はきっぱりと、擬似分類（ラベル貼りと呼ぶものです）に反対します。それは架空の病気（「依存症」）を創り出し、医学的なカテゴリーを装いながら、それとなく、あるいはあからさまに道徳的なカテゴリーであって、有効な方法で記述しているというよりも、人びとを責めるものでしかないのです。同時に、ラベルづけが示唆していることは、人びとに自分の人生を決定する責任がないということなのです。人びとを責めながら責任を免除することにおいて、ラベルづけは完全に、そして致命的に、反発達的なのです。

　誰かを「依存症」だと呼ぶことは反発達的です。なぜなら、私の考えでは、人びとが絶えず創造し、自分自身と環境を転換していく可能性と責任の両方を、実質的に否定しているからです。「依存症」や「依存症者」のようなラベルは擬似医学、擬似科学の衣装をまとった、反人間の道徳的命令です。人びとが宗教を選ぶことに何の「問題」もありません。しかし適切に「ラベルづけ」されなければならないのです。

| エクササイズ |

　好きではない自分の習慣から、一息いれる方法です。きっと遠くからそれを眺められるでしょう。
　一日、いつものようにその習慣をしたくなったとき（ガムを噛む、爪を噛む、タバコを吸う、その他なんでも）、その代わりにこの章をまた読み直してください。

12
結局、誰の痛み？

　ゲットの文化では、私たちのほとんどが、できるだけ多くのものを ── たとえ得たものがとくに良いものだと思っていなくても ── 手放さないことを学ぶのは、「まったく自然」だし、少なくとも驚くことではありません。私たちの痛みへの所有関係、身体的、感情的な痛みの「私のもの性」は、このことについてのとくに良い例です。普通痛みが望ましいとは思いません。しかしその痛みも「私のものだ」と強く主張します。地獄のような痛みであったとしても、それを所有するのです！

　痛みの「私のもの性」は、ソーシャルセラピーのプロセスの中で脱構築される多くの哲学的、言語的、文化的仮定のうちの一つです。その痛みを感じているからといって、必ずしもそれが「あなたのもの」にはならないのです。同じように、あなたが自分の素敵な家に住んでいるという事実からは、必ずしもそれが自分の家だとは言えないのです（そうだと思うなら、銀行に行って確認してみてください）。

　多くの人生の場面で、個々人が生み出す結果は、グループのものです。たとえば野球選手がホームランを打ったとき、公式にチームの得点となります。スポーツ記者が野球選手個人の歴史や統計に固執するのは、もちろん実際には、ゲームの一部ではありません。ゲームに伴うものです。

　ソーシャルセラピーでは、痛みは ── 痛みの本質から ── 個人だけが持つことができるという、深く根付いた文化的仮定に挑戦します。痛みを（感情的、身体的に）このような文化的に規定されたしかたで結びつけることは、実際にそれを強化してしまうと考えています。特徴的なのは、痛みを感じる人が、それに対処する責任もあるとされることです。もし頭痛がしたら（あるいは心臓の痛みがあったら）、あなたがそれを「知らせる」（あるいは知らせない）ことが

期待されています。それを誰に（もしいれば）知らせるか、決めるのはあなただとされています。その種の痛みに関する「専門家」を見つけて相談し、そのアドバイスを考量し、良くなるまで自分が適切だと思う方法を適用するのは、あなたの仕事なのです。痛みを「一人で」かかえていると、痛みの主観的経験は何倍にもなります。

　ソーシャルセラピーの環境では、痛みを社会化するよう支援されます。つまり、ソーシャルセラピーは、グループが受け入れるならば、ですが、「私の」痛みをグループにギブすることによって、痛みの「私的所有」を放棄することを教えるのです。この活動は、痛みが何かということを転換します。

　どうしてそれができるのでしょうか？　それは、痛みも他のことと同じで、それで何をするかが、それが何であるかを大部分決めるのです。結局のところ、野球のバットで誰かの頭を叩くこともできるし、命を救うために絹のネクタイを止血帯に用いることもできます。私は、身体的、感情的痛みの社会化が、それによって常になくなると言っているわけではありません。痛みの共有は麻酔剤でもなければ、実際、より痛みを少なく感じさせる偽薬でもありません。私たちが見出したことは、痛みを社会化することが痛みの経験を変化させる、ということです。

　ソーシャルセラピーのジョイスというクライエントは、30代半ばの中産階級の女性で、10代の頃から偏頭痛持ちでした。ズキズキとした痛み、吐き気、極度の疲労といった典型的な身体的症状がありました。それに加えて、頭痛が来そうだと感じたとき、何をしたら良いか、どのように振る舞ったら良いのかわからなくなるという理由もあって、不安になったり、苛立ったりするとジョイスはセラピーグループに話しました。会社にいるときであれば、薬を飲んで「ちょっと」頭痛がするという振りをすべきなのか、横になるべきなのか、あるいは家に帰るべきなのでしょうか？　家にいるときであれば、病欠の電話をするべきでしょうか？　一人きりのとき、ときどき「うめきもがいて」、「赤ちゃんみたいにしている」自分を責めるのだと語りました。診断を漏れた脳腫瘍があるかもしれないと心配するときもあるそうです。偏頭痛を直すためにもっと積極的に新しい治療法を探すべきではないか、あるいは「偏頭痛とつきあって生きていくことを学ぶ」必要があるのではないか（ある内科医はそうするように言ったそうです）と迷っていました。

　数週間のセラピーの作業を終えたあと、ソーシャルセラピーグループ――

もちろんジョイスも含まれます ── は、もはや彼女は、自分の痛みの「所有者」でいるべきではないと決めました。ジョイスは頭痛がしたり、そういう症状が現れてきそうなときには、可能な限り（常に気づけるわけではありません）、グループに教えるのです。そして、みんなで集合的に痛みを引き受けるようになりました。私たちで痛みを引き取るのです。彼女は薬を飲むべき？ 目を閉じる？ 横になる？ 他の誰かが、おそらく他の誰もが、彼女のために呻き声を上げることもできるのです。

　これは（単純ではありますが）ソーシャルセラピーで言う完成が何を意味するのかの良い例です。あなたが痛みを示せば、グループ全体で呻くのです。このようにして、痛みは個人が一人で所有しなければならないもの（対処しなければならないもの、対処法を知っていなければならないもの）という仮定に、痛みは個人的に所有される経験である ── 感情的、身体的に ── という伝統的組織化を転換することによって、立ち向かっています。私たちは痛みを、社会的活動として再構成するのです。どのように違うのでしょうか？ 個人的で、私的行為としてのセックスの再構成が、それが何であるかを変化させるのと同じように、です。他者とセックスをするという社会的活動は、必ずしもマスターベーションより「もっと」あるいは「少なく」「良い」「悪い」ということはないでしょうが、その主観的経験は非常に異なります。たとえ、両者の客観的な生化学的な性質が同一であったとしてもです。

　大いに結構なことだ、でも、それで本当に痛みが変化することはない‥‥。痛みが来たら、痛みに襲われるのはやはり彼女なのだ、と思うかもしれません。イエスでもあり、ノーでもあります。こう考えて見ましょう。ずっと前に死んだ植物や動物の死骸を、私たちは石炭や石油や天然ガスのかたちで用いていますが、それらは何百年、何千年もの間地球の奥底に埋められていました。特別にそれらを採取するための道具や技術が開発されてはじめて、化石燃料は現在の化石燃料に「なる」ことができました。その物質そのものは長い年月存在し、また、変化もしました。死骸と技術の間の相互作用は、すでにあったものを再構成し、新しいものにしたのです。社会化されたジョイスの痛みは、それまでと同じですが、異なったものにもなったのです。

　伝統的医学によって多かれ少なかれ無視されてきたのは、この痛みの主観的次元です。今や、現代の医科学が、痛みの「客観的」原因に焦点を当てた結果として、その治療に大きな進歩を遂げたことは間違いありません。誰もが医学

に深く感謝することができます。数えきれないほどの命を救ってきたのです。しかし私は、痛みの主観的経験と再構成にもっと注意を向ければ、身体的病気に苦しむ人たちをさらにずっと助けられると信じています。多くの内科医が、痛みは単一の要因というよりも、複雑な条件の集合の結果であると認識しています。もっと重要なことは、ある人が痛みを感じたら、その新しい条件（痛いという状態）も、その「集合」の一部になるということです。それはしばしば、次に起こることを決定する上での一つの —— 重要な —— 要因になります。したがって、痛みの社会的再構成は、もともと原因となった諸条件に、非常に大きな影響を与えるのです。

　最近私は、週に一度、ニューヨークの大規模な私立病院の複数の重症の外来患者を対象とした、ソーシャルセラピーグループを始めました。グループには10名程度いて、ほとんどが貧しい50代から60代の女性で、1人か2人、ずっと若い人たちもいます。数名は糖尿病で、20代の頃エイズに感染した女性が1人、残りは癌患者、脳性麻痺、心臓病です。当初は、大体の人たちが非常に「礼儀正しく」、どれだけ医者に治療をしてもらっているか、家族がいかに献身的か、宗教的信念によってどれだけの強さを得たかを話していましたが、ほとんど最初から、大多数が非常に怒っていることが明らかになりました。

　彼女たちは「権力者たち」（無関心な病院管理者や無神経な医者）に怒っていました。また、面倒を見てくれると期待している夫や子ども、孫に怒っていました。彼らがどれだけ気遣ってくれているかを話してはいましたが、未だ毎晩、夕食を作るのは自分なのだと、まるで自分だけが家族で疲れてはならない存在であるかのようだと、怒っていました。また、健康な人たちに対しても怒っていました。「なぜ私で、彼女ではないの？」と。彼女らは、自分の生活やグループの他の病人にも怒っていました。「私の病気は悲劇なの。でもあなたの病気はあなたのせいでしょ」と。そして私から見ると、彼女たちはめったに認めることはありませんが、深く自分自身に怒っていて、恥ずかしいと思っていました。なぜなら、自分たちの人生をどのように生きていくのかに「無責任で」、そのせいで病気になってしまったと思っているからです。ほとんどの女性がそうした感情、とくに自分自身に対する怒りがとても辛く、ストレスフルで、表現しがたいと思っていました。

　病人はどのようにして病気になったのでしょうか？　大まかに言って、環境的要因（大気や水の汚染、食品添加物、不十分な医療、栄養失調、社会的緊張・

抗争・恐怖）が、多くの人びとが病気になることやかかるであろう病気の種類の決定因として大きな影響を与えていることを示す証拠がたくさんあります。また、これらの条件があると、個々人の人生決定や選択が、誰が、どれほどの病気になるのかを大きく決定するということを示す証拠もたくさんあります。

　だから私は、病気の人は、多くの場合、たぶんほとんどの場合、怒っているのは当然であると思っています。やっかいなのは、他者への怒りや自己嫌悪、感じている恥辱によって、さらに壊れてしまう可能性がもっとも高いのも彼らであるということです。ソーシャルセラピストとしての私の関心は、病んでいる人たちが、自分の感情に健康な表現を与えること、彼らの感情を発達的に用いること、を支援することです。

　とりわけ重い病気にかかっていることは、どのように病気になり、病気がどうなるのかという、時に非常につらい問いと向き合うことで、自分は誰なのかという問いとさらに折り合いをつける機会となりえます。命を脅かす（あるいは、少なくとも生活の質が低下してゆく）状況に至り、その状況に留まっていることに対して何をしたのかということを見つめることになります。これは決して、責任が彼らにあると認めさせたり、他の社会的、生物学的要因が関わっていることを否定するためではありません。自分が誰であるのかということを理解し、転換していくことを可能にするものなのです。

　ソーシャルセラピーグループは常に、罪悪感から自由な環境 ── すなわち、評価判断が活動を過度に決定しない環境 ── を創ることができるかどうかにかかっています。それというのも、自分の「所有する」もの ── 身体的、感情的痛み、恐れ、（自分が病気になったことにつながったと思う自分の過去の行いの）「馬鹿さ加減」、怒り、を含めて ── をグループにギブできるようになるのは、唯一そのような条件においてだからです。それがソーシャルセラピーの活動なのです。

　最近ソーシャルセラピーグループにやってきた40代後半の女性、シルビアは、糖尿病と診断されたばかりでした。ある晩グループで私は、これまで健康に関してどんなだったかを彼女に尋ねました。

　シルビアは、担当医は医学的処置に加えて、彼女にできるさまざまな方法を勧めてくれたと語りました。たとえば、食事を変えたり、運動をしたりでしたが、「何も効果がなかった」のでした。

　グループの別のクライエントのトムが、すぐに共感しました。彼は何か、

「たとえどんなに些細なことでも」、シルビアが絶対にできることを見つけるべきだ、そうすれば彼女は糖尿病に対処するのに、何かすぐに成果が得られるだろうと言ったのです。そうした経験を得ることは、彼女にとって良いことだとトムは思ったのです。

私はトムに、シルビアが自分の健康のためにできることはすべてやってきたと思っているか尋ねました。するとそうではない、シルビアは「否定的」になっていると言いました。そこで、どうしてそのことをシルビアに言わなかったのかと聞きました。結局、糖尿病であることに対応するのに「否定的」であるなら、どんなに「小さな」何かであったとしても、私たちが彼女に提供するものを彼女は否定してしまうでしょう。

シルビアは、実際に、こう言っていたのです。「私は何も変えることなく、糖尿病を治したいのです」。伝統的な医学は、シルビアもそうですが、こう見ています。(1) シルビア（あるべきシルビア）、(2) 糖尿病のシルビア（それが問題）、(3) 糖尿病が治ったシルビア／通常に戻ったシルビア（これが解決）。

ソーシャルセラピーのアプローチは、シルビアをまったく違う見方で見ます。この観点から言えば、もし彼女が治るチャンスを最大限にしたいと思うなら、シルビアの側に発達の転換がなければなりません。シルビアは彼女の人生の全体性を再構成する必要があります。彼女の人生には今糖尿病が含まれますが、重い病気を患っているという事実に制限されることはありません。そのような転換は糖尿病そのものに実際の影響を与えることができますし、シルビアの人生の質にも、同様に影響を与えることができます。

もしシルビアが糖尿病に関して何かをしようとするならば（癌やエイズのような病気についてもですが）、彼女は自分の人生の全体性から糖尿病を抽象化して取り出すことはできません。糖尿病も含む、彼女のままで、発達し成長しなければならないのです。

糖尿病、エイズ、癌、脳卒中。あなた自身か、あるいは愛する人が今そうした病気で、しかも悪い状態だと告げられたら、何か月も、何年も、障害、痛み、苦しみを見つめるだけですか？ 死で終わるのでしょうか？ いずれにせよ、非常に重大な問題です。

年をとり、衰弱してゆき、おそらくは死に至る病いであると知ったとき（加齢と病気はしばしば同時に進みます）とりわけ困難なものにするのは、そうし

た状況や条件を、自分の人生とは別の期間の何かとして関係づけやすいことです。しかし、それがあるがままの現実なのです。年をとること、重い病気を患うことは、他の出来事と同じように、人生の「瞬間」であって、特別な瞬間ではありますが、それでもその瞬間なのです。たとえば野球選手にとって、シーズン序盤と終盤は異なります。しかし、序盤で打ったヒットと終盤で打ったヒットは、年間成績と通算打率を計算する際に同じ重さで扱われます。

　ソーシャルセラピーの観点から言えば、人生の質（時計やカレンダーが告げることではなくて、人生のゲームをどのようにプレイするか）こそが問題です。どのようにして恋愛の終わり、出産、友達との喧嘩、悪性腫瘍だという告知に対処するか。これは決して重い病気の身体的、感情的痛みを矮小化したり否定したりするものではなく、人間として（そしてこれこそがその他の生命体と人間が異なる所以ですが）、命が尽きる瞬間まで、どのように生きるか（病気でも健康でも）を選択することができる立場にいつもあるということの指摘なのです。誰もが、人生という複雑な経験をどのように形作り、構成し、表現を与えるかを決める必要があります。そしてこの問題は、余命2年の人生を生きる人に対しても、生まれてから25年間の人生を生きている人にも、等しく言えることなのです。

　誰しも、素晴らしく健康ではあるけれども、人生をまったく楽しく生きていない人を知っているでしょう。健康であるからといって、惨めにならないという保証はありませんし、ひどい病気の状態であるからといって、あなたの存在がその病気に還元される必要はないし、そういうことを「意味」することもありません。死にいくこと（老いや病気で）が、他の状況と同じように、素晴らしい発達の機会となりうるのは、人生における真実です。マリーの例がそうでした。

　マリーは40代後半で、出版会社の編集者として働いていたとき、私とのソーシャルセラピーにやってきました。マリーの二度の結婚生活は不幸で、10代の息子がいましたが、あまり仲良くありませんでした。マリーは自分の母親と兄姉たちが、彼女を未だに「家族の赤ちゃん」のように扱うと不満を述べました。実際にマリーは幼く、多くの人に当てはまると思いますが、家族や出会ってきた男性や、息子から何かを得るのを「何もしないで待つ」人生を過ごしてきました。しかし、ほとんど誰も彼女に応えてくれる人はいませんでした。誰からも十分に接してもらえなかったので、辛く、恨みに思い、自己憐憫的でした。彼女はとても上手とは言えませんが、「場の盛り上げ」役になって、

ジョークの下にこうしたことを隠そうとしました。

　セラピーを始めてから1か月程度経ったとき、マリーは卵巣癌と診断されました。彼女は子宮を摘出し、1、2年の間、癌は小康状態になりました。しかし再発し、最終的には全身に転移してしまいました。その間、非常に深刻な病気を患うこととなった人生をどのように生きていきたいのかをマリーが見出すのを助ける作業を、ソーシャルセラピーグループのメンバーと一緒に続けたのでした。

　しだいに、マリーを含めて私たち全員、マリーのゲットの人生戦略はまったく成功しておらず、異なるゲームプランに挑戦しても失うものは何もないということがわかってきました。彼女は53歳で亡くなったのですが、その時にはギブする方法を学んでいました。晩年の2、3年間はただ、ギブ、ギブ、ギブし続けました。それは彼女の人生で、もっとも発達的で満たされた瞬間となりました。私はその時期彼女ととても近い存在でしたので、自信を持って言えます。マリーは本当に楽しんだのです。

　マリーは、非常に多くのギブをするようになりましたが、簡単にそのようになったわけではありません。家族はそれを承認しませんでした。マリーが被害者でいるよう強いプレッシャーをかけて、自分たちも被害者に留まろうとしました。「なぜこんなことが起こらなくちゃならなかったの？」「どうしてこんなことを私にしなくちゃならなかったの？」と母親は叫びました。

　「あなたは癌なのよ」と、（あたかもそのことが彼女の頭にないかのように）家族はあの手この手でマリーに気づかせようとしました。「あなたはもうすぐ死ぬのよ。誰にも何もする義務なんてない。周りの人があなたにすべきなの。今はもうゲットすべきで、ギブするべきではないの」と。

　しかしゲットの論理に従えば、まったく意味をなしません。なぜなら、癌で死にかけているとき、いくらゲットしたところであなたにとって何の影響もないからです（痛みの代わりにはなりません）。ソーシャルセラピーにおいて、「よりによってこんなときに」（ものすごい痛みに襲われ、もうすぐ死ぬであろうことがわかっているとき）こそ、何よりもギブすべきときなのです。なぜでしょうか？　それは、（誰もがそうですが）今から死ぬまでの間に何かをすることができるのだし、ただゲットするために生きることは精神的（あるいは身体的）健康に良くないからです。ソーシャルセラピーのアプローチは、非常に高齢の人や、末期状態の病気を患っている人に対して次のように言います。「このよう

な状況にあって、次の3か月、6か月、あるいは2年の間に、あなたは（ギブするために）何をしたいですか？」

　最初に癌が再発したとき、マリーは自殺を考えました。そのことについて彼女のソーシャルセラピーグループで話したのですが、マリーは自殺という罪をおかすことに対する道徳的あるいは宗教的な咎めはないけれども、しかし明らかにギブの活動ではないと言いました。そのときまでに、マリーはすでに、ギブの原則に従って生きることを試み始めていたのです。

　マリーは頭がおかしいという人たちもいて（マリーの親戚のほとんど）、彼女の生き方からマリーは「聖人」だと言う人もいました（マリーの友達のほとんど）。しかし、マリーは正気を失っていたわけではないし、世界を超越していたわけでもありません。ただ礼儀正しく、助けを受けながら、発達し成長し続けたいと決めた普通の女性でした。彼女の死は、彼女にギブされてきた人たちにとって重要な問題ではありましたが、彼女にとっての問題と同じではありませんでした。

　当初、マリーはギブすることで何をゲットできるのかを知りたがっていましたが、それは決してソーシャルセラピーの問いではありません。それは「自己中心的」であると考えるからではなく、そう問うことが誰にとっても、とくに助けになるとは考えないからです。ソーシャルセラピーでは、問いは常に、「何をそれにギブしようとするか？」です。そして、「それ」は何でもかまいません。ソーシャルセラピーのアプローチは、投資モデルに従ってはいません。「高収益」だから、あるいは、「そう行動すれば何かを得られる」というように、特定の結果を生むから、ギブすることを推奨するのではありません。むしろ、私たちはギブするよう生きること、死ぬことを、それが人間が発達する方法だから提唱しているのです。

　それで、マリーは、癌を含めて彼女のあり方のすべてをどうやったらギブできるかを見出しました。どんなに病気であったとしても、病気や痛みは決してその人の人生のすべてではありません。痛みの状態にあることは、たとえそれが極限まで辛かったとしても、単に自分のすべてとは言えません。死ぬことがわかったとき、人は生きることをやめる必要はないのです。痛みに完全に飲み込まれる必要はなく、糖尿病であと数時間で死んでしまうとしても、あらゆる人生の活動に従事しているのです。議論したり、思い出にふけったり、不満を言ったり、謝ったり、許したり、生きることに深く関わっています。非常に辛

い痛みの中にあっても、野球中継をテレビで見たり、本を読んだり、会話に参加したり、ジョークに笑ったりできるのです。

ギブすることの素敵なところは、ギブするのに遅すぎることはなく、与えすぎてしまうことも決してないところです。ソーシャルセラピーのアプローチの基礎的な原理は —— 状況にかかわらず、どんな「時」であっても —— ギブする分だけ、人生が満足のいくものになるということです。

痛みの社会化は、参加する誰もに影響を与えます。身体的な痛みがあるわけではない人たちが「彼らの」感情を他者にさらけ出し、ギブし、そうすることで限界に取り組むことを助けるのです。ジョイスのソーシャルセラピーグループのメンバーは、ジョイスを含めて、最初は懐疑的でした。「でもそれは、ジョイスの（あるいは私の）痛みだ」と、膝反射のようなしかたで話していました。本当の痛みは、結局個人の経験であるという意味です。しかし痛みは私的な経験を含んでいますが、それに単純化することはできません。

痛み（あるいはセックスやその他何でも）の主観的経験、あるいは知覚は、「天然のもの」でも「未加工のもの」でもありません。常に私たちの文化（見たり感じたりする方法）によって形作られています。多くの文化人類学研究が、痛みは異なる文化で非常に多様に経験され、表現されることを明確に示しています。私たちのゲット文化では、痛みは私有化され競争的な方法で経験され、表現されます。ソーシャルセラピーはそうではなく、痛みを社会的な完成活動で経験し、表現することを支援する、文化的セラピー的経験なのです。

ジョイスの痛みは大幅に和らぎましたが、すべて消え去ったわけではありません。まだ残っています。グループの作業はまだ終わっていません。それは決して終わることはありません。人生は続いていくのですから。

エクササイズ

これは、自分の痛みを手放すときにどのように感じるかを理解する方法です。

友達あるいは家族の誰かと、病気を交換してください。いつ、どこで、どのようにその人たちを助けてあげられるのかを考えてみてください。そしてその人たちにも、あなたに対して同様のことをするように促してください。

13
小さな変化

　お金を得たり使ったりすることは、たぶんゲット文化の代表的な活動です。こうした「金銭行為」やそれと結びついた「意味」を経済学の範囲に限定することは、単に不可能です。それは個人的、感情的な人生のすべての側面と絡みあっています。寝室に一切お金を置かないことは可能だと思いますが（あまり簡単なことではありませんが）、家の中のどこにも一切置かないというのは確実にできないでしょう。

　もしお金が（経済学者が言っているように）交換の媒介だけのもの —— それで買える何かにアクセスできるようにするもの —— であるなら、自分が必要で欲しいものを手に入れるために必要なだけ手に入れようとすることは、誰にとっても完全に理解できることです。ある人たちはより多くのお金を得て、よりお金を持っていない人たちよりも多く購買できるでしょう。これは一定の反論を招くでしょうが、しかしこのことは、よりお金を持っている人、あるいはあまり持っていない人について、必然的に何かを意味するものではありません。

　しかし、私たちの社会のお金は、交換の媒介であることに加えて、それ以上のものです。お金に関してやっかいなことは、物を買うことに使われるという点ではなくて（多くの人は、毎日のパンを買うのに物やサービスと物々交換するのはやっかいだと思うでしょう）、その人がどれほどより良くゲットする人であるかを評価する、社会的ものさしとして使われていることです。実際、どれだけお金を持っているかということは、間違いなく、私たちの文化における人間としての価値を試す究極のテストなのです。そしてそれがお金を（そしてお金がないことを）、諸悪の根源ではないにしても、非常に深い罪悪感、怒り、恥辱の根源にしているのです。

私たちのゲット文化において、お金を使うことでゲットするものは、ただ買ったものだけではなく、お金を稼いだり使ったりするのがどれだけうまいかという自分自身や他者の判断（承認、不承認、羨望、軽蔑、そのほか多くのこと）でもあります。「最高の」住宅地（「高級地区」）に住み、高価な服や宝石を身につけ、高額な費用のかかる場所を訪れる人びとは、手にしているものを持つにふさわしい優れた人間として評価されるでしょう（あからさまにではなくても、少なくとも暗に）。とりわけ、そういう人たちは、そうしたものを「味わう」「良いセンス」を持っていると想定されています。実際、彼らが「センス」を定義するのです。

　もちろんコインのもう一方の面は、何者も最高のものを買うお金を十分に持っていない人は、それ相応に判断されるということです。そういう人たちはしばしば、劣った人間（並の人）と見なされ、彼らがお金を持っていないのは、単なる事実ではなく、何か別のサイン、つまり、お金を持つに値しない人間であることのサインだとされます。大手企業の社長よりも、ホームレスの人が実際に賢いかもしれないということを受け入れるのは困難です。あるいは、家でテレビの前に座ってニュースを見ている私たちが、そのニュースについて語っているテレビ局のキャスターよりもこの世界で起こっていることをより思いやっているかもしれないことも、認めるのは難しいことだと思います。

　お金は裕福だとか貧乏だとか、その人の価値を計るためだけに使われるのではありません。誰もが、どれだけ多く、あるいは少なくお金を所持しているか、そしてそれをどのように使うかに従って判断されます。これは自分が得た評価にかかわらず、人間性を失わせる、恥辱的なテストです。そういう次第で、これは多くの人にとって、非常に苦痛なことです。たとえばクリスマスシーズンに、テレビや雑誌の広告で謳われているような奥さんや子どもに買うべきものを買える基準に達することができないので、本物の男だと感じられないなら、愉快になどしていられないでしょう。

　ここでの私の観点から言えば、ゲット文化において、可能な限り多くのものを買うために可能なだけお金を手に入れようと働くのに、不健康なことは何もありません。しかし、人間としての自分の価値を証明する方法として —— 世界や自分に、どれだけ知的で、優れていて、道徳的に正直で、価値のある人間であるかを示すために —— お金をゲットし、使うためにクタクタになるなら（あるいは他者を打ちのめすなら）、私たちの精神的健康や発達に貢献すること

はないのです。新しい家を買うためにお金を得ることは、お金を得ることですべてが得られると考えるのとは、まったく別のことです。

さらに、ゲット文化において、お金を持っていることがしばしば人間の価値を表すもっとも重要なしるしであるととらえられているという事実は、金持ちはさらにゲットすることがいとも簡単であるという重要な結果をもたらします。「金が金を呼ぶ（生む）」という公理が真実になってしまいます。お金を手に入れれば入れるほどに、さらにお金を手に入れるチャンスがより増します。お金をあまり持っていなければいないほど、さらにお金を手に入れるチャンスは少ないのです。あなたはＢプラスのゲットする人ですか、それともＣマイナスのゲットする人ですか？ これは単なる見た目の問題（どれだけあなたがゲットに優れた人であるように見えるか）ではありません。どれだけ実際にゲットする人として優れているか（しばしばどれだけ良く見えるかに象徴されます）が、世界におけるあらゆる差異を生むのです。

そのために、もっとお金を得るために持っているものを何に投資するのが正しいのか、際限のない家族会議に熱中するのです。子どものためのサマーキャンプ？ 新しい車？ もっと広い家への引っ越し？ そして他人のお金に対する態度を互いに絶えず非難しあうのです。あなたが「正しい」態度であるかどうかが、どれだけお金を手に入れられるかを決定するのです。

何年もの間、私はお金の「正しい」使い方をめぐっての闘いに多くの時間を費やしてきたカップルや家族とセラピーをしてきました。自分や他の人たちがお金をいかに使うかを、どんな種類の人間であるかのものさしとして見るとき、お金について彼らが用いる言葉はしばしば道徳的判断の罵倒となります。お互いに、「無責任だ」「お金の価値」をわかっていない、隣近所の人がどう考えているかを気にしない、あるいは気にしすぎる、と非難しあうのです。問題視されるのは、他人がいくら使ったのか、そのお金を何に使ったのかということではありません。その人は誰なのかということなのです。「どんな父親が自分の息子を否定するというんだ‥‥」「なぜ女性は二つも買うんだ‥‥」「いったいどうしたら‥‥」「いったい彼女は何を考えているんだ‥‥」

ここでお金に関して互いにどう関わるかについて、小さな変化を提案します。小さいとは言え、とても大きな違いをもたらすことができます。どうか人生の基本的な経済についての事実を思い出してください。お金は価値とイコールではないということです！ 人は互いに異なっているという事実を受け入れ

てください。それぞれの価値やセンスや欲求やそれらをどのように表現するかは、しばしば非常に大きく異なるのです。ときたまのぜいたく（タクシーで家に帰ったり、カシミアの手袋を買ったり、夕食にハンバーガーでなくステーキを食べたり）は価値ある必要不可欠のものだと考える人がいます。銀行に貯蓄することに高い価値を置いている人もいます。価値は、劇的なまでに多様なのです。お金は比較的一定です。もし他者の大きく異なる価値観をお金によって測るなら、非ギブ的であり、私の意見では、親密になることをほぼ不可能にします。

　お金を持っている人にとって共通して言えることだと思うのですが、誰がお金をより稼ぐとか、使い方がうまいとかの判断に過剰に規定されることなく、お互いの価値の違いについてオープンに、そして正直に話し合う方法を学ぶことが非常に重要です。お金のことになると（その他の多くのことと同じように）、誰とお金を使い誰と稼ぐかを判断することに忙しくなるようならば、新しく建設的なものを創造することはないでしょう。

　家族がお互いに知りたいかもしれない、いくつかの質問を紹介しましょう。私たちの個人的価値は何ですか？　共有している価値は何ですか？　どうやってそうした多様な価値とお金をつなげますか？　もっと発達的な環境を創るために、自分たちのお金をどう使いますか？　あなたたちの価値の違いを考慮して、お金で何をしたいのか（そして、それをどのようにして実行したいのか）を決定してください。そうすれば、あなたとあなたのお金の共有者は、あなたが何であり誰であるかをお金に決められるのではなく、お金で何をするのかを選択することができます。なんといっても、世界を動かしているのはお金なのかもしれません。しかし、お金が世界を動かすようにしているのは、無限の多様な価値を持っている人びとなのです。

| エクササイズ |

　これは、お金と価値の違いを理解するのに役立つこと請け合いです。
　本当に価値を置いているけれど、お金を使わないことの多い何かや誰かに、いつもよりもずっと多くのお金を使ってみてください。

14
自分は誰？

　個人の発達の再点火は、しばしば「鏡」(ソーシャルセラピーグループや、たくさんの友人、教会仲間、家族の中でもっとも近い人も鏡となりえます)の前に立って、自分が本当は誰なのかを発見することによって起こります。この発見の活動は、発見したこととは独立に、それ自体が発達的です。この活動に従事することによって、私たちは変わります。

　でもちょっと待って、とあなたは思うかもしれません。自分が誰かって…自分は自分でしょ？ ええ、そうです。でも、それって誰なのでしょう？ どのように育てられてきたかということは、確かに自分が誰であるかということの一部でしょう。疑いなく、遺伝子的に受け継いだ物理化学的な性質もそうです。また、先週やったこともそうですし、今朝、朝食で食べたものもそうです。もちろん、すべての要素が同じというわけではありません。あるものはもっとその人そのものでしょうし、あるものはそうでもないでしょう。さらに、私たちは単純に、自分の思っているとおりではありませんが、自分の存在をどんなふうに考えるかは、自分が誰であるかということの重要な一部です。

　一般的に、自分が誰かを変えることはできるのでしょうか？ そしてとくに、自分の存在の捉え方を変えることはできるのでしょうか？ 私はできると思います。

　マーガレットは36歳の女性で、労働者階級の出身ですが、弁護士になることによって「成功」しました。マーガレットは非常に野心的で、競争心が強く、利発な人です。ある晩、彼女は自己への信頼が絶えず脅かされることでもたらされる感情的な影響について、ソーシャルセラピーグループで話しました。「ここで話してきたことで、とても動揺しました。まさに芯から揺さぶられるみたいに感じるんです。そのことにすごく混乱してしまいました。完全に自信

が持てず、それに耐えられないということに、気づいたんです。」

マーガレットが「まさに芯から揺さぶられる」と言うのを聞いての私の反応は、「おや！ それなら芯を全部取り除くのを助けてあげられるかもしれない。そうしたら二度と揺さぶられることはないだろう！」というものでした。芯を取り除くことが、私たちの支援で行うただ一つのことなのです。際限なく保証と再保証を要求し続ける個別化された自己、つまり常に危機にある個別化されたアイデンティティを取り除くのを助けるのです。

だけど、ちょっと待ってと言うかもしれません。それを取り除くなんて危険だし、不自然（あるいは、少なくとも非常に困難）なんじゃないですか？ 私はそうは思いません。今日の盲腸切除以上に危険だとか、不自然だとか、不可能なくらい難しいということはないのです。この単に役立たずの、しばしばやっかいな小さな管が、人間という種の生物学的過去の非常に早い段階の遺物であるのと同じで、個別化された自己 ── アイデンティティを持つことが私たちに自信を持たせるという神話とあいまって、肥大した個人のアイデンティティの感覚 ── は、私が思うに、社会史的には比較的最近に始まった時代錯誤の遺物なのです。間違いなく、地球上に生まれた大半の人たちにとって、役に立ったことは決してありません。個別化された自己は、19世紀の「産業資本家たち」のイデオロギー的目的に奉仕するものでした。彼らは、人間の意識が無数の個別化された「自己たち」に分断されることによって、経済的・政治的利益を得てきたのです。フロイト派心理学は、「科学的理論」とされ、この社会的発明（個別化された自己）である精神「法則」を記述し、説明しましたが、今世紀初頭にモデル ── 神話がふさわしいと思いますが ── として現れました。それは集団よりも個人を賛美し、経済的・社会的な成長に多大な貢献をしました。それが人間の成長に何をもたらしたかは、別の問題です。

こう述べてきましたが、個別化された自己を取り除くことはたやすいものではありません。それは300年以上にわたって、私たちの知識や精神、文化的、政治的言語の中心（芯！）にあったからです。マーガレットはまさに、芯が揺さぶられるのを感じると言いました。これはどういうことでしょうか？ 彼女はこう言ったとき、何を言っていたのでしょうか？ そしてそれは、彼女がその芯を取り除くのに役立つのでしょうか？

もしかしたら、皆さんはそうは思わないかもしれません。芯（マーガレットの個別化された自己アイデンティティ）を保つことが、マーガレットの考え方で

は、自分の「不安」の問題への解決なのです。彼女は、もし自分のもっとも根底をなす方法論的信念 —— たとえば、いわゆる大文字の〈問題と解決〉、〈説明〉、〈洞察〉といったようなもの —— を手放してしまったら、頼りとするものが何も残らないように感じています。そもそもマーガレットが混乱したのは、言うなら、十分な芯がないということです。それがマーガレットの意味するところの「芯が揺さぶられる」ということなのです。そして私は、それをも取り除くことを支援したいと思っています。当然のことですが、マーガレットは取り除きに非常に苦労しました。彼女はあれこれの特定の深い信念や態度を手放すことが望ましいということを理解しているし、どのように実行するのかを把握している十分賢い人です。しかしながら、芯 —— 彼女の個別化された自己アイデンティティ —— を、完全に手放すのを躊躇しています。だからこそ、私たちは彼女がそうするのを支援する必要があるのです。

　ソーシャルセラピーの観点から言うと、もっとも重要なことは、自分が誰かということと、自分が誰かということをどのように考えているかということの違いをわかるようになることです。
　私たちのほとんどは、自分自身のことを社会の制度慣習のレンズを通して見ています。自分自身について何を知っているかということだけでなく、それをどのように知るかも、近代社会が私たちに記入することを求めている一見際限のない書式の質問への答えに含まれています。あなたの出生証明書には、生まれた日や場所、人種、性別が記載されています。昔の成績表や忌まわしい「永遠の記録カード」は、あなたが6歳のときに「他の子どもと仲良く遊んだ」とか10歳のときに書き方の成績が良かったということを記しています。あなたの自動車運転免許証は、あなたの髪の色や目の色を記載し、健康保険申請書には身長や体重、年齢が記載されています。あなたの有権者登録カードには、あなたの住所や所属政党（イデオロギー）が書かれているし、所得税申告書には、あなたがいくら稼いだかと、「扶養家族」の名前が書かれています。その他にもまだまだ、もっとあります。
　このように人びとが、固定的な社会的カテゴリーや役割、ルールによる振る舞い —— 彼らの「アイデンティティ」—— から定義され、自分たち自身も定義しているのは、あらゆる点で政府の官僚や警察や保険会社経営陣にとって有用でしょう。しかし、社会的アイデンティティは、自分たちが歴史的に誰であ

るのかを知るのを強く妨害します。歴史の観点から言えば、人間は日々の生活の積極的な創造者であり生産者です。これが存在することと生きることの方法なのであって、社会的に定義されたアイデンティティと同じくらい、少なくとも私たちが誰であるのかにとって重要です。しかし、それは簡単にはラベルをつけたり、同定したり、あるいは研究したりできません。

　私は、この人びとのあり方についての社会的に偏り官僚化された歪みは、人間の発達の妨げとなり、結局は止めることになると信じています。実際、歴史的に自分が誰であるのかを誤解しているということは、実際には本当に発達不全なのです。これは自分が誰であるのかを単に社会的に理解していないこととは違います。子どもたちは理解していませんが、それはまだ未発達であるからです。

　人びとのアイデンティティの感覚を再構築したり修復したりして「アイデンティティの危機」の解決を試みる伝統的なセラピーとは違って、ソーシャルセラピーのアプローチはそれを乗り越え、そうすることで発達を再開するように取り組みます。ソーシャルセラピーは自分自身を歴史的に ―― つまり、アイデンティティなしに ―― 知ることを助けるのです。

　人間がそういうふうに自分を理解することが可能なのでしょうか？　ええ、小さな子どもたちは、アイデンティティを持つことなく、ラベルづけすることもなしに、自分が誰であるかをとてもよく理解していると私には思えます。

　私が歴史的理解と言っていることは、幼少期に、自分たちが活動のプレーヤーであるという明確な感覚を（自分たちが誰であるかという知識なしに）持っているときには、ごく普通のことです。子どもたちはルールに従って遊ぶというよりも、遊びの活動の中でルールを創造します。この学習と発達の初期の段階では、自分自身についての感覚は、ほんの数年後と比べて、はるかにつなぎ目のない、はるかに社会的なものです。社会的カテゴリーの束縛に妨げられることがずっとありません。そのカテゴリーを、ほんのわずかに年上の子どもたちは学習するように求められます。「僕は男の子だから、…でなくてはならない」「幼すぎるから、…ができない」「…をするほど可愛くない」「…は僕には力不足だ」

　年少の子どもたちの理解は、より直接的に彼らの社会的活動から出現するものです。それは、ちょっとだけ年をとり、より個人化されると優位になってくる「情報」に基づいた疎外された知識ではありません。それはちょうど、（た

いてい初期に、簡単に、社会的に出現する) 母語を話すための学習と、(典型的には後に、多くの人にとってとんでもなく難しくてより個人的な) 文法や単語の学習の区別に似ています。

　人びとが「これが私なんだ、私のあり方なんだ、どうしようもない」と言うとき、人間が生きている実際の過程を意図せず歪めてしまっています。この歪みは、記憶によって促進されていて、記憶はしばしば他者の私たちへのラベルづけによって形作られます。それは、私たちが何のカテゴリーの人間であるかを示す「標識」なのです。「私は家族の中で"賢い"んだ」「いつも不機嫌なの」「私はお酒が弱いんです」というようにです。しかし実際には、私たちは与えられた配役をパフォーマンスするか、あるいはパフォーマンスしないかを選ぶことができるのです。さらに言えば、台本どおりに役割をパフォーマンスする必要などないし、しばしばそうしません。いつだって台本に逆らったり、役割を「出し抜いたり」します。どう生きるかについて、私たちはいつも選択をしています。選択をしないということも含めて、選択をしているのです。

　ソーシャルセラピーのアプローチにとって本質的な人間性の特徴を定義するものは、選択をし、全体性を転換し、ものごとを異なる視点から眺め、今生きている人生を創造し、再創造するこの能力なのです。私たちは生物学的に形作られているでしょうか？　そのとおりです。人間は翼がないので自分で飛ぶことはできません。私たちは社会によって形成されているでしょうか？　明らかです。口にする言語は、少なくとも最初の言語は、私たちの「母語」です。

　しかし、人間は他の種とは異なり、選択する能力があり、文化を構築したり再構築したりする能力 —— 経験の経験自体を変える能力があります。他のどんな種も、わかっている限りでは、そのようなことはできません。たとえば、クマやワタミゾウムシも変化したり、何かを変化させたりするでしょうが、自分たちの意識的活動の結果として変えることはできません。アリクイも、シマウマも、その他のすべての種も、違う生き方を選択することはできません。人間だけが、唯一、異なる生き方を選択し、生きることができるのです。

　さらに、このことは、人間という種の何千年にもわたる大きなスケールでの話だけではなくて、私たち一人一人の瞬間瞬間、一刻一刻にとっても同様に真実です。誰もが、限界のない、絶えざる成長と発達の人生を送ることが —— 私としては当然とさえ言いたいところですが —— 可能なのです。

　̇当̇然？　そうです！　ほとんどの人は社会の文脈の中で保守的になりがちです

が、歴史的に人間はもともとラディカルなのです。社会は、社会的に（必ずしも政治的ではなくて）保守的な人たちを生み出します。ルールに従って演じる人たちです。歴史は社会的に（必ずしも政治的ではなくて）ラディカルな人たちを生み出します。それは遊びの活動の中で新しい何かを創造する人たちです。もちろん、私たちは誰しも両者であり、保守的でラディカルです。なぜなら誰もが社会的であり、歴史的でもあるからです。基本的に歴史の中で生きるとても小さな子どもたちは（まだ社会に順応していません）、四六時中そのラディカルさを発揮しています。私たちが成長し続けることができるのは、歴史の中に位置づいている限り（しかし社会の外ではなく）においてなのです。もし社会の中にのみ生きるのであれば、私たちができるのは、ますます上手にゲットする人になることで順応することだけなのです。

　人間は年をとるにつれて、しばしば（常に必ずということではありませんが）社会のルールにますます執着したり、過度に同一化したりするようになります。そうすることで、皮肉にも、自分自身を「年寄り」としてより簡単に定義しやすくするのです。この年寄りという社会的カテゴリーは、この文化では、基本的に否定的な意味と結果を持っています。

　年齢は —— 時間に似ており、通常時間で計られるもので —— 管理の上では役に立つかもしれませんが、その他の社会的カテゴリーと同様に、人間の成長の可能性を厳しく制限します。人間に何らかの年代ラベル、あるいはアイデンティティのタグ ——「ティーンエージャー」「中年」「高齢者」—— をつけて、何を着るべきかから、どう歩き、話すべきか、誰とどの程度セックスすべきなのかまで、すべてのことを決定するのです。

　ここで妙なのは、年齢は完全に「客観的」—— 1959年5月12日に生まれたとか、1932年1月8日、あるいは2009年3月17日に生まれたとかの単純に事実の問題 —— に見えますが、人生の途切れのない全体性へのこの秒、分、時間、日、週、月、年、一昔、世紀の重ね合わせは、実際には非常に恣意的であることです。そしてそれは、個別化された自己と同様に、恣意的な社会的構築と密接に関係しています。私たち人間は地球上で生命が誕生してから30億年経ったので30億歳だ、ホモ・サピエンスが登場してから100万年経ったので100万歳だ、と言うのもまったく同じように真実ではないでしょうか。この観点からすると、私たち人間全体としての共通点は、20代の頃と70代、80代になった

ときとの些細な違いよりも、ずっとずっと多いのです。

　しかしながら西欧文化では、個人主義的な差異があまりにも大きく扱われます。年をとることは、死の淵にどんどん近づいていくことと関係づけられます。少なくともこれは、ちょっと奇妙なことです。なぜなら、死は普通のことだからです。人間という種から見れば、25歳の人よりも85歳の人のほうが見分けられるほど死に近いということはできません。そういうわけで私たちは「さしあたり今のところ」(過去の場合もありますが) ── 能動的に歴史を共同して生み出す者としてよりも、時間の受動的な、疎外された消費者として生きているのです。

　立ち止まって考えてみれば、歴史のほとんどが私たちなしに作られている ── 人間が出現する前、そして消え去ったあと ── ことは明らかです。私たちはほんのわずかな瞬間「ここ」に存在しているのです。ですから、なぜ「私」は、「私」の観点から自分の宗教や科学、心理学を構築してしまうほどに、厚かましく（自己中心的で）なければならないのでしょうか？

　ソーシャルセラピーでは、「自分」を無意味なものと見なしたりはしません。むしろその逆です。単に「私」の観点から重要性を定義することはないし、すべてのことを測るのに「私」を持ち出すこともないということです。それは道徳的な問題ではありません。過度な自分へのこだわりは、コレステロールのように、健康にとってただ良くないのです。

| エクササイズ |

　他の視点からあなたが誰なのかを眺めてみてください。「私たち」の日を作るのです。いつもなら「私」で話し始めるところを、必ず「私たち」に変えるのです。それがその日一日にどう影響するかを確かめてください。

15
別れからの脱出

　ピーターは、ソーシャルセラピーグループで自分とバーバラとの関係について話し始めました。2人は一年以上つきあっている関係です。こういったことは「プライベート」であるべきと信じるよう育てられてきたので、話すのは気が進みませんでした。また、起こっていることが「自分のイメージを損なう」ように感じられ、恥ずかしくもありました。

　ピーターとバーバラの出会いは、癌研究室です。バーバラはそこで何年も働いていて、ピーターが新人として入ってきました。初めの頃、2人は同じチームのメンバーで、素晴らしいときを過ごしました。ピーターはバーバラが教えることを何でも熱心に学ぶので、バーバラは喜んで教えました。バーバラはピーターの仕事への情熱や彼女に対する優しさを好ましく思いました。2人は恋に落ち、すぐに多くの時間を一緒に過ごすようになりました。

　あるときから、ピーターは2人の関係にイライラを感じ始め、何も言わないのですが、よそよそしい態度をとるようになりました。バーバラは何が起こっているのか、説明するよう求めました。とうとうピーターは彼女に、新しい友達を作りたい、その一環として別の女性と自由にデートしたいと言いました。バーバラは怒り、傷つき、もし彼が他の人とデートするのなら二度と会わないと告げました。ピーターは発言を取り消し、そのときから2人の間には「別の女性」の話題は避けるという暗黙の合意ができました。

　私は、ピーターとバーバラは、2人で一緒に作ったものをつぶさに見て、それを彼らの人生で起こっているその他のすべてのこととの関連で理解する必要があると思いました。そうすれば、彼らはどこへ行きたいのかを決めることができると思われたのです。

また、共通の親友と一緒に、彼らの助けを借りて、「過去」を振り返る（「鏡」をのぞき込む）パフォーマンスが役に立つと思いました。実際、私は、何も見えない「未来」にむやみに焦点を当てるのではなく（私が哲学的な冗談で言うように、「そこには何もない」のですから）、「過去にさかのぼって」人生を生きることを学ぼうと提案することがよくあります。過去にさかのぼって人生を生きることは、人びとに、現在あるものを作り変え、再編する機会、新しいもの（とくに新しい人びと自身）を作り続ける機会を与えます。

　ピーターとバーバラには、なぜ友達の助けが必要なのでしょうか？　私たちの文化では、カップルというのは、長い間一緒にいるわけではないカップルさえ、要塞のようになる傾向があるからです。2人の人間が自分たちを2人の関係の中に閉じ込めてしまい、日の光を浴びたり新鮮な空気を吸ったりすることがほとんどなくなります。そして、面会時間 —— 彼らが行儀よくしている「公式の」場面 —— を除いては、誰も彼らに会うことは許されません。私たちの文化では、カップルというのは事実上、不可侵の制度なのです。彼らの関係の壁の向こう側で何が起こっているのか、他の人は知らないこととされています。

　このような孤立の結果、カップルになった人はいつしか、息苦しさを感じるようになります。カップル環境は、一種の情緒的欠乏モデル（少なくとも情緒的には、お互いのみ「所有」し、互いからのみ「ゲットする」ことになっている）に基づいており、彼らを情緒的な栄養不足状態にします。そして、よくあることですが、人生で出会う他の人びとからは栄養が得られなくなります。通常、遅かれ早かれ、カップルのどちらかがその状況で成長することに限界を感じ始め、もし別れないとしても、抜け出すことで、「刑」を終わらせようとします。もし疑うのなら、アメリカの離婚率を調べてみてください。浮気の割合は言わずもがなです。

　男女のカップルなら、最初に外に出たいと言い出すのは、たいてい男性のほうです。ご期待どおり。

　その理由の一つは、女性のほうが男性よりも成長することが上手であることが多いからです。なぜでしょう？　女性は男性と比べると、競争に対する社会的要求によってがんじがらめになることが少ないからです。そのため、女性はより上手に、助けを求めることができます。そして、あらかじめ「すべてを知っている」と思われるようにあくせくすることが少ないので、やり方を知らないことをすることで発達を導くような学習を喜んでやります。

もう一つの理由は、女性は男性よりも、一人でやることをしぶるという傾向があるからです。なぜでしょう？　何でもどんどんゲットするように育てられる男性と違って、女性は今でも、もっぱら「一人の男」をゲットするように育てられます。そのため、彼女たちは、一度に一人の人間だけにギブする必要があります。ひとたび男を手に入れたら、その男と自分たちの子どもにギブすることができます。しかし、それでだいたいおしまいです。私たちの文化では、性的に言っても何であっても、「あまりに多く」の人（とくに男性）にギブ「しすぎる」女性は、下品な名前で呼ばれてしまいます。だから、女性はカップルや家族の境界線の中で、控えめに考えてしまうのです。男性はもっと世俗的で、もっと大きなことを考えます。世界は自分を中心に回る（あるいは回るべき）と考える傾向さえあります。

　カップル制度は男性と女性の両方をその中に閉じ込めますが、社会的に作られた視野の狭さのため、女性は閉じ込められていることになかなか気がつきません。バーバラと同じように、窓や扉を開けるようなあらゆる提案に抵抗する傾向があります。とりわけ、その「提案」が男性側からなされた場合、悪口や非難や傲慢で身勝手な言い方であることが多いからです。男性は通常、自分たちが成長できないのは女性の落ち度であるかのように言ってしまい、成長し続けたいのだということを上手に言えません。彼らは、そのことを言うために、しばしば他の女性や、他の女性の可能性を持ち出します。そしてたいていは、女性は自分の身を守るように答え、男性の成長したいという願望を、自分たちの知る現在の関係を脅かすものと見てしまうのです。

　こうした結末は関係者全員にとってやっかいで、とくに女性にひどい苦痛を与えるものですが、必要でポジティブなことだと私は考えます。というのも、関係が成長につながるものでない場合 ── そして、カップルが２人だけ孤立して監禁されている監獄カップルは、特徴上、成長を促すことはないと私は信じています ── それは中立的などではないのです。死にかけで命取りになります。公式に終わりにするかどうかはともかく、必ず崩壊するでしょう。もしそうでなくても、それを脅えて待っているのです。幸せな生き方ではありません。

　ソーシャルセラピーの見方からは、もっとも良く機能する関係性とは、他の人びとや人生の他の活動と密接に相互に関連づいているものです。その関係性は、カップルそれ自体として、それ自身のために、存在しているわけではありません。その中にいる人間にとって、存在のすべてでも目的でもないのです。

15　別れからの脱出

関係性に関するもっとも重要な問いはこうです。それはあなた方2人が成長し、発達することを支える環境ですか？ 2人の関係の中ばかりでなく、世界においても。

　どうすれば、そのような関係を築くことができるのでしょうか？ やり方を知らないことができるよう、2人が支えられる環境を作り上げることによってです。これは建設活動なのです。基本的な建設材料の一つは、私が徹底的受容と言うものです。これは判断でも義務や感謝の念でも、社会的規範でもありません。徹底的受容は、その人がどんな人なのかを知り、受け入れることです。これは、一緒に何かを作り上げるプロセスの中でしか、できません。それは歴史の中で（世界の中で）お互いを知ることを意味します。そこで、人はもっとも創造的になります。このような関係性を持っているとき、あなたは何か特別なものを得ます。もっとも素晴らしいことの一つは、それを自分で持ち続ける必要がないということです。なぜならそれは、何かを「所有する」というよりはむしろ、何かをするということなのです。

　バーバラとピーターと行ったセッションで、バーバラは2人が「薄氷の上を歩いている」ような気がすると言いました。彼らは何を恐れているのでしょうか？ ピーターは私に、「僕たちは終わりを待っているみたいだ」と話しました。私たちの文化の多くの人たちと同じように、ピーターとバーバラは、致命的な結末にがんじがらめになっているようです。いったいなぜ、彼らは何かの「終わりを待つ」生き方をしているのでしょうか？

　この状況 ── 男性が他の女性とつきあいたいと告げる ── では、社会一般の台本は、お相手の女性に「おしまいね」と言わせたがります。しかし、バーバラは必ずしもすべてをおしまいにしなくてはいけないわけではありません。彼女は「私たちはここからどこへ行こうかしら？」と質問して、事態を打開することができます。実際、これは本当に人生でよくある状況です。あなたは朝、2週間前から計画していたピクニックに出発しましたが、途中で雷が鳴り、土砂降りの雨が降ってきました。天気予報ではしばらくやみそうにありません。癇癪を起こして「終わった。一日が台無しだ。家に帰ろう」と言うかもしれません。あるいは、このように言うこともできます。「雨だね。今から何をしよう？」あなたは家に帰ると決めるかもしれません。でも、何かが変わったというだけで、終わったと思い込む必要はありません。きっと、状況を考え直した

あと、映画に行くか、25年間一度も行ったことのない博物館を訪ねてみようと決めることでしょう。

　徹底的受容は、破壊的でないやり方で、この種の活動を行うための前提条件です。他の人の言動があなたの進む方向に影響を与えることを容認し、それがあなたをどこへ連れて行くのかを確かめます。会話では、自分の話す順番を待って言いたいことや行きたい場所を言うのが普通ですが、そうではなくて、「うーん、そうだね、そこへ行こうって、全然考えなかったよ。試してみよう」と答えるのです。もしあなたが相手に翻弄されるのではなく、自分自身で選択するなら、精神的にも身体的にも、行くと面白い場所がいろいろとあることに気づくでしょう。

　おしまいという結論 ── ピーターの言うことに対するバーバラの反射的で断定的な反応 ── に飛びつくのではなく、バーバラは、自分たちは今起こっていることをどのように使って発達することができるだろうか、と考える機会にすることができます。それが出発点です。彼女はこんなふうに言うことができます。「私たちは今、別々のことをやりたいみたい。違う道を行くこともできるけど、それだけじゃないわ。」

　カップルがお互いにこんなふうに話すことが、なぜそんなにも珍しいのでしょうか？　私は、持っているものがお互いだけであると、徹底的受容を実践するのが難しいのだと思います。この状況では、バーバラは、それだけしか自分は持てないかのように、現在の関係性に執着しています。彼女の、自尊心を傷つけ、剥奪的で、ゲットの文化に由来する思い込みは、自分は成長することができないというものです。どうしてピーターにそれが許されるでしょう。

　2人だけの生活という社会的な制度の中にいる多くのカップルが従っている原則は、2人とも、まずはカップルのことに専念するというものです。彼らのもっとも深い情緒的な願望や欲望は、その中で達成され、満たされることになっています。この視点からは、カップルの「かなめ」は、それ自身の永続化です。成功しているかは、2人が一緒にいる時間の長さによって測られることが多く、一緒に何をするか、どのぐらいうまくやるかは、二の次になるか、まったく顧みられません。充実した年であったかではなく、年数で記念日を祝うのです！　基本的な約束事は、ものごとを「いつも」のやり方のままにしておくことで、それはつまり、それに合わないものは何でも却下するということです。この種の保守的な関係性では、パートナーがお互いにする約束（結婚の

誓約や暗黙の「理解」など、形はどうであれ）は、「私はいつまでも今の私のままです」というものです。

ソーシャルセラピーの見方からすると、大切なのは（量的な持続期間ではなく）活動の質です。発達がサポートされる環境かどうか、2人とも成長することができる場所なのかが、カップルについて問うべきもっとも重要な質問なのです。もちろんそのような環境は、リスクを伴います。パートナーの一人あるいは両方が、カップルを長続きさせることとは相容れないことをしたいと考えるような方向に成長してしまう、というリスクです。そういうことが起これば、確かに非常につらくて、寂しいに違いありません。

しかし、成長できる環境を創造しながら、同時に、その環境に参加するための条件は2人とも成長できないことだと言い張るのは不可能です。言い換えれば、成長を支援する環境の中で誰かが成長しているからといって、非難するのはおかしなことです。

こんなふうに考えてみましょう。あなたがもし絵画教室を設立したら、生徒が自分よりもうまくなるかもしれないというリスクを負います。そのことを怒ることはできません。良い絵画教室ならば背負うリスクなのです。もしあなたが価値のある環境を建設しているのなら、それはあなた自身にも影響を及ぼすのです。そういうリスクです。

成長できる関係性では、基本的な約束事は発達することです。徹底的受容は、何が起きたとしてもそれを受け取り、2人が成長するためにどうやって使うことができるかを理解することを意味します。パートナーの間の約束は（もし約束することを選ぶのなら）、永遠に変わらないというものではありません。何が起こっても、お互いのために、いつもそばにいるというものです。

どのソーシャルセラピーグループにも、たとえば、この環境を創造するために一生懸命に働く人と、グループにぶら下がっている人がいます。後者は作られたものを手に入れると、どこか他の所で自分自身が何かを得るために、それを使います。もちろん、そうすることは、完全に彼らの「権利」の範囲内です。（彼らは代金を支払っています。私の見解では、彼らはこの「横どり」戦略から支払った金額に見合うものを得ていないのですが。）しかし、このような環境を創造するという活動は継続します。そういう環境を作りたいという人がまだいるからです。

しかしながら、カップルの場合、一人がそこを離れると、「グループ」を建

設する人がいなくなってしまいます。「グループ」が残されないからです。これこそ、他の人が含まれる幅広い環境のほうが、徹底的受容の実践により「向いている」理由です。もしカップルのパートナーの一人がどこか他の所へ行こうとか、しばらく他のことをしようと決意したとしても、感情的に言えば、他方がたった一人で残されてしまわないのです。

確かに、彼女あるいは彼の「すべて」を複数の情緒的環境にギブすることができる人もいます。しかし、私の経験では、ほとんどの人は、それをやりたくないし、できないでしょう。ここにいるときには、別の場所にいないし、いられないのです。なお、私は性的な関係性のことだけを言っているわけではありません。仕事にのめり込んでいる人は、家に帰ってくると、一緒に暮らしている人に多くをギブすることなく、リラックスしたがるものです。ですから、ピーターがバーバラに言ったように、別の女性と会いたいけれど彼女との関係も続けていたいという男性がいたら、その彼女は、彼が自分のためにはそばにいないことを覚悟しなければならないと私は思います。このような状況では、感情的に支援してくれる別の環境はかけがえのないものです。

多くの人びとは、驚くことではありませんが、関係を終わらせることが下手です。私が「驚くことではない」と言うのは、私たちの文化では、破局に伴う喪失という社会的経験は、とても深いものになる可能性があるからです。

突然、あるいはあたかも突然、あなたの財産（一緒に飼っていた猫、ガレージセールで買ったワイングラス、代わる代わる着た大きな古いセーター）を分割しなければいけなくなります。あなたは、生活が変わってしまうという感情を抱きます（生活は変わるでしょう）。突然、「いつも」一緒にやっていたこと（土曜の夜に映画に行く、祝日を祝う、休暇を過ごす）を、あなたと共にする人がいなくなります。突然、誰かと一緒に外出したり生活したり、結婚しているときにはあった確証（社会的、情緒的、性的に十分に好ましい人物であると証明できる場合に得られる社会的な承認）がなくなってしまいます。突然、デートゲームが繰り広げられているアリーナに再び出ていくことに伴う、あらゆる危険と困難について考えなくてはいけなくなります。

私が思うに、これらの実際的に考慮すべき事柄は過小評価されがちです。別れが難しいのは、そのことが引き起こす情緒的なトラウマのせいだというロマンチックな仮説のために、多くの場合、無視されてしまうのです。確かに、関

係が終わるときはどちらも悲しい思いをするでしょう。たとえ、一人が出ていきもう一人が残された場合であっても。しかし、終わりを迎えるときには、双方にそれほど強い感情がない場合も多いのです。

　一人はすべてがうまくいき、もう一人は悲惨だったり、あるいは単に満足していなかったりという事態は、めったに起こりません。たとえば、「イライラ」を最初に口にしたのはピーターでしたが、バーバラも同じ ── あるいはもっと ── この状況を不満に思っていたことがわかりました。それでもやはり（そして繰り返しになりますが、これは悲しみや痛みを否定するものではありません）、関係、家庭、結婚が壊れるときに人びとが味わう実際的な困難は、最大の難所となりえます。

　終わりに伴う難しさは、喪失という社会的経験によって過剰に決定されがちなことにあります。終わりが成長の機会として、肯定的に考えられることはほとんどありません。発達的だと見なされることは稀です。関係を終わらせようとしている人びとが、ひどく惨めな思いをし、ひどく悲しみ、ひどく落胆するために関係の中で価値のあったもの（喪失経験を強めるもの）を最後にはすべて捨ててしまうことが、あまりに多いのです。彼らは、一緒に建設したものを拒否する中で、潜在的には発達につながるものを否定しています。このことは、彼らが成長し続けることを妨げます。

　ソーシャルセラピーでは、もし彼らが別れを選んだのなら、彼らがしてきたことを否定せずに、そしてそのとき彼らが感じている痛みを否定せずに、別れることができるよう懸命に手助けします。（注射は痛いものですが、私たちを良くしてくれます。）終わらせる活動を人生のより広い全体性の中に位置づけることによって、痛みを含めて、そこにあるあらゆるものを、さらなる発達のために使う方法を見つけ出すことが可能なのです。ものごとは終わり、恋人たちは別れ、人びとは年をとり死にます。それでも、発達を止める必要はありません。

| エクササイズ |

　これをやってみると、ちょっとした徹底的受容でどんなことができるか、理解しやすくなります。

「はい、でも（Yes, but …）」と一度も言わないようにして一日を過ごしましょう。ただ「はい（Yes）」とだけ言って、そうすることでどんな違いが生まれるのかを確かめましょう。

これは、すべてのことを絶えず再編成することの意義を理解するのに役立ちます。

丸一日、15分ごとにすべてのことを再編成します。ものごとがあなたの望みどおりに進むかどうかにかかわらず、そうするのです。

16
個別の問題は忘れて

　人生においてとても痛ましく悲惨な経験——子ども時代の虐待、近しい人の病気衰弱、破産、結婚の失敗——をしたとき、あるいは理想の人生のようにうまくいっていない、優れていない、賢くない、裕福でないといった思いで頭がいっぱいになったとき、人はこういうネガティブな経験や要因をきれいさっぱり取り除きたいという、もっともな願望をよく口にします。「まったく違う人間になれたら」「過去を消し去れたら」「人生をやり直せたら」。しかし、不幸なことに、ひどい痛みをもたらす経験や要因というものは、子どものときも大人になってもついてまわり（実際、それらは私たちの一部です）、そして、情緒的な反応——怒り、苦悩、敵意、恥辱、嫉妬——もまたついてまわるのです。

　ソーシャルセラピーの立場からの重要な問いかけはこうです。（他のあらゆる人生経験とともに）痛ましい経験やネガティブな要因によって情緒的な反応に見舞われるとき、その完全な犠牲者とならずに自分の人生を送ることができるだろうか？　現在の自分のありさまに苦しまなくてはいけないのか？　ネガティブな経験、さらにはネガティブな要因を、現在の自分を変えるために使えるだろうか？　あるいは、嫌なことがあった一日は、ネガティブな経験や「悪い自分」など決してなかったかのように夢想する機会にしかならないのだろうか？

　ソーシャルセラピーでは（多くの伝統的なアプローチとは違って）、抜け出したいと思っている特定の感情に「対処する」こと（マクベス夫人が忌まわしいシミを——無益だったことを指摘しなければなりませんが——どうにかしようとしたように）はしません。ソーシャルセラピーの観点からは、ネガティブな経験は人生全体を構成する要素であり、その中に位置づいています。人生は、総

体として絶え間なく再編され、変化していくものであり、それというのも、私の見方では、そうすることだけが個別のことごとが変わってゆく唯一のしかただからです。私たちは、ある具体的な特性を変えるのではなく、今の自分のあり方全体を変化させる必要があります。これをずっと続けていかなければいけないのです。

　驚いたことに、このことは、個別の事象を変えようとするよりずっと簡単です。あなたが思っているほど難しくありません。「まったく新しい人間」になったり、「過去を消し去ったり」、「人生をやり直せる」とは思いませんが、今の自分をすっかり受け入れ、発達し続けるためにそのこと（あなた）を使えば、現在の自分を変えることができるのです。

　上司のセクハラや妻とのセックスで悩んでいるときに、個別の「問題」に対処するやり方が「功を奏する」とは思えません。ソーシャルセラピーのアプローチは、個別的な状況とそれに伴う伝統的な問題解決の思考法がもたらす制約を乗り越えて、人びとが生き方全体を変えられるように手助けします。驚くことではありませんが、全体を変えるということは、その部分である個別の要素に絶大な影響を与えます。個別の問題は忘れなさい。「あなた」を変えるのです。

　一つ例を挙げましょう。ジェリーは小さいけれど繁盛しているレストランの共同経営者をしています。そのレストランは、彼女と2人の友達で20年ほど前に始めました。仕事はきつくて長時間です。ジェリーは他の誰よりも働いています。彼女はソーシャルセラピーグループに「あらゆることを処理しないといけないし、全員の面倒を見ないといけない」と話しました。ちなみに、彼女の共同経営者たちは、ジェリーは他人の仕事に首をつっこんでいる、彼女が心配ばかりしているのは、彼らへの批判のように見えると言っています。

　ジェリーの態度は、もし私がやらなければ誰もしない、仮に誰かがやったとしても、正しいやり方（つまり彼女がするやり方）では行っていない、というものでした。彼女はもし自分がいなければ「ものごとが崩壊する」という恐怖から、もう何年も休みを取りません。病気のときさえも、仕事をしていました。

　ジェリーは私たちに、レストランのいろいろな個別の悩みについて話しました。シェフが辞めるのにまだ代わりの人が見つからない、大家が契約更新をしぶっている、仕事と責任で押しつぶされそう、共同経営者との関係が悪くなっている。ジェリーは仕事の状況が自分をイライラさせると言います。「私はど

うしたらいいの？」彼女はそれが知りたいのです。

　彼女にできることは何でしょうか？　一つもありません。個々のことごとが変わったとしても、その大部分は、ジェリーに実質的な影響を与えることはありません。不幸なことに、私たちは小さいことほど簡単に変えられると信じるように教え込まれています。そうではないのです。ジェリーに変えられるのは、自分自身がどう生きるかです。彼女は自分のあり方全体を変えることができます。彼女は再び発達を始め、新しい人になることができます。あらゆる「問題のある」生活状況が、このような素晴らしい機会を与えてくれます。

　あるときセラピーで、私はジェリーに、彼女の人生の全体について話すよう頼みました。仕事の問題をちょっと忘れて、他に起こっていることを教えてほしいと。ジェリーは、自分の人生で一番大切なのは、ステファニーとの関係だと言いました。ステファニーはバイオリニストで、クラシック音楽の世界で高い評価を受けています。ジェリーはステファニーの才能をとても誇りに思っていました。どちらにとっても二番目に長い関係で、お互いに深く愛しあっています。彼女たちは、お互いの人生に密接に関わっています。

　ステファニーはたいてい、一日に2〜3回はジェリーに電話します。たぶん音楽仲間のゴシップとかニュース（レコードの契約、好意的な批評）とか、ジェリーに伝えたいことがあったんでしょう。それから、帰りにスーパーマーケットで買う物を頼んだり、あれやこれやについてジェリーの意見を求めたりしました。ステファニーは自分がすべきことについて、わざわざジェリーにおうかがいをたてました（ステファニーは、実際はジェリーよりも良い決断ができるにもかかわらず）。そして、ジェリーはそのとき何をやっていても中断して、彼女と話をしました。2人とも決して声に出しては言いませんが、ジェリーの数々の「仕事」の一つは、ステファニーの面倒を見ることのようでした。

　私がジェリーにステファニーとの関係を再編してはと提案すると、彼女はショックを受けて、動揺し、怒り出しました。「そんなの嫌！　どうして？」彼女は、ステファニーとの関係は、人生の中で最高のものだと主張します。なぜ彼女はそれを変えなければいけないのでしょうか？

　それこそがステファニーとの関係を再編すべき理由なのだ、と私は言いました。人生の全体（今の自分）を変えていくとき、人生の中でうまくいっていること（最大の強み）はもっとも壊れにくいものなので、もっとも再組織化が可能です。強みがあれば、そこによりウェイトをかけることができます。強みを

基盤に新しい人生を築くことができ、そのプロセスで、弱みを作り変え、変形し、他のところに移すことができます。

　人生の中で最高のものがどのように組織化されているのかを見つめて、（彼らはそうしたがらないのですが）それがあまりうまくいっていないことにどのように関わっているのかにあえて目を向けさせるようにするのが、ソーシャルセラピーの経験則です。強みの中のどこに、どのように、弱みが表れているのか？　結局のところ、それらは人生で互いにつながっているのです。人びとはよく、「問題」以外のところはまったく「うまくいっている」かのように話しますが —— 「悪いのはこのことだけ」 ——、靴下入れの中の靴下のように、通常、弱みだけ切り離せないものなのです。それらは周囲に広がり、さまざまなかたちであらゆるところに顔を出します。優秀なコーチはチームの弱みを見抜くとき、チームの強い部分にどのように弱みが現れているのかを調べます。強みを再編することによって、弱みに影響を与えます。このようにして、チーム全体が強くなるのです。

　強みに焦点を当てて全体を作り直すときに、個別の事項はより広い環境の中に位置づけ直され、個別事項の相互の関係や全体との関係が変わります。もともとあったものから新しいものを作り出す中で、「問題」が作り直され、再配置されるのです。「問題」は「解決」されるというよりも、「除去」されます。これは、問題を避ける方法ではありません。むしろ、関係の中でもっとも変わりやすいもの（「あなた」）を変えることによって、問題との関係性を変えているのです。

　ここが伝統的フロイト派あるいはフロイト流のセラピーともっとも異なる点です。彼らの基本的な仮定は、過去が現在の自分のあり方をほぼ決定しており、過去は変えることができないというものです。今の自分は変えられないのです。たとえば、伝統的なセラピーでは、親との関係という問題に対して、過去を「再訪」し、何度も人生の弱い部分 —— 子どもの頃はその関係に依存しており無力だった —— を見つめ直すことで、解決を援助しようとします。そうすることで、わずかであれ未来が変わり、「現在の問題」が解決することが望みなのです。

　ソーシャルセラピーの見方は、まったく異なる哲学的理解に基づいています。ソーシャルセラピーの観点からは、未来は、私たち人間がいわゆる過去を材料にして作り上げる以外にないのです。ソーシャルセラピーのアプローチは、単

に気づきを得たり分析したりするために、人びとが過去を振り返るのを手助けするわけではありません。私たちの哲学的理解は、人びとが過去にさかのぼって（つまり、歴史的に）生きること、将来へとつながるように過去を変えることを要求します。

　もし過去（「アイデンティティ」のような）が変えられないのなら、私たちはすっかり「過去」によって決定されている存在です。しかし実際には、過去は、私たちの個々の「アイデンティティ」のように、変えることが可能です。このことを実践的なやり方で考えてみましょう。文の終わりに言うことが、文の頭の意味を決定します。話すとき、始まりは「過去」となり、「現在」で終わります。始め（過去）の意味を決めるのは —— 完成させるのは —— 終わりなのです。あなたの理解を助けるためにちょっとした言葉遊びをしましょう。次の文を3つの異なるやり方で完成させなさい。私は学校が ＿＿＿＿。

　ソーシャルセラピーでは、どのように現在の関係性に過去の弱みが体現されているかを調べます。ソーシャルセラピーは、現在を変えることで過去を転換することを手助けし、人びとを癒すのです。私はときどき、過去と現在の関係をロープに喩えて話します。手で握っている部分が現在、ロープの残りの部分が過去です。「現在」の部分を揺さぶると、「過去」は変化します。こんなふうにして私たちは、揺さぶられた受け身のアイデンティティにとらわれるのではなく、人生（ロープ、「過去」）を揺さぶる側とならなければいけないのです。

　先ほど話したジェリーとの対話は、何か月も続きました。長い間、彼女は聞く耳を持ちませんでした。ステファニーとの関係を再編する理由はない、問題はレストランのことなんだから、とジェリーは主張します。ある感情のたかぶったグループセッションのときでしたが、彼女は私たちにこう言いました。「もしステファニーの世話をしなければ、彼女がいなくなってしまう気がして怖い。私は捨てられてしまう。」さらに、ジェリーはそれが自分の人生に関わる人びと全員 —— ビジネスパートナー、家族、友達 —— に当てはまることだと思っていました。もし「あらゆる面倒」を見なければ、きっと誰もいなくなるだろう、それが怖いと彼女は言いました。だから面倒を見るのです。彼女は過去や自分自身を変える（ロープを揺する）努力をしていたというよりも、将来を決めることにずっと忙しかったのです。

　ジェリーの問題は、「やることがありすぎる」ということではなく、どのように自分の人生を生きたいかということでした。彼女はまるで、ボールが3

個でも 13 個でも必死でジャグリングする大道芸人のようでした。彼女はステファニーの面倒を見すぎてはいますが、それは（まだ）「問題」にはなっていませんでした。一方、レストランでは問題になっており、彼女はどうすることもできませんでした。ジェリーはこれまでの自分自身（人生、「過去」、みんなの世話をする人という「アイデンティティ」）を変える必要がありました。

　ジェリーは、彼女が変えたがっている特定の状況をどうにかするには、人生全体を見る必要があること、そうすれば全体 ── 人生、彼女自身 ── との関係から個別の事項を理解して、何かをすることができるということを理解しなければいけなかったのです。

　結果的に、彼女はやりとげました。彼女は自分の人生の強み ── ステファニーとの関係 ── に目を向け、そこでは自分を守ろうという構えが弱まるので、他所では見ることができない弱みをその中に見出すことができたのです。彼女は、自分が必要とされていることを確かめるために、みんなの世話をしなければならないと思っていたこと、それは自分を必要とする人なんかいないと思っていたからだということを理解しました。これ以上こんなふうに生きたくないと、彼女は決意しました。

　何が起こったでしょうか？ 1 年後、ジェリーはレストランの仕事を辞めました。「本当は、20 年もやってきて、悩みの種になっていた」と、ジェリーは私たちに言いました。ジェリーが世話をやくのを止めたことで、ステファニーとの関係はより強いものとなりました。、ステファニーが彼女と一緒にいたいと思っていること、そしてジェリーはそのために対価を支払う必要はないということを、2 人が理解する機会となったのです。

　今、彼女は、みんなの面倒を見ないといけないとは思いません。ジェリーは自分の人生でやりたいことについて考えています。これは解放的な経験です。これまでできなかったことが何でもできます。以前の彼女のすることは、世話人でいなければという思いから、がんじがらめになっていました。もう、その役割に縛られなくていいのです。ジェリーは再び発達し成長し始めました。彼女は「新しい人間」になったわけではありませんが、自分の人生を変え続けています。

| エクササイズ |

　自分の人生を変える、というのがどんな感じなのかを理解する方法を示します。
　あなたの人生の強み ── うまく運んでいること ── について考え、一日、いつもと違ったふうにやってみましょう。そして、人生全体にどのような影響をもたらすかを確かめましょう。

17
君に乾杯

　私たちのゲットの文化では、外見は、その人がどう見られるかに大きな影響を与えます。それはしばしば、私たちが何をどのくらいゲットできるか、できないか（デートの相手、靴屋での心遣い、仕事、その他一切合切）に影響します。太りすぎていたり、年をとっていたり、障害があったり、不細工だったりに見えると、あるいはふさわしい服装をしていなかったり、場をわきまえていなかったりすると、「見た目のいい」人たちよりも、断られたり、無視されたり、はねつけられたりしやすいのです。見た目のいい人たちは、他の人たちの競争心に対処しなくてもいいということではありません。それは傷つけられる、敵対的ですらあるやり方で表現されることがあります。しかし、見た目が、すべてではないにしても大事だということは、私たちの文化で生きていく上での事実です。

　このことは、とくに女性に（女性だけではありませんが）当てはまります。女性の経済的政治的な従属の起源（所有物という地位への格下げ）に関して、多くの学者がさまざまな観点から言及してきました。結婚制度（宗教によって許可され、国家によって正当化されるような）は、数千年前の、女性の家族と男性との間の社会的な契約に起源があります。男性は女性のセクシュアリティを排他的に手にする権利を与えられ、その見返りとして女性を養い、（自然や他の男から）保護することに同意し、女性との間の子どもに責任を負います。

　私たちの文化には（他の多くの文化も同様ですが）、女性を男性の性的な所有物や装飾品と見なす長い伝統が存在しています。女性が財産として扱われ続けている（法律からはほとんど消えたものの、完全ではありません）一つの事例は、21世紀の今でも、男性の欲望を刺激するために魅力的であることが期待されていることです。他にも、所有しているものを誇示するために男性が「自分

の」女を使うという慣例は、女性を財産と見る文化の残滓です。だから男性は、「自分の」女の見栄えに、たびたび投資するのです。

　このすべての帰結として、適切ではありませんが、私たちの文化では、女性は（支配的な社会的基準に合わせて）キレイでいるよう一生懸命に努力することが、事実上求められているのです。髪を染め、ブリーチし、ムダ毛を抜いて、耳にピアスをつけ、爪にマニキュアを塗り、顔を「メイクアップ」し、体重を減らすためにダイエットします。社会で魅力的と思われている姿に近づくために、手術を受ける女性さえいます。

　自分自身を魅力的にするのは、女性がゲットのゲームをプレイする一つの方法です。男性と同じように、女性もまた、私たちの文化の主要なゲーム ── ゲットのゲーム ── をプレイする権利を有していると、私は強く信じています。男性がプレイするときと同じで、このゲームは、本当にいろいろな方法でプレイできます。より効果的で自分に害を与えない方法、あまり効果的でなく自分にダメージを与えてしまう方法があります。誰であろうと、可能な限り発達的にこのゲームをプレイすることを、私は強く勧めます。

　お気づきのように、女性たちがゲットのゲームに上達しているというのが話のすべてではありません。断じて違います。というのも、人間は（男も女も）文化の産物であるだけでなく、文化の創造者だからです。多くの女性が、創造性、想像性、ウイット、大胆さを駆使して、化粧や服を楽しんでいます。彼女たちは受け身的に、社会で作られた狭いキレイの定義に従っているわけではありません。彼女たちはまた、禁酒法賛成論者的なフェミニズムの反転した道徳に従順なわけでもありません。この道徳は、女性が性差別から「救われ」たいのであれば、酒を断つのと同じように、化粧をやめるよう要求します。

　非常に多くの女性たちが、楽しみのために「メイクアップ」して、自分のスタイルを見せ、自分のいいところを見せることを選びますが、これは単にゲットのためではなく、むしろギブの精神からなのです。彼女たちの「ファッションの言い分」はこうです。私はこれを義務だからじゃなくて、やりたいからやっています。それは実際、他の女性たちとプレイする、素晴らしい方法なんです。

　リンダはとても美しい女性ですが、すでに高校生のときに、キレイでいることが「しんどい」と思うようになりました。男の子たちはいつも彼女を「批評」してきますし、女の子たちからは、不当なほど優位なライバルとして扱

われます。このことは彼女を傷つけました。彼女はソーシャルセラピーグループで、「私は耐えられなかった。どう見えるかで私のことを判断してほしくなかったの」と話しました。リンダは今36歳ですが、ほとんど「ドレスアップ」したことがありません。大きめのセーターとぶかぶかのパンツを着て、「実用的な」髪型をしています。最近親友が、リンダは自分がキレイだと知っているのか（彼女は知っていると言いました）、どうして誰にも自分の美しさを「見せないのか」と尋ねてきました。リンダはこれまで、そんなふうに考えたことはありませんでした。「私は見た目じゃなくて、実績で認められたいのに、何がいけないの？」

　ソーシャルセラピーの見方からすると、リンダの言っていることは何も間違ってはいません。私が聞きたいのは、彼女はどうしてそれほどまでに外見に人生が左右されることにこだわるのか（こだわることを望んだのか）ということです。自分がどう見られたいかを決めるのに、彼女はどこにいるのでしょうか？　見た目を利用されたり、他の人を利用するために自分の美しさを使ったりするのが嫌なのはよくわかると、私は彼女に伝えました。しかし、彼女のたぐいまれな美しさは彼女のものなのですから、もし彼女がそうすると選択するなら、どうしたいのかを自分で決めることができるのです。男性から搾取されるか、他の女性を搾取するか、このどちらかしか選択肢がないわけではありません。自分の美しさをギブすることを選ぶこともできるのです。

　私は、ゲットのゲームをやめろと主張しているのではありません（それは、60年代に「世界と調和せよ、スイッチを入れて意識を研ぎ澄ませ、既成の社会から抜け出ろ（tuning in, turning on, dropping out）」というスローガンで叫ばれたことです）。問題はどうプレイするかであり（プレイすべきかどうかではなく）、自分の人生がそれによってすっかり決められることを望むか否かなのです。たとえば、もしあなたが弁護士なら、法廷に出るときはスーツとネクタイを着ることにするでしょう。そうしなければ、裁判官があなたの外見に対して、クライエントにとってマイナスとなるような態度を持ってしまうだろうからです。でも、あなたは遅かれ早かれ、そのスーツを脱ぐのです。それで？　あなたのイメージ（どう見えるか）とあなた自身との関係は、どういうものですか？

　あなたがどうであるかは、どう見えるかということを含むし、それでわかることもあります。同様に、どう見えるかはあなたがどういう人かを表現します。発達とは、あなたの全体を変えていく活動です。一方、イメージの改善は特定

の事柄 ── あなたの外見 ── と関係しています。ソーシャルセラピーのアプローチでは、外見がそれらに取って代わる必要はないと教えます。私たちは、自分自身の全体を変え続けることが見た目を決めることに優先するよう、人びとを助けます。

　私はいつもゆっくり走るジョガーです。30歳のときから1マイル15分でした。このペースは、35歳のときにはさほど目を引くことではありません。しかし私の計画は、このペースをずっと続けることでした。私のもくろみでは、私が100歳になる頃には、それは世間をあっと言わせるものになるはずです！

　そうです。ポイントはここでも、私たちは特定の事柄ではなく、全体にフォーカスする必要があるということです。見た目と関係づけられる人生の特定の側面ではなく、私たちがその時それを生きている人生の全体性が存在します。そして、「もっとも魅力的」だとされる時期の特定の瞬間ではなく、一生涯の全体性が存在します。

　言い換えるなら、25歳時点で驚くほど美しく見えるように生きることは、長い人生の間ずっとキレイでいたいと思ってその年齢でどのように生きるかということとは、まったく違っているかもしれないのです。人生の全体をどのように生きたいのかを決定する文脈で、あなたはどんなふうに見えたいのか、そのように見えるように何をしたいのかを、意識的に決断することができます。

　ところで、子どもを育てるときにも同種の決断をします。可愛く賢い6歳児の親であることで得られるものを最大化することを目指して子育てをするのか、それとも、子どもが30歳、40歳、50歳になったときに、満足できる豊かな生活を送れるようにあなたが与えられるものを最大化することを目指して子育てするのかを決める選択です。

　人生の全体性に焦点が当たっているときは、自分自身のある側面と過剰に同一視されることを気にすることなく、驚くほど美しい見た目でいようと決断できます。あなたの見た目は全体の一部となるのです。そのような全体のライフプランがない場合は、美人であることが自分の全体となってしまうことを恐れて、美しさを隠してしまい、そのことを恥ずかしく思うようになる人もいます。私たちが隠し続けているどんな側面についても、同様のことが言えます。

　以下の抜粋は、有名な女性向けファッション誌の「美容」セクションにあったセルライトに関する最近の記事（「恐ろしいオレンジの皮効果」）の一部ですが、サドマゾヒズムに臨床的に関心を持ったことのある人にとっては聞き覚え

があるでしょう。この記事は、ちょっとだけふざけて書かれた、セルロポリシス（フランス発の「素晴らしい新トリートメント」）という高価なテクニックの体験レポートです。

「… 脚に電気を通すことよりも、一生デコボコのある脚でいることのほうがはるかに恐怖です … もしセルライトをなくせるなら、私は進んで電気椅子に座ります …（最初のセッションで）全部（8本）の針を挿入し、ベッド脇の機械にワイヤをつなぐのに30分かかりました …（看護師が）それぞれの針に入る電気の量をコントロールする機械を私に手渡したので、私は自分自身の拷問執行人となりました。電気で針の周辺部を刺激すると、血行が良くなり、代謝がアップして、セルライトの原料となる老廃物や脂肪、毒を洗い流します … 太ももは3センチ細くなり、体重は5キロ減。デコボコはよく見ないとわからないくらいに …。この夏はビキニを着るつもりです。もう夫をイライラさせることもありません。」

この構図の何が問題なのでしょう？

ソーシャルセラピーの視点からは、健康は現在のあなた自身によって作り出されたときに長続きし、本物となります。水着デザイナーや栄養士、「美容」記者が言うこうあるべきというイメージとして現れるものとは、まったく異なります。格好よく見えるのは発達の結果であることが多い一方、私の経験によれば、それが発達を生み出すことはめったにありません。

これが、私の見解では、エクササイズは「効く」ことが大変多いのですが、ダイエットはほとんど効果がない理由です。もしあなたがキレイだけれど、そう見えるためにすべきことを行うのが楽しく発達的な時間ではないなら、あなたのしていることは続かないでしょう。私には、ダイエットというものは、本質的に懲罰的であるように思えます。ダイエットというのは、「わがまま」（別名「過食」として知られます）の罪をおかした人から、楽しく食べたり飲んだりすることで得られる喜びや満足感を奪うようにデザインされています。ダイエットの擁護者たちは、私たちの身体に対する恥や恥辱、何をどれくらい食べたのかについて他の人たちはどう判断するだろうかと思いわずらう、私たちの後ろめたさにつけこみます。

「太った」人は食べ物全般、あるいは特定の食べ物の「依存症」になっているということが、ダイエットの基本的な前提です。この考え（こう記述することに、私は寛容になっています）は、どうしたわけかダイエット理論によって、

そして毎年のように異なるのですが、糖質や脂肪や砂糖と「うまくつきあえない」人がいるので、ごく少量だけを摂取すべき、あるいはまったく摂取すべきでないと主張します。驚くことではありませんが、ダイエット ── 食「依存」という偽の「問題」の「解決策」 ── は、まったく効果がありません。剥奪的、懲罰的、否定的で、しばしば非常な苦痛を伴う経験をしますが、(ほとんどではないにしても) 多くのケースでは、スタートしたときと同じ状況で終わってしまいます。

　もちろん、ダイエットと何をどのように食べるかを変えることとは天と地ほども違います。どのように食べるかを変えることは、自分自身を発達的に変え続ける一つのやり方です。もし現在の自分の体を変えたいのなら、ダイエットではなく、エクササイズによってこのプロセスを開始するのが、あらゆる点でベターだと思います。

　だからといって、私はエクササイズを、「正しい行動」や「生活のしかた」、その他あれこれの「権威ある活動」にしようとしているわけではありません。単にダイエットは本質的に発達的ではないというだけのことです。エクササイズはすべて、発達に関係します。

　第一に、エクササイズはポジティブな活動で、最初にウェイトを持ち上げたり、泳いだり、エアロビクスで深い呼吸をしたり、クロスカントリースキーのように腕を振ったその瞬間から、あなたの体との関係性が変わります。文字どおり、全身に明確な形を与えます。エクササイズに効果がある (一方ダイエットには効果がない) 基本的な理由は、カロリーを燃焼するからではなく、エクササイズが自分自身が何者であるかを身体的に表現するからだと思います。ダイエットはエクササイズになんら影響を与えませんが、私の経験では、エクササイズをしたときには、ほとんど必ず食事パターンにも影響が及びます。

　非常に個人化されており多くは孤立的な活動であるダイエットとは異なり、エクササイズは必然的により社会的です。そして、ウェイトを持ち上げたり、泳いだり、カリプソのリズムに合わせてジャンプしたり、寝室でクロスカントリーをしたりする理由が何であろうと、それ自体が面白いのです。ダイエットをしている人は、食べ物の楽しみがないのに、それ自体が楽しいなどと言えるでしょうか。

　私がエクササイズでもっとも気に入っていることは、なりたい自分になるのを待つ必要がないということです。エクササイズを始めるやいなや、こんなふ

うに見られたいと思っている人物がしていることを、あなたは（何らかのかたちで）しているのです。

ここまで話してきましたが、まだ自分の場合には「死ぬ気でダイエット」が重要だと信じている人がいるかもしれません。もしやるなら、ちょっとしたアドバイスを。ダイエットする人たちの言う「メンテナンス」を直ちに始めなさい。ダイエットが終わったときに食べたいであろうやり方で食べることから始め、そして残りの人生、ずっとそうするのです。

ソーシャルセラピーの見地からは（これまで見てきたように「ステップなし」のアプローチです）、いつかなるだろう未来の（十中八九存在しない）55キロのために自分から3か月、6か月、1年を奪うよりも、あなたがなりたい55キロの人物として現在を生きるほうが、よっぽど理にかなっています。ダイエットの理論から言っても、これは意味のあることです。多くのダイエット挑戦者は、メンテナンス段階で失敗してしまいます。だから私は「そこで始めなさい！」と言うのです。少しだけ余計に時間がかかるかもしれませんが、私の見たところ、そのほうがいろいろな点でより健康的です。試してみてください。結局のところ、失うものなど何もないのです。

| エクササイズ |

あなたは自分自身を発明することができます。

あなたが続けられる5分間の体操 ── おそらく呼吸法かストレッチ ── を考案しましょう。一週間毎日やってみて（やりすぎないで）、あなたがどうなるかを確かめましょう。

18
ラベルに用心！
この治療は発達に害があるかもしれません

　「ADHD」「学習障害」「情緒障害」「発達の遅れ」「アスペルガー」「欠陥」。これらは、心理学という擬似科学から派生した特別支援教育で使われるラベルです。養育に責任のある大人と悶着を起こした数百万の子どもたちに、このラベルが貼り付けられています。こういったラベルは記述（「問題」の診断）であり、処方（「解決」、通常、薬を含みます）をも意味します。「特別支援教育」というのは、ほとんどの子どもたちにとって悲惨な失敗だということが、ますます親や教師に認識されてきています。

　ある種のテストで他の子どもたちより良い成績をおさめる子どもたちがいる？　そのとおりです。この違いに番号をつけることができる？　はい、可能です。この子は「普通」「天才」「知的な遅れ」「境界線上」等々。ついてまわる番号やラベルが何であれ、こういった活動は子どもたちを発達が見込めない軌道に乗せます。ラベルの記述／処方の背後で、「科学」の重みが、子どもたちがそこから抜け出て別の道を進むことを非常に難しくしています。

　症状を分類すること自体が必ずしも悪いというわけではありません。たとえば、あなたの身体症状は糖尿病を示していますね、貧血ですね、心臓の異常がありますねと告げられ、検査結果でそれが確認されるのはとても有用です。ひとたび何の病気なのかがわかれば、治療を始めることができます。

　しかし、精神的な症状の分類や心理検査（その子が何らかの情緒的あるいは認知的な疾患や状態を「得て（got）」いることを証明するとされる）を行うことに関して言えば、「エキスパート」が症状から思いついたラベルは、治療を過剰に決定するリスクがあります。危険なのは、症状を解決 —— 除去したり隠したり —— することにのみ目が向いてしまい、その子の情緒的・認知的な発

達を無視してしまうことです。心理学者が擬似医学モデルを使って「難しい」子どもたちにラベル ―― と、しばしば薬 ―― を押し付けます。そうすることで、子どもたちは助けがあればもっと成長し発達できるのに、その可能性が失われてしまうのです。

　分類とラベル貼りは、自然界を対象とする物理科学にとって非常に有益なパラダイム（理解のしかた）の一部です。過去数百年以上にわたって、医学はこのモデルを借用して、有効に使ってきました。医学全体としては、とくに外科手術と化学療法の偉大な発見と発明を考えると、数えきれないほど多くの人びとの生活の質を大いに改善してきたと言えます。しかし、こういった実績から、このモデルが情緒的・知的な発達に適用可能だという結論が自動的に得られるわけではないのです。実際、心理学のこの二番煎じのアプローチは、臨床心理学に助けを求める人びと ―― 大人も子どもも ―― の利益になるのか疑わしいと、私は思います。それは、考え感じる存在である私たちにはまったく適切ではありません。もちろん、心理学の「エキスパート」は別です。彼らは自分たち以外の人間を分類しラベルを貼ることで、お金や研究資金や仕事や信頼を得ています。それはまさに彼らにとって適切であり、利益になっています。

　ジェイは30代前半の男性です。彼は貧しい暮らしの中で育ち、完全な負け組に向かっているかのように見えました。彼は8歳のときにてんかん性発作を起こして薬を処方され、つい最近まで飲み続けていました。また子どもの頃から抗うつ薬も飲んでいました。ジェイは数年前から、ソーシャルセラピーに来ています。その間、生物学の修士号を取り、メディカルスクールに入学する準備を始めています。数週間前のソーシャルセラピーで、彼は薬を飲むのを止めることにしたと話しました。「もし発作があっても、うまくつきあっていけます。僕は結果に対処するためのリソースを持っています。だから自分のやりたいことを選べます。」ジェイはソーシャルセラピーで、自分自身の人生を創る方法 ―― 発達する方法 ―― を学んだのです。

　ソーシャルセラピーのアプローチは、道徳的な意味で薬物反対なのではありません。しかしながら、私たちは今流行りの前提を受け入れません。それは、人びとは根本的には生化学的であり、「問題」は生化学に還元できるという考えです。仮に人は本来生化学的だと思えば、当然、「問題」への対処として生化学的治療を思いつくでしょう。しかし、人間は生物学や化学に還元することはできないのです（確かに私たちは生物学的・化学的なプロセスを含んでいます

が)。

　もちろん、統合失調症、うつ、多動、その他さまざまな精神疾患や情緒障害に効く薬を発見することは可能です。人びとの身体に強力な化学物質が入れば、疑う余地なく作用するでしょう。それは不愉快で破壊的な症状を弱め、消し去ることさえあります。それこそが、まさに求められていることなのかもしれません。

　私の疑問はこうです。その治療は発達を邪魔するのではないか？ 症状を薬で治療することは同時に、薬で「助けられた」人びとに烙印を押し、彼らへの不当な扱いを正当化するために使われる可能性がないだろうか？ より効果的で幅広く発達的な治療への扉が、このようにして閉ざされていないだろうか？ 症状を効果的に軽くするために強力な薬を飲むことは、継続的な発達にとって決定的に重要な意味を持つ人間の責任や選択を否定していないだろうか？

　言い換えれば、精神疾患や情緒障害に対処するために薬を飲むことは、症状への受け身の反応であり、そのことが真の発達に役立つ方法を見つける可能性を小さくしているのではないか？ 人びとが症状に対する「助け」を得るために支払う対価として、無限の発達可能性を閉ざすことになるのではないか？

　私は頭痛のときにアスピリンを飲みます。だから、ひどく苦しんでいる人びとに薬を使うべきでないとは決して言いません。そのように言うのは偽善であるだけでなく、非人間的でしょう。しかし、私が思うに、発達の可能性を犠牲にして薬を飲み続ける人生へと人びとを追いやること、そして、彼らがより扱いやすくなるという理由でそうすることに賛成するのは、もっと偽善であり、非人間的です。ソーシャルセラピーの観点からは、もし支援のプロたちが人びとを薬で治療するのであれば、薬は再び発達を始めるための全体的なプランの一部でなければなりません。もし症状に対処したいだけなら、彼らは「支援」しているのではなく、社会的なコントロールに従事しているのです。

　ソーシャルセラピーから見れば、治療の形態が発達と矛盾しているなら、それは深刻な問題です。別の言い方をするなら、アプローチの効果を判断するには、あなた自身の絶え間ない発達や、あなたが世話をしている人の持続的な発達との関係がどのようなものかを知る必要があります。「エキスパート」は、特定の治療法が役に立つとあなたに言うでしょう。でもその代償は何でしょうか？ それはあなたが成長する可能性を損ないませんか？ 児童精神科医や学校心理士は、あなたの子どもが「多動」で、リタリンを飲む必要があると言うで

しょう。あなたはこう言わなければなりません。「リタリンと他に何ですか？ 私の子どもを助けるものが欲しいのです。リタリンは飲みますが、発達の代わりにはなりません。リタリンだけで他はいらないと言うのは、私に子どもを見捨てろと言うのと同じです。そんなことは受け入れられません。」

私たちはいつでも、どんな状況でも、発達を問う必要があります。(好きな人とベッドに入ろうとしているときには、こんなふうに言う必要があります。「とっても面白そうだし、ぜひやりたい。これってあなたや私の発達にどう影響するだろう？」)

ソーシャルセラピーは、ラベルを貼ること（それにつきまとうすべてのことも）なく、人びとが自分の人生 ── 精神疾患や情緒障害を含んで ── に取り組むのを助けます。ラベル貼りは、さらなる発達の可能性を制限するものです。私たちは、「問題」にではなく発達に集中することが、もっとも直接的に最大多数の人びとを助けることを発見しました。言い換えると、発達が治療薬であることを発見したのです。

発達は抽象的概念ではなく、活動です。人びとがやろうと決めてすることなのです。ソーシャルセラピーのアプローチの核心は、初めから、症状（それが何であっても）に基づくのではなく、その人の強みに基づいて、人びとと関わること、そして、自分自身やお互いに関わるように教えることなのです。

ダイエットの「エキスパート」の「友人」と対比して言うなら、ソーシャルセラピーの非公式のモットーは「メンテナンスから始めよ」です。私は、「理想の」体重に達したときに「許される」のと同じ量を最初から食べるべきだと考えます（こうして「ダイエット」として知られている過酷な喪失の局面を回避します）。それと同じです。伝統的なセラピーでは、人びとは症状やラベル、多くの場合、治療と関係づけられ、定義されます。ソーシャルセラピーのアプローチは、この懲罰的で恥辱的で、長く続く局面を回避します。ソーシャルセラピーが「ステップなしの」アプローチだというのは、こういう意味です。

このことは、あらゆる「学派」の精神科医に対する挑戦です。彼らは12人の患者をそれぞれ5分ずつ診て、症状に対して適切だと思う薬を処方します。私は同じ12人の患者と1時間のソーシャルセラピーのグループセッションを行うでしょう。彼らのラベルが何であれ、薬が効いている間 ── たぶん4〜5日 ── の生活と比較して、1時間のソーシャルセラピーグループの後の4〜5日のほうが、より良い生活になると私は信じています。ソーシャルセラピーは、

本当に薬よりも効きます。私の経験では、発達は鎮痛剤よりも効果的なのです。

| エクササイズ |

　頭痛や二日酔いのとき（あるいは単に気分が優れない日）に、この実験を試してください。
　あなたを悩ませていることを、普段はそういった話をしない人に話して、どんな効果があるかを確かめましょう。

19 不安、パニック、心配

　不安は、擬似科学の心理学の用語の中で重要な概念です。アメリカ精神医学会（このような問題の公的権威）が出版している『精神障害の診断と統計マニュアル』の「専門用語集」によれば、不安は「… 内的なあるいは外的な危険を予期することに起因する。不安と恐怖とを区別して、不安の定義を、その源がほとんど不明である危機の予期に限定する場合がある。… 突然発症して、他とは区別される期間、不安や恐怖を感じ、身体的な症状を伴う（パニック発作）。」
　「パニック」や「不安」は、単に公式の専門用語の一部ではありません。おびただしい数の人びとの毎日の生活のごく日常的な経験を記述する、よく知られた言葉でもあるのです。ソーシャルセラピーの観点からは、パニックや不安は、それらを生み出す独特の社会的な配置という点からもっともよく理解できます。
　私の見るところ、不安は、ゲットの文化とかなりなじみのいい感情です。「不明」なのは、欲しいものが全部手に入るかどうかです。人びとは十分ゲットできるだろうか、きちんとゲットできているだろうか、自分にふさわしくゲットしているだろうか、出世するだろうかと、ゲットのあらゆるバリエーションについて、昼も夜も不安を感じるのです。私の見解では、不安というのは、通常は特定の状況と結びついた恐怖の経験ですが、「ゲットして」いない、「ゲットできないだろう」という、一般化された予感も伴っています。不安が生産活動 ── 昇給を求めたり、電話をしたり、論文を書いたり、別れを告げたり ── につながることも多々あります。私たちの文化がゲットの原則を中心に組織されている限り、不安を完全に取り除こうとする試みは役に立たないでしょう。しかしだからといって、私たちがその受動的被害者となる運命にあるということではありません。むしろ、私たちは、自分自身の不安を創り出す

必要があります。現在の自分の存在と自分が信じていることを前提にして、何を得たいのか、いかにしてより上手にゲットする人になるかを決めるのです。

一方、パニックも社会的に引き起こされるものですが、それにもかかわらず、また別の色合いを持った感情です。ソーシャルセラピーグループで、ロバートとディアドリは、自分たちの「パニック発作」についてこのように話しました。

ロバートは昼食に行くためにオフィスを離れ、通りを歩いているときに急に冷たい汗が流れ、心臓がバクバクし始めました。彼は自分が窒息するのではないかと感じ、恐怖感でいっぱいになりました。

ディアドリにも同じことが起こりました。孫たちは学校に、娘たちは仕事に出かけ、彼女は家で料理や家の片づけをしていました。そのとき、「不意に」恐怖で身動きがとれなくなってしまいました。

ロバートもディアドリも、こうなった理由に心当たりがありません。彼らの生活には何も悪いところはありませんでした。ディアドリは10代の頃からこうした発作が年に3～4回ありました。発作はたいてい数時間続いて、疲れと動揺が残ります。ロバートの発作は2～3年前から始まりました。最近あった発作は数週間続き、その間彼はノイローゼで入院しました。

不安とは異なり、パニックには社会的に「欠点を補う」ような長所が見当たりません。パニックは麻痺という形態をとって現れるので、発達を生み出すことには向いていません。パニックから得られるものは何もありません。パニックを引き起こす原因は、文字どおりの意味で何もない —— 価値がない、意味がないという経験 —— であって、ほぼ間違いなく、私たちのポストモダン文化に固有の特徴です。それは、専門家が不安について述べるように、単に「恐れるものが何もない」ということではありません。ロバートやディアドリのようにパニックを起こすとき、人びとは何もない（ように見える）という事実に応答しているのです。そういうことなのです。

他の時代にも脅えた人類がいたかもしれませんが、彼らは自分たちが何を恐れているのか（神の怒り、うろついている動物や他人）を知っていました ——あるいは知っていると考えていました。そして、自分たちが何に頼るべきか（祈り、捧げもの、武器、戦争）も知っていました。ポストモダンの文化では、私たちはしがみつくところのない不安定な社会基盤の上に立っているように感じます。私たちの周りにある伝統的な価値、伝統的な信念、伝統的な制度は、ことごとく崩壊しています。世界がバラバラに崩壊しているように思えま

す。そして、多くの点に関してそうなのです。

　パニックに対処するのが困難なのは、まさにこの実存的（異端の精神科医 R. D. レインが「存在論的」と呼んだ）不確実さの経験なのです。霊的な空虚感から私たちを守るとされるその制度 ── 家族、科学、既成宗教 ── が、かつてのように信頼できるものではなくなっています。（アメリカで急成長している宗教は、世界が滅亡に向かっていると説くものです。）セラピー自体そのような制度の一つで、もはや安定化の効果は持ちえません。

　ポストモダンのパニックは、エイズとよく似ています。私にはエイズはポストモダンに特有のもう一つの病いだと思えます。他のたいていの病気の場合、病人の免疫システムは医者の最高の味方になります。しかしエイズでは、免疫システム自体が攻撃されます。病気と闘うはずの白血球が破壊されるのです。

　パニック発作の場合、今や頼りにならない社会的「免疫システム」の外に出る必要があります。どこへ行けばいいのでしょうか？　バラバラになったものを使って何か新しいものを創る、創造的で歴史的で発達的なプロセスにです。こんな信頼できない時代に私たちが頼ることができるものの一つが、そのようなプロセスだからです。人間が存在する限り、歴史も存在するのです。

　歴史といったいどんな関係があるのかと、疑問に思うかもしれません。歴史なんて無関係だし、退屈だし、終わってる、終わってる、終わってる。ほとんどの人にとって、歴史と言って思いつくのは、古代ローマ、1492年クリストファー・コロンブス、1776年ジョージ・ワシントンなど、変えられない「過去」の多種多様な日付と名前と場所です。

　しかし、私が歴史という言葉で表したいのは、生きて、変化し続けるプロセスなのです。そのプロセスには、意識的にそうしているかどうかは関係なく、すべての人間が参加し、誰もがプロセスづくりに手を貸しています。ソーシャルセラピーは、人びと ── 世界がバラバラに壊れる極度の経験をしている人、「ノイローゼ」や「精神病エピソード」を持つ人を含んで ── が、歴史との関係を回復するのを助けることでパニックを治療します。「問題の原因は社会にある」ということを抽象的に「理解する」のを助けるのではありません。ソーシャルセラピーのパニックへのアプローチは、人びとが歴史へと入って（帰って）いって、再びつながれるようにするのです。社会的な鏡の中の自分を見ていると想像してみてください。その鏡は、壊れているので、すべての像が歪んで断片的に映ります。ソーシャルセラピーは、自分自身 ── 特定の瞬間に経

験する「機能停止」や「心が折れる」といった本当に心をかき乱される恐ろしい経験を含んで —— を、全体的な歴史の観点から理解できるよう手助けします。

　あなたの身近な人がこんなふうに「平静を失って」しまったら、自分自身を助けるのと同じように、その人を助けるためにソーシャルセラピーのアプローチを用いることができます。パニックに直面してもパニックを起こす必要はないのです。パニックを世界の終わりと結びつける必要はありません。非常に実践的ですぐにできる手助けは、パニックに襲われた人の人生の全体の話に耳を傾けることです。彼らが気にかけていることの他に、何が起こっていますか？ それは歴史とどう関係していますか？ パニック発作のような危機はいつでも、現在進行中の本当に多くの出来事の中のたった一つにすぎないのです。

　皮肉なことではありますが、歴史の中にいる（発達を取り戻す）ことによってのみ、人びとは社会の中に人生を「取り戻す」ことができるのです。

　でも、不安とかパニックはちょっと専門的で哲学的なもののように思うんだけど、昔ながらのよくある心配性はどうなの？ という疑問を持つかもしれません。ええ、心配性のいいところは、まだ精神医学の体制に乗っ取られていないことです。

　フランの例を見てみましょう。彼女は40歳で、小さいけれどうまくいっている広告会社の共同経営者をしています。自称「心配の虫」です。確かに彼女は数多くの心配事に囲まれています。フランは、自分がパニックや不安に苦しんでいないことも心配しています。彼女は、パニックや不安はただの心配症よりステイタスが高いと考えているのです。

　ある夜、彼女はソーシャルセラピーグループで、他に心配なことは何か、どういうふうに心配なのかを話しました。「年をとって働けなくなったらどうしよう。失業して貧困におちいるのが怖い。十分にお金をためていないんじゃないか、自分以外の人は未来のために計画を立てて、実現するために何かしているんじゃないかが心配。明日商売がダメになっちゃって、新しい仕事を見つけられないのも心配。数年後には広告業界全体が時代遅れになるかもしれない。そのとき、他に何をするか準備できてないのも心配。」

　経済的な心配だけでなく、フランは「多かれ少なかれいつも」見た目のこと（「全然やせない。どんどん劣化してる」）や、性生活のこと（「永遠に独りぼっち」）、健康のこと（「たった今癌になるかもしれない」）、事故のこと（「手がなく

なったらどうしよう、脚を切断しないといけなくなるかも」）を心配しています。彼女はどんな状況でも心配しています。仕事でプレゼンしなければならないとき、「いいアイディアが二度と思いつかないかもしれない」と心配になります。休暇に行くときは、楽しい時間を過ごせないのではないかと心配し、戻りたくなくなるような楽しい時間を過ごしてしまうのではと心配します。友達と一緒のときは、彼らが本当のところ、もう自分のことを好きではないのではと心配します。

フランが言うには、「人生は下り坂を滑り落ちるようなもの。あらゆることがどんどん困難になっていく。常に用心しなくてはならない」が彼女の哲学なのです。フランは心配性についても心配しています。彼女は「もし心配しなかったら、不意をつかれる」と信じているのです。

フランが心配していることは実際に起こりえるでしょうか？ ええ。もちろんあるものはより起こりやすく、あるものはそうでもないですが。たとえば、毎回の食事で「食中毒になる」危険性は本当にごくわずかです。しかしながら、心配性は、何が起こるかとはほとんど関係なく、ある種の心理的な態度によって出来事をコントロールできるという古い迷信と、大いに関係している活動です。

言い換えると、心配性は基本的に幻想のコントロールメカニズムです。もし何かについて心配していたら、そのことをいくらかはコントロールできるという幻想です。母親が癌になってしまうかもと心配する。10代の息子が不良グループとつるんでいる、夫が浮気している、昇進がうまくいかない、食べすぎ、指圧治療に保険がきかないと心配する。だからといって、同じだけの時間、映画を見たり、犬の毛づくろいをしたり、ダンスレッスンに行ったりして過ごしたときより、これらの状況をコントロールできるわけではありません。

心配性は社会的状況での無力感の経験 —— その状況に対して心配以外にできることが何もないという気持ち —— に対する無気力な反応です。心配性（しばしば声に出します）や強迫観念（心配の「内なる声」）は、「問題」から「解決」へ、「同定」から「解釈」へ、何度も行ったり来たりして、どこにたどり着くわけでもありません。

男性が典型的に心配する状況の一つに、性的不能があります（女性も同じように、男性の不能の心配に加担しています）。ソーシャルセラピーでは、この悩みを持つ男性とパートナーに、こう言います。心配することはありません！

「問題」を解決しようとしてはいけません。それが自分のすべてだなんて考えないで。何かの「サイン」だと解釈しようとしてはいけません。その代わりに、お互いに喜びを与えられる環境 ── 遊び心に満ちたセックスをする環境 ── を創るよう心がけてみてください。

この悩みを持つ人はたいてい、こういった努力をしたがらないものです。気が向いたときにはするのですが、「気分がのって」いないとき、思う存分心配できる自分たちの世界に引きこもろうとします。楽でいたいのです。

ジャックのことを話しましょう。ジャックはソーシャルセラピーグループで自分も心配性だけれど、「フランとは異なる」タイプだと話しました。ジャックは、いつも他のみんなのことを心配することで、自分が世界で一番責任感のある人だという印象を与えようとしています。ジャックは40歳になる娘が仕事を続けられるかどうか、妊娠8か月の義理の娘がちゃんと食べているかどうかを心配しています。妻が猛スピードで運転するのでは、共同経営者が離婚するのでは、彼の秘書の息子が荒れた地域の学校に行くのではと心配しています。

ジャックは自分のことを心配しているわけではないので、フランの心配と比べると、それほど自己中心的でないように見えますが、やはり利己的なものです。彼はフランと同様、自分のために心配しているのです。フランと同じように、実際はコントロールしていないにもかかわらず、いつでもコントロールしていると感じ、そう見えないと気が済まないのです。彼は無防備でいたり、立派に見えなかったり、どうしたらいいのかわからないことを認めるような危険はおかしません。ジャックは他の人「について」心配しているのですが、そうすることで、自分のために何かをゲットしようとしているのです。

彼らはそうは見ていないでしょうが、心配や強迫観念は、人生の仕事を避ける方法なのです。それらは反発達的な行動です。心配性の人は、現にあるものを材料として人生を創造する責任から顔をそむけます。その代わりに、現在のことで頭がいっぱいになっています。

ソーシャルセラピーグループで、フランは心配するのをやめるにはどうしたらいいかと尋ねました。私は、自分が何か ── コントロール ── を得るために心配するのではなく、私たちに心配をギブしてみては、と提案しました。フランのいるグループは、彼女を「公式心配人」に認定することにしました。私たちは自分の心配を全部彼女にギブし、彼女は私たちのために（私たちについてではなく）心配します。それだけでなく、私たちが考えたことがないような

心配事を思いついてもいいのです。

　この「誰かのために心配する」活動は、心配性とはまったく違うものです。「自然な」心配性は自動的なゲットの行動ですが、それとは真逆の自覚的なギブのパフォーマンスなのです。フランはすぐに彼女の新しい「仕事」に取りかかり、それから数か月の間に、全員に影響を及ぼしました。それまで、他の人たちはフランの心配性にうんざりしていました。彼らは、フランの心配性をひどく自己中心的だと感じており、実際そのとおりでした。そのことを理由に、フランと距離をとったりもしていました。そのことは（「自然に」）フランが心配する新たな「問題」になってさえいました。今では、フランは私たちのために心配をしていて、グループのあるメンバーが言うように「別人」です。

　実際は、フランはフランのままです。ただ、彼女は異なる活動をしていました。彼女はゲットする代わりに、（自分の関心、知力、想像力、ユーモア、創造力を）純粋にギブしていました。それによって私たちは彼女を違ったふうに知り、より親しみを感じ、喜んで彼女のために自分をギブすることができるようになりました。そして、フランも自分が望まないのなら、「ずっと独りぼっち」である必要はないと気づくことができました。

　フランにとって、心配事を話すことは難しいことではありませんでした。それは心配する必要のあることだと考えていた（ときどき今でも考えている）からです。でも、空想について話すことは好きではない、と言っていました。なぜなら「誕生日の願い事を話すのと同じように、実現する可能性を手放してしまう」からです。

　この種の空想癖もまた、コントロールという幻想を与えるもので、心配性の親戚です。「内容」は違いますが、同じような活動なのです。驚くことではありませんが、一方をよくする人は、他方もするものです。

　空想するかしないか、という問題ではありません。ソーシャルセラピーの観点から見ると、空想癖は何も「悪く」ありません。実際、創造的で想像的な思考は、きわめてポジティブなものです。それが仕事、他の人たちと新しいものを作ることと結びつけば、とてもエキサイティングなことだと思います。（心配性は、人間のこの驚くほどの創造力を、単に浪費しているだけだというのが私の意見です。）しかしながら、人生から切り離されるほど、空想癖によって（心配性と同じように）私たちは現実世界に対して傷つきやすくなってしまいます。

現実が想像と一致しないときに、失望し、傷つき、孤独や非力さを感じやすくなるのです。

　心配性の近親者である空想癖が創造性につながることはめったにありません。空想癖は私たちの頭の中でもどこでも、単に「そこにいる」だけで、どこにも行くことはありません。しかし、創造性というのは、何か新しいものを生み出すことで、それは他者と一緒に情緒的、美的、知的な活動をすることによって得られるものです。ソーシャルセラピーで発達と言っているものにほかなりません。創造性には、もっとも豊かでエキサイティングな空想癖も含まれます。これがあなたの生き方となるならば、何も心配することはないのです。

| エクササイズ |

　心配性について今までと違った見方ができるようになるかもしれません。
　一日中誰か他の人のために（誰か他の人についてではなく）心配しましょう。

20
ストレス──狂信的要因

　ナンシーは抜群にユーモアのセンスがある私の友人です。彼女は数か月前にベジタリアンになる決意をしました。彼女は何冊かの本を読んだあと、生活の中で気に入らないこと（消化不良、ときどきのイライラ、10年も減らしたいと思ってきた体重3キロ）は全部、肉を食べているせいだと結論したと、私に話しました。ナンシーは決意するときっぱり肉を絶ち、1週間続けました。次に会ったとき、彼女は「日曜のブランチにお肉を食べちゃった」と言います。何があったのでしょう？　彼女は山盛りのソーセージを食べたのです。私は元菜食主義者の友達をからかわずにはいられませんでした。グリルチキンや焼き魚ならわかります。でもソーセージ？　ナンシーは誇らしげに私を見て、「私は狂信者じゃないもの、フレド」と言いました。

　確かに、ゲットの文化の中にいる多くの人は、正しく行うこと（それが何であっても）に異常なほどの関心を持っていますが、ナンシーはそうではない珍しい人なのです。そして、それは彼女がほとんどストレス ── 少なくともコレステロールと同じくらい病気の原因だと思います ── に対処する必要がない理由です。

　ゲットの文化は、同時に、意味の文化（「意味がわかる（getting the meaning）」）でもあり、完璧主義（「正しく行う（getting it right）」）の文化でもあります。多くの人は、生活のほとんどを価値のある「シンボル」── 物や他者 ── を手に入れることに費やします。「完璧さ」は ── ゲットする活動そのものと同じように ──、ゲットする人としての優秀さを示すと受け止められています。ゲット／意味／完璧主義の文化は、狂信を生み出します。私たちは、強迫的なゲットが社会的に受け入れられるものである限りは、狂信者 ── ゲットすることに憑りつかれた人びと ── を褒めたたえるよう、さまざまな方法で教え

られています。けれども、この執着はポストモダンの典型的な病いの一つを生み出します。ストレスです。

　ストレスについて、たくさんのことが言われてきました。ストレスは、自分ではどうしようもない状況で経験する、非常に強い情緒的・肉体的なプレッシャーです。私たちは容易でないと思ったり、不安を感じたり、圧倒されたり、対処できないと思うと、頭やおなかが痛くなったり、腰痛になったりします。吐き気やめまいがして、不眠になり、疲れ果ててしまいます。多いか少ないかはあるものの、ゲットの文化の中のほとんど全員が、ストレスの被害者であり、狂信の被害者なのです。

　狂信は正しさへの強迫的な執着です。同時に、間違うことを過度に恐れます。私たちは、子どもの頃、早い時期から、「間違った」と言わないように教えられます。間違ったときには、それを取り繕う方法を探すことになっているので、正しく行わなかったことを「認める」必要がなく、恥をかかなくてすみます。多くの人は、こんなふうに屈辱を回避することが「人生のコツ」だと信じる大人になっていきます。

　多くの人にとって、私生活で「自然に」うまくやっていけるはずの状況なのに正しく行わない危険をおかして間違いを認めることは、とくに恥辱的です。仕事で決断を誤ったと言うことも難しいですが、親が自分の子どもに関することで決断を誤ったと言うことはさらに難しいことです。男性の場合、勃起できないときに（セックスが「ダメ」という「意味」）、ノルマを満たせなかったり締め切りに遅れたりするとき以上に恥ずかしさを覚えることが多くあります。

　狂信は精神的健康にはつながらないと思います。不幸なことに、多くの人びと ── 政治や宗教に関しては狂信的に反狂信的な人びとを含んで ── は、それでもなお、日々ゲットする生活という現世の活動のこととなると、狂信者として振る舞い続けるのです。彼らは脇目もふらず一点に向けて集中し、自分たちは正しいと確信し、すべてのことが「そうあるべき」だと固く思い込んでいます。そんなふうに生活したり働いたりすることは、彼ら自身や周りの人をおかしくします。皮肉なことに、彼らはたいてい、新しいことを全然学びたがらない人たちです。新しいことを学べば、いつも正しいわけではないと認めざるを得ないからです。

　エレンのことを話しましょう。エレンはいつも数分遅れて水曜夜のソーシャルセラピーグループにやって来ます。できるだけ静かに部屋に入ってこようと

するのですが、毎回のように何かを落としたり、誰かにつまずいたりして、小さな声で謝ります。エレンは、思いやりがあり、とてもエネルギッシュな40代半ばの女性です。何年も献身的に組合の事務局を務めています。彼女はいつも、どこにいても ── ソーシャルセラピーグループでも ── 慌てているため、道を間違ったり、必要なものや人を忘れてしまったり、肘で他の人を押しのけてしまったり、誰かに何を考えてるの？と聞かれても「心ここにあらず」だったりします。そして、一日の終わりには「ボロボロに疲れ果てて」います。彼女は、「常に働いている」のにどうして生産性が上がらないのか、なぜ他の人が彼女にイラつくのか、理解できません。けれども、彼女に話しかけようとすると、彼女はまったく関心がなさそうなのです。

　同じグループにいるラリーは、エレンとはまったく正反対です。47歳の建築士ですが、1年以上仕事を続けたことがありません。というのも、自分で「意味がない」と思うこと（締め切りを守るために残業するとか）を絶対にやらないので、仕事を辞めたり首になったりするのです。ラリーは「意味がない」という言葉の定義が、自分は他の人よりも広いんだと冗談めかして言います。

　気に入らない状況が生じると、ラリーは癇癪を起こすか、その場に出てこなくなります。当然、職場の雰囲気はだんだんよそよそしくなり、遅かれ早かれ、ラリーと雇い主とは袂を分かつことになるのです。プライベートでも同じです。彼のゲリラ戦法を受け入れられない友達や恋人とは、高い確率でお別れとなります。グループで、ラリーは、すべてが完璧にうまくいくか、自制心を失うか（不機嫌になり、不満を言い、非難する）の両極端を行き来しています。けれども、やり方を変えることを他の人たちが彼に教えようとしても、エレンと同じくらい学ぼうとしません。

　完璧主義と無能力というこの不健康な組み合わせは、生活や仕事でストレスを生み出す最凶のセットです。言うまでもなく、仕事は ── 生活と同じように ──「不完全」に満ちあふれています。コンピュータは壊れる、人間はもめる、アクシデントは起こる、ミスは起きるものなのです（それ以外にもいろいろありますよね）。でも、間違うことの何がそんなにいけないんでしょうか？　重要な疑問はこうです。で、今度は何だ？

　ソーシャルセラピーの見方からすると、あらゆる瞬間が ── とくに「最悪の事態」は ──、仕事全体の環境を再編する良い機会です。あなたが再編に成功すると言っているわけではありません。おそらく、そのときにはできない

でしょう。しかし、全体を変えていこうとすることで、元気になったりリラックスしたりするので、精神的な健康につながります。あなたがもっと有能になるのにも役立ちます。一方で、特定のあれこれや人物が「正されて」、「これからは完璧にいく」ことに異常にこだわったり、自分は答えを知っていて自分の意思の力だけでそれを状況に当てはめられると頑固に言い張るのは、計り知れないストレスを生み出します。さらなる失敗やアクシデント、「最悪の事態」を生み出すことは言うまでもありません。他の人は皆、狂信者に注意を向けざるをえなくなります。狂信者はいつもはしごから滑り落ちるか、一線を踏み越える瀬戸際にいるのです。

　私の友達のナンシーのように、不完全であることを恥ずかしく思わなくていいのです。ソーシャルセラピーのアプローチは、人びとがこのように考え、どうすれば賢く人生に対処できるかを謙虚に学ぼうとする手伝いをします。

| エクササイズ |

狂信的でないというのがどんな感じなのかがわかります。
「完全に間違ってた！」と言うためだけに、間違ったことをしましょう。

21
休暇という仕事

　モリーは、私のセラピーグループの一つのメンバーです。休暇から帰ってきたのですが、彼女の「夢の」休暇は一転、悪夢となってしまいました。悪夢の出演者は、郊外に住むモリーの古い友達3人、そして、モリーが仕事でもっとも親しくしている友達のヘレンです。ヘレンは、デブ、レニー、フェリスの3人についていろいろ聞いていましたが、会ったことはありませんでした。

　フェリスは、ヘレンと一緒に過ごすことにあまり乗り気ではなかったのですが、モリーはヘレンに来てほしかったので、結局フェリスが折れました。出発の数日前、レニーは自分とデブの間であった「いつもの口げんか」のことを、モリーに電話で話しました（あとからモリーがソーシャルセラピーで話したのですが、レニーとデブは「喧嘩しては仲直りを中学の頃から」続けていました）。モリーは、そもそも自分の思いつきであったこの休暇について、考え直し始めました。

　彼女たちはロサンゼルスの空港で落ち合い、一緒にメキシコシティへと飛びました。騒ぎと興奮の中、彼女たちは皆快活でお互いに友好的だったので、モリーは緊張も和らいで、きっとすべてが素晴らしいものになると思いました。2週間借りる家に着いたときには、皆が感激しました。とても美しく、花でいっぱいの庭もあります。「完璧」です。彼女たちは早速リビングルームに荷物を置いて、水着に着替え、外のプールで一泳ぎしました。その夜、レストランで夕食をとり、毎朝起きたらその日に何をしたいかを話そうと決めました。全員が同じことをする必要はないけれど、一緒に過ごす日の計画を立てることで意見が一致しました。

　彼女たちが家に戻ったとき、「すべてが破綻し始めました」。レニーは自分は眠りが浅いので、3つの寝室のうち一つを一人で使いたいと主張しました。ヘ

レンは自分がモリーと同室になると思い込んでいたのですが、それはフェリスも同じでした。デブは、誰も自分と一緒にいたくないようだと思って、侮辱されたと感じました。モリーの3人の古い友人たちが「騒ぎ立てる」一方で、ヘレンは「どんどん静かになって」いきました。モリーが彼女に何が起こっているのかを知ろうとしたとき、フェリスはここぞとばかりに、モリーに、ヘレンの「世話をやくのをやめる」べきだと言いました。モリーは「たとえ私が何かしたとしても、赤ちゃんのように振る舞って、私が悪いみたいに思わせる」彼女たち全員に激怒しました。

　結局、彼女たちは合理的と思われる妥協案を考え出しました。(レニーが一部屋使い、モリーとヘレンが同室になり、デブとフェリスが3つ目の寝室を使う。週のうち2日は、ヘレンはデブと、フェリスはモリーと一緒の部屋になる)。しかし、モリー曰く、それでもやはり「かなり気まずいものでした。とくに、誰も何も言わなかったから。」

　それから2週間、彼女たちは、休暇をどのようにするかについてお互いに話をすることはありませんでした。彼女たちはいくらか楽しいときを過ごしましたが、「かなりの緊張感」が漂っていました。レニーは主に日光浴と、洒落たレストランでの食事を望んでいました。デブは「どこでも行きたい、何でもやりたい」と思っていましたし、フェリスはモリーと2人きりでじっくり話がしたいと思っていました。ヘレンはどうかというと、「自分は来るべきじゃなかったと言い続けていました」。デブとレニーはそのときにはもう仲直りをしていて、彼女を「被害妄想」だと非難しました。

　休暇から帰ってきて、モリーはソーシャルセラピーグループで、自分と友達との関係、そして休暇中に見たことについて話をしました。それはこれまで目にしたことのなかったものでした。つまり、フェリスの独占欲、レニーの自己中、デブの「気難しさ」、ヘレンの依存です。モリーはまた、してほしいことや必要なことを友達に言うのをしぶる自分自身も目にしました。

　モリーの話は、セラピーグループの別のメンバーのグロリアに、「最低の休暇」を思い出させました。それはグロリアがパトリックと出会って数か月後のことでした。「私は彼のこと大好きだと思っていたんだけど、彼についてほとんど知らないことに気づいたの。」彼らは、パトリックが子どもの頃から家族と一緒によく行っている、西マサチューセッツの山中のキャビンに滞在しました。その場所の「狙い」は、わざわざ「不自由な生活をすること」です。これ

は、楽しい時間を過ごすのは豪華なホテルという発想のグロリアにとっては驚きでした。彼女は最高級の「リゾート」服をかばんに詰め込んでいきましたが、そこに到着してすぐ、古いフランネルのシャツと擦り切れたジーンズ以外は「おかしい」ことに気づきました。パトリックは毎日朝早く、敷地内を流れる氷のように冷たい小川で泳ぐために出かけましたが、彼女は暖かい毛布にくるまってゆっくり寝ていました。グロリアは車で「町」へ行って買い物がしたかったのですが、パトリックの説明によると、メインストリートで目につくものと言えば、雪上車の販売店、70席の映画館、大きなスーパーマーケットくらいしかありません。彼は、ハイキングできる道や登れる山があるのに、なぜ彼女が買い物に行きたいのか、どうしても理解できませんでした。夜、グロリアがダンスや劇場に行くことを望んでいたとき、パトリックは星空の下をもう少し歩きたいと思っていました。グロリアは「プラネタリウムに遠足に来た5年生みたいだった」と述懐しました。「彼は星座の名前を私に教えてくれようとしたけど、私はそんなの全然知りたくなかったわ。」

　休暇がときどきうまくいかなくなるのは、毎日どうやって暮らしているか、通常ならその大半を知らない人たちと、いつの間にか多くの時間を過ごしていることが一つの理由です。大概は、友達、恋人、家族と一緒に過ごすのは、多くて一日数時間にすぎません。お互い会社にいる場合でも、一緒にいるという以外、何か他のことをしている環境にいるでしょう。ビーチや山、その他どこでもいいですが、そういったところに出かけると、突然、毎日の生活で気づかなかったこと —— とりわけ好きではないこと —— を、四六時中発見してしまうのです。

　休暇がうまくいかなくなるときには、誰が彼らをまとめているのかや、彼らが一年中お互いにどのように生活しているか、ということが関係していることがあります。それで、こんな経験則があるのです。もしあなたの人生が悪くなっているなら、そこから逃れるため何をしようと（一緒にいることで人生が悪くなっている人たちと一緒にそれをするのならなおさら）、すべて同じ運命をたどるだろう。不公平かもしれませんが、しばしばそんなものなのです —— ただし、あなたが大変な努力をする場合は別ですが！

　休暇に関するもっとも有害な神話は、休暇中は何も仕事をしないと見なされていることです。しかし、本当に楽しい休暇を企画するためには、多くの仕事やたくさんのエネルギーが必要だというのが真実です。あなたが休暇中にたく

さん泳ぎたいのであれば、毎日観光したいわけではない人たちと一緒に、水のある場所に行くことが含まれた計画を作る必要があります。

あなたはこんなふうに独りごちるかもしれません。いい加減にして。そんなこと痛いほど明々白々じゃないか？　痛い？　そのとおり。明々白々？　必ずしもそうではありません。休暇で泳ぎたい人、馬に乗りたい人、一日中愛しあいたい人たちは、そういったことができない場所に行ってしまったり、そういったことができない人、したくない人たちと出かけてしまうことになることが多いのです。そして彼らは、これらの友人や恋人は、家に帰れば多くのことを大いに喜んで一緒にしたりはしない人たちだという事実をしばしば無視しているのです。

しかし、休暇という仕事は前もって行うだけではありません。「休暇中」ずっと、休暇の環境を構築し続ける必要があるのです。ご存知のように、リラックスするというのは、単にいつもやっていることをしないことではありません。異なることをすることです。毎日していることをしないということが、必ずしも自動的に素晴らしいというわけではありません —— たとえ毎日のルーティンを楽しんでいないとしても。予定もなく時間の有り余った退職者がいたら、聞いてみなさい。英文法や代数のルールに従えばマイナスのマイナスはプラスになりますが、人生では常にそうなるとは限りません。事実、悪い関係、不幸な結婚、うんざりする仕事から離れられれば万事うまくいくだろうという多くの人が抱く思い込みは、しばしば激しい失望へとつながります。（ところで、カウンセリングや12段階プログラムやダイエットでは、良くないと思い込んでいることをしないように集中して取り組みますが、こういったものの効果が限定的なのはこのためなのです。）

特定のことをしないことがときに相当な喜びや、少なくとも安心感を生じさせるということを否定するものではありません。でもそれだけではないのです。休暇の最初の月曜日に昼まで寝ている満足感を一度経験すれば、きっとその後やることを思いつきます。もし皆さんが休暇から得たいものが、仕事に行かないことでもたらされる満足であるなら、私のアドバイスは、どこにも行かないというものです。大金を節約する満足も得られます。そうすれば、何かまったく違ったことをすることができます。

自宅で、楽しく満足のいく休暇を、今あなたがしていることをして、過ごすことができるのです。必要なのは、他の休暇と同じように、心理的にも身体的

にもギアを変える ── 歩幅を変える、速度を落とす ── ことです。たとえあなたが多くのことをするのが好きだとしても、そうする必要があります。これは、休暇で働かなければいけない理由の一部です。

　毎日の生活では、私たちがすることの多くは、それ自体が満足を与えるものではありません。それは目的のための手段です。子どもに朝食を食べさせる、小切手を預金する、バスに乗る、レポートを書く、配管工に電話する、配管工事をする、打ち合わせをする、販売する、クリーニング店に出していた服を引き取る、子どもたちをお風呂に入れる。私たちはそれを終わらせ、片づけてしまうためにやっています。私たちの毎日の活動は全部、時間とお金への考慮に、過剰に決定されがちです。それらは実用的なもの、何かを得る方法なのです。

　しかしながら、休暇中は、他の目的のためにというよりは、それをやること自体が目的のことをします。ビーチを散歩する、馬車に乗る、観光、買い物、ミッキーマウスと写真を撮る、山に登る、モナリザを見る。こういったことはたいてい、目的のための手段ではなく、それ自体が目的です。言い換えれば、休暇の意味とは、あなたがしていることを楽しむことなのです。あなたがプロセスの速度を落としてすべてを味わいたいと思うのは、このためです。

　あなたがすべきは、自分自身と他の人たちがゲットのゲームを中断し、一息つけるようにすることです。休暇はギブを実践する好機です。最高の休暇とは、ゲットからの休暇なのです。私の考えでは、お互いを気にかけている人びとが協力して、お互いにギブしあう環境を作り上げようと尽力するときは、本当に満足のいく、くつろいだ休暇となります。働きすぎのように聞こえるけど…という皮肉交じりの反論が聞こえてきます。いいえ、そうではありません。それはずっと遊びに似ているのです。

　人生と同じように、休暇でもっとも大切なことは、あなたがしていないことではなく、あなたがしていることなのです。もちろん、どのようにするかも含みます。

　素敵な休暇にはギブすることが必要です ── 意識して、休暇を企画し組織することにエネルギーを注ぐことも含みます。もしあなたがそれを組織立てないならば、──「それ」が残りの人生であれ、4人の親友と行く2週間の休暇であれ、あなたの8歳の誕生日パーティであれ、恋人と過ごすロマンチックな夜であれ ──、それはあなたの望むようにはなりません。

　そうです、満足のいく素晴らしいリラクセーション ── ゲットから抜け出

し、ギブする —— には、たくさんの仕事があるのです。嬉しいことに、新しい方法で一緒に遊ぶことのできる環境を創るために大切な人たちと働くことは、楽しいときを過ごすための必要条件という枠をはるかに超えています —— それは、楽しい時間をすごく楽しいものにするのです。

| エクササイズ |

　休暇ゲームをしましょう。(このゲームをするために休暇をとる必要はありません。)
　休暇のガイドブックを手に入れ、親しい人と一緒に腰を下ろし、一緒に行きたい場所を選びましょう。そして、その場所で、いつでもお互いにギブすることができる環境をどうやって創るか、話しましょう。

22
引っ込み思案、そして、
何も話すことがないときに何を話すか

　ソーシャルセラピーのアプローチでは、中身よりも活動を重視します。この観点から見れば、話し合ったり、愛を交わしたり、一緒に何か作ったりという活動のほうが、その中身よりずっと重要です。つまりどんなことを話すかとか、どんなセックスをするかとか、一緒に作っているのが橋なのか友情なのかとかよりもです。このことから、何も話すことがないときに何を話したら良いかがわかります。何も話すことがないと思ったときには、「話すことがないんだ」と言うのです。

　セラピーではみんな、よくこう訴えてきます。パーティやデートや親戚を訪ねることが苦手、だってそんなときに話すことがないから、と。集団の中で黙りこくってしまう理由を、それはもう一生懸命話してくれる人もいます。「私には話すことが何もないんです」と。ただそのとおりに言えばいいんですよ、と私はいつも言うのです。セラピーに四半世紀関わってきて、「話すことがないんです」と続けて2回言う人に会ったことがありません。どんな場面でも、やがて話したいことが見つかって、話せてしまうものなのです。たいていの場合、一度そう言いさえすれば、それが「何か話題を出してよ」という促しになるので、相手からの反応が引き出されます。

　パーティで誰かを紹介されたとします。互いに挨拶して、それから沈黙が訪れました。あなたはこう思うでしょう「ほうら、またこれだ。本当に気まずくて悔しい。話すことがないなんてゾッとする瞬間だ‥‥。」でも本当はそんなことはないのです。だって少なくとも、こう言うことはできるのです。

　　あなた：話すことがないんです。
　　あいて：私も。

こうなれば、何か話せるでしょう。そうでなくとも、相手が「何ででしょうね？」とか、「それって、私なんかには話すことがないってこと？ それとも本当に話すことがない、っていう意味？」と返してくるかもしれません。そしたら、それについて何か話すことができるでしょう。ついでながら、思い浮かんだことを何でも話すべきだと言っているのではありません。正直は常に最善の策、とは言えないというのが私の意見です。何も思いつかないときには、何かを話し出してみよう！ ということです。言うことがないんだ、と二度言わざるを得ないことはほとんどなく、たいてい一回で十分です。もうそれだけで、何かを話す条件は準備されるのです。

　つまり、重要なのは活動（この場合は話す活動）だ、ということです。何年かネパールの村に住んでいた私の友人が言うには、ボージプルの人たちは、彼女が彼らの言葉を話すだけで、別に気の利いた会話ができるわけではないにもかかわらず、いつだって喜んでくれるそうです。コニーはこう言います。自分の文法と語彙だと「3歳児くらい」なのだけど、それでも「すみません、わかりません」だけは非常に流暢かつ礼儀正しく話せるのだと。こう言うと、みんな優しく微笑んで、いいんだよ、とうなずいてくれるそうです。大事なのは、彼女が彼らと話しているそのことであって、何を話しているかではないのです。

　ソーシャルセラピーの観点から言えば、話すことがない、と考えている人たちは、話すことの目的をこんなふうにとらえている傾向にあります。それは周りの世界について話すことで、話し手自身が「興味深い」とか「ウイットがある」とか「洞察力がある」とか「知識がある」ことを示すためだと。言い方を変えれば、話すこととは、日常会話の「ゲットしテイクする」中で、等価に交換可能な言葉のトークンを交わしあうことである、という社会的慣習を受け入れている、ということです。会話がこうしたお決まりの型をとるとき、パーティやデート、家庭の行事のようなきわめて制度化された状況ではほとんどの場合がそうなのですが、誰が話しているか見てみてください。そこでは、社会的な仮面が適切な脚本の台詞を暗唱しているのです。何も話すことがないと言うとき、きっと人びとはこんな競争ゲームに参加できない、したくないと言いたいのでしょう。

　しかし会話とは、これだけではありません。それは他の人たちと一緒に言葉を口に出す活動であり、話している内容よりも、会話という人間的な活動に関

わっていることのほうが大事なのです。会話の意義はその活動そのものの中にあって、その外の、話している内容にはない、と気づく機会はたくさんあります。赤ちゃんの最初の言葉、これまで「言葉を交わす間柄」ではなかった人とのおしゃべり、詩、子守唄、悲しみや優しさや情熱の表現、どれもが、それが何についてなのかに関係なく、私たちに重要なことです。

　言い換えれば、話の中身は、期待されていることのすべてではない、ということです。確かにそれは会話の一つの要素ではあるし、知りたいことや知ってもらいたいことをじかに指し示すような文を作ったり、質問をすることはとても役に立ちます。「いくらかかりますか？」「家が燃えてる！」「鍵はここにあるよ」「卵二つ、目玉焼きで、あとライ麦パンのトーストとオレンジジュースをください」「喉が痛い」「映画、何時からで、どこで会おうか？」しかしこと感情に関しては、何についてかということは、歯のない櫛ほども役に立ちません。しばしば、内容について言おうとするほど、事態はより悪くなります。ソーシャルセラピーグループでの「何も言うことがないんだ」という発言に対する人びとの最初の反応は、それが「真実」ではない、ということへのこだわりになることもあります。「もちろん君には言うことがあるさ！　頭もいいし教養だってあるじゃない‥‥」といったふうに。しかしソーシャルセラピーのアプローチは、徹底的な受容に基礎を置きます。人の言うことを説明も解釈もしないし、その「原因」となった「問題」を診断することもしません。

　引っ込み思案を取り上げてみましょう。それにはおそらく、いろいろなことが表現されています。たとえば、与えられた状況での期待される振る舞いを理想化してしまう傾向（並外れたウイットや冴えや魅力や技術や肉体美を示すこと）もその一つです。世界を理想化してとらえるこの傾向は、ほとんどの場合、劣等感とセットになっています。それはたいてい子ども時代に身につけ、今まで引きずってきたものであり、そのせいで注目と承認を他のライバルと競いあう社会的な市場に飛び込みたがらなくなるのです。実際は、あなたが「十分OK」になるのに必要なのは、他のみんなと疎通できる会話を交わすことだけなのです。

　引っ込み思案はまた、屈辱感の多くの表れのうちの一つです。私たちの文化に広く行きわたった感情である屈辱感は、しばしば極端な攻撃性や、およそあらゆる種類の自らを貶める攻撃的行動になって現れます。ゲットの文化にいる多くの人たちは屈辱を感じたり恥ずかしく思ったりしますが、どうしたらそう

ならずにすむのでしょう？

　結局私たちは、恥を幼い頃に学びます。子どもたちはすぐに、隠すことを教わります。ズボンを上げなさい！ドアを閉めて！これをして！そんなことをしてはダメ！「良い子」というのは、何を自慢して（賢さや可愛さ）、何を隠すべきか（それ以外の全部）を素早く学べる子のことです。子どもたちが人生の初めに「ゲット」するメッセージとは、本当の自分は隠せ、ということです。私たちの文化は隠蔽文化です。

　大人になっても、人は自分をさらけ出すことに傷つきやすいものです。自分が振る舞っているほどには賢くなく、有能でもなく、落ち着いてもおらず（清潔でも、素敵でも、甘い香りがするわけでもなく）、そうしたことを他人に知られることに、傷つきます。つまり恥をかくことと見栄の要素は、往々にしてセットなのです。急に前触れもなく自分の仮面が剥がれ落ち、他の誰もと同じような一人の単なる普通の人間として世界にさらされることを、人は恐れています。屈辱とは、ある程度は、自らを理想化することと、その結果としての理想化した自己像が剥がれ落ちることに対する、もろさの産物なのです。

　サラは50代初めの高校教師で、ある晩のソーシャルセラピーグループに来るや、その日の朝、自分の身に起きた出来事を話したいと言いました。「何てことはないことなのよ」彼女は言います、「そんなことで動揺してることに動揺しているの。」彼女は近所に新しくできた美容院が便利で、他の店より安そうだったので髪を切りに行ったそうです。「予約不要」とあったので店に入り、美容師のグレゴリーが対応しました。彼女を座らせるとにこやかにこう言ったそうです、「カットだけじゃないですよね？ 白髪を隠す半永久ヘアカラーのご用意がございます。」サラは微笑み返し、かぶりをふって、カットだけお願い、と伝えました。ややあってグレゴリーは説得をあきらめました。実際、彼はまったく口をきかず、黙ってカットを続けたそうです。帰り際、彼はこう言いました「良い人生を」。

　サラには恥辱でした。「気分よくお店に入ったのに、不愉快で馬鹿にされた気分で店を出たのよ。」彼女は私たちに言いました。「彼は私の容姿が間違っているみたいに振る舞ったわ。もっと悪いことに、どれほどひどいか自分ではちゃんとわかってない、どうにかすべきだって。彼が私を笑っているように感じたわ。」

　もちろん私はその場にいたわけではないですが、どのみちグレゴリーはサラ

の見かけをたいして気にしていなかったと確信します。ついでながら、彼女はとても彼女らしく見え、豊かでやりがいのある人生を送っていて、年をとるほどよりよくなっていく、そんな女性です。私はサラにこう指摘してみました。グレゴリーは、商売をしようとしていて、そうするのにあなたの恥辱に付け込むつもりだったんですよ。それがうまくいかなかったので、ムカついて、それを露わにしたんです。

するとサラは、実際のところ今は、以前感じていたほどには、自分の容姿を恥ずかしいとは感じていない、と言いました。グループのもう一人のメンバーの60歳近いフランクは、彼女の言いたいことがわかると言いました。年をとるっていうのは、とフランクは言いました、若い時分よりも自分が誰で何ができるかということにもっと気楽になれるんだ。フランクは、29歳のときよりずっと魅力的な59歳になったと思う、と言います。「あまりうまくなかったんだ、魅力的であることに。いろんな理由で当時は興味もなかった。」彼は私たちに言いました。「今は自分と距離がない。何かを隠さなきゃならないと感じないんで、それでより良く見えるんだろう。」

賛成です。自分の容姿に関して誰もが感じる恥ずかしさを上手に扱う一つのやり方は、そんなものは年をとれば消えていくもので、いつか隠そうとしなくなっていく、と気づくことです。そもそもが、どんどん隠せなくなるものなのです。さらに、私たちは皆、自分であることの現実的な要素として、恥ずかしさの徹底的な受容をエクササイズする必要があると思います。恥辱を利用しようとしたグレゴリーの企てに直面して、サラに他にどんなことができたでしょう？ 心の中でこう言うこともできたでしょう。「うーん、この男、うまいこと私を操ってるわ。こんなことには免疫ができてると思っていたけれど、まだこんなふうに操られることにもろいんだってことを認識しておかなくちゃ。」恥ずかしい思いをしてそれを隠そうとしたことで恥辱を感じるのではなく、恥辱を経験するがままにすることもできました。恥ずかしさの感情により傷つきにくくなるのは、それを感じることによってなのです。

なぜでしょう？ 恥辱は隠すこととセットだからです。憂鬱が喪失感と、罪悪感が裁くこととセットであるのとまったく同じようにです。隠すことを完全に止めたとき、恥辱は消え去ります。喪失感を消し去れば、憂鬱は去るのです。裁くことを止めれば、罪悪感はなくなります。

社会からの恥辱の押し付けの本質は、指を差し、野次る言葉の中に含まれて

22 引っ込み思案、そして、何も話すことがないときに何を話すか

います。「お前の〇〇〇〇〇が見えてるぞ。」こうした言葉への恥辱を受けない（またはポジティブに恥じる）反応とは、「そりゃそうです。お見せしているのだから」です。

　これが、何も言うことがないとき、言うべき唯一のことは何も言うことがないであることの理由です。

| エクササイズ |

　これは恥辱を観察する方法です。ちょっとだけ恥ずかしいことをして、それを取り繕わないようにします。むしろそれを研究するのです。

23
見知らぬ人と話そう

　さあ挑戦です。新しい人と出会いたかったら、見知らぬ人と話さなくてはなりません！

　どこで見つけることができるでしょう？　次の教会のパーティ、恋人募集広告、スポーツクラブ、姪っ子の結婚式、車を調整に出す工場、職場のピクニック、イタリア語会話のクラス、高校の同窓会、ビジネスランチ‥‥、誰かに出会いたければ、そのためのいろいろな機会を利用する必要があります。そして自分から進んで、いろいろな新しいやり方を試す必要があります。夢にも思わなかった場所に行くのです。「見知らぬ」場所では、自分が思っていたよりもずっと気楽でいられるのを発見して、きっと驚くでしょう。自分とは何一つ共通点がないと思っていた人たちと一緒にいるのを楽しんでいることに気づいて、びっくりするに決まっています！

　一つ確かなのは、これまで誰かと出会ったことのない場所では、誰かに出会えそうもないことです。ここ8か月間毎週金曜の夜に妹と映画に行っていたら、次の金曜日は何か新しいことをしてみましょう。一緒に出かける誰かと出会いたかったら、出会いを待って無駄な時間を過ごしていてはダメです。

　では何をすればいいのでしょう？　誰かと互いに知り合うような最初の環境を創り、会話をスタートさせるのが苦手なばっかりに、人は往々にしておちいりたくない状況にとらわれてしまうものです。ソーシャルセラピーの観点から見れば、新しい人と出会う際にもっとも大事なことは、場所よりも方法です。どんなふうに出会いの活動を準備しますか？　出会ったばかりの相手がより深く知るに足る人物かどうか、そして、あなたが相手にとって知るに足る人物になるかどうか、そのことを理解するための最高の機会となるような環境を、どんなふうに創りますか？

そんな活動や環境を準備する方法を一つお教えしましょう。それは、自分を「まったく赤の他人」と200マイルを共に旅するヒッチハイカーだと思ってみることです。その相手と別れたら、もう二度と会うことはないのだと。普段話さない話題を話し、普段よりずっとオープンで正直になってみるのです。この人物をまったく知らないこと、再会することはなく、自分の素性が「割れる」こともないということ、この事実を利用するのです。うまくいくかどうか思い悩むのはやめにしましょう。

　このごく初めの時点で、ものごとがうまくいくかどうかに投資する必要はまったくありません。だからこそ出会い（または「初めてのデート」）は、何か新しいことのやり方を学ぶ最高の機会なのです。「好印象を与えなくちゃ」と考え、本当の自分を隠すことに縛られなければ、自分がどんな人間かを互いに伝えあうことができます。私の経験では、「いいところを見せよう」とすると、ほとんどの場合失敗するものです。

　言い方を変えれば、あなた自身がそう思う前から、相手が自分を好きになってまた会いたいと思わせるように仕向けないことです。望ましい態度はこうです、「一緒に同じトラックの運転席に乗っていると思いましょう。しなくちゃならない約束もないし、沿うべき期待もない、2人の間には何もない。だから、私を降ろしてくれる場所に着くまでの間、おしゃべりしましょう。」

　匿名性のことを言っているわけではありません。創造性のことを言っているのです！　赤の他人同士という事実を、積極的に使おうと提案しているのです。なるべく早く飛び越えないと「次のステップ」にたどり着けないようなハードルにしてしまわないことです。一気に飛び越えるための活動には難しさがありますが、それはちょっとずつ知り合っていく活動とはまったく違うものです。だから、このどちらかで行くなら、もう一方で行くことはほぼ無理でしょう。

　「まったく赤の他人と話すなんて無理」とよく言います。でも実際、たいていの場合、よく知らない人や、それどころか、まったく知らない人と話すほうがずっと簡単です。なぜでしょう？　私たちは、その人の評価がそれほど大事ではない人に自分をさらすことには、さほど恥ずかしさを感じないものなのです。ほんの数時間、一緒にハイウェイを旅して、互いの恥を打ち明けたがっているような相手にもです。おわかりのとおり、初めての出会いや初デートだからこそ、それ以上踏み込まないという限界があるからこそ、赤の他人と格別に親密になれるわけです。

よく皆が私に、初対面で自分のことを相手にさらすのがとても恥ずかしい、気まずい、二の足を踏んでしまう、と言ってきます。しかし実際には、ほとんどの人はそのほうがずっと上手なのです。たいていの人が、「よく知っている人」に内気にならずにはいられません。みんな単に、自分たちの内気さに順応しているのです。

　1年半の間デートを重ねたレイチェルとソニーの例を見てみましょう。彼女は30代前半の小学校音楽教師、彼は1歳年下の商業アーチスト。2人と一緒に実施したソーシャルセラピーのセッションでレイチェルは、ソニーのことを「追いかけていなければいけない」のが恥ずかしい、と言いました。彼は何のことを言っているのかわかりませんでした。レイチェルは義理の兄が妻に、つまり自分の姉にするように、ソニーにも自分に接してほしいと思っている、と説明しました。すごく渋々と、ソニーは「結婚」はしたくないのだと言いました。自分は今の関係に満足していて、とくに「先に」進みたいとは思っていない、と。「彼のいいなり」でソニーとデートしていると、自分が「二番手にされている」ように感じて、自分が夢を見るように接してくれる男性と出会うことがあるのだろうか、と考えてしまう、と言いました。

　レイチェルとソニーは、2人が互いの関係に求めることがまったく違っていることに気づいておらず、また一度もそういうことを話し合ったことがありませんでした。私は、25年間一緒にいてこの2人ほどにも互いを知らなかったカップルの経験もあります。彼らは親密であることでうまくやってきたのではなく、親密にならないことで関係を保っていたのです。

　だから誰かと初めて出かけるときは、その機会を有効活用しましょう。この機会を逃さずに。本当に心を開ける人が目の前にいるこの機会に、二度目はないのですから！　新しい誰かとランチをしながら、または公園のベンチで、またはドライブしながら、最初の会話はこんなふうに進むでしょう。

　　　あなた：話題が思いつかないわ。
　　　誰か：俺も。
　　　あなた：なんか話してよ。
　　　誰か：何ていう高校を卒業したの？
　　　あなた：してないの。子どもができて、結婚しなくちゃならなくて、――私がそうしなくちゃいけないと思っただけなんだけどね。

23　見知らぬ人と話そう

誰か：へえ、子どもがいるんだ？
あなた：うん、10歳の娘。
誰か：旦那はどうなったの？
あなた：ええと、17になって、結婚相手のことをほとんど知らないし、全然愛していないことに気づいちゃった。別れたわ。それでいつまでも家で何もしないで泣いてばかり。
誰か：ひどく辛くて寂しいね。どうやって乗り越えたの？
あなた：それが、自分でもはっきりわからないの。たまにまだ吹っ切れてないのかと思う。でも結局泣くのをやめて、家から外に出たわ。

初めての出会いや初デートを（また会いたいと思うかどうかなんて誰にもわからないことです）、意識的に「行く先」のない、とても限定的な経験にしましょう。その上で、十分に身を投じてみるのです。いつ気が変わっても良いことを覚えていてください。もちろん安全には注意して。しかしあなたは、もう小さな子どもではないことを忘れないように。見知らぬ人に話しかけても良いのです。新しい人に出会いたかったら、そうするしかないのです。

| エクササイズ |

何をすべきかもうわかっていますね！
　比較的安全な状況に身を置いて、話しかける赤の他人を見つけましょう（話題が見つからなかったら、22章を参照してください。）

24
決めなくちゃならないことがいっぱい

　新学期が始まる？　新しい仕事に就くと決めた？　恋を終わらせる？　新たに始める？　年老いたお母さんを同居させることに決めた？　街を出る？　手術を受ける？　子どもができる？　あなたがどんなふうに意思決定するかは、何を決めるのをあきらめたか、と大いに関係があります。

　セラピストをしていると、意思決定をするためには、事前にすべてのことの成り行きを知っておくことが大事だ、という想定に、独りよがり的かつ熱烈にとらわれている人たちによく出会います。でもそんなことは無理です。それに私の意見では、そんなことは必要ですらありません。離婚するとか職を変えるといった決定には、もちろん事前理解が必要です。でも本当は、そうした決定とは、次に何かが起きるステージの準備なのです。そこから予想もつかない無限の多様なシーンが始まります。実際、これが真実でなかったら、何で意思決定を苦にするのですか？　あまりにしばしば、人はその後も「すべてがそのままでありますように」などと願いながら、人生の重大な決定をします。これは人生を生きる発達的な方法とは言えません。

　何が起きるか事前に知っておくことが、人生の重要な決定を下す上で人びとがいつも行っていることだとも、絶対に必要とすることだとも、私はまったく思いません。私たちはみんな、小さなことも大きなことも、さまざまなものに頼って意思決定するものです。それは、信念、欲求、魅力、好み、価値観、みんなにとってすごく関心のあるものかどうかの評価（意識的であれ無意識であれ）、他の人が欲したり考えたりする（と私たちが思っている）こと、「イエス」「ノー」と言うことで人生がどうなるかに関して、自分が知っていること、または知っていると思い込んでいること。またはこれらのどれでもないもの！　言い方を変えれば、典型的な意思決定とは、現在のことであれ未来のことであ

れ、ものごとの内実ではなく、自分にどう見えるか、に頼ってなされるのです。つまり多くの意思決定は、直観的になされます。直観的だからじっくり考えるより悪くなる、と信じるに足る理由などないはずです。

　繰り返しますが、手に入れられる関わりのある情報を得ることに価値がないと言っているわけではありません。新しい仕事は、あなたのキャリアの可能性を開いてくれそうですか？　近しい人たちは、あなたがもう終わりだと思っている人間関係をどう思っていますか？　あなたの目に止まったばかりの新しい相手のことをどう見るでしょう？　義理のお母さんは、あなたと暮らしたがるでしょうか？　あなたと家族は、一緒に住んでもらいたいですか？　引っ越し先の物価はどのくらいでしょう？　ご近所はどんなでしょう？　文化面では？　気候は？　学校は？　手術以外の選択肢は？　どんな副作用や後遺症がありえる？　同じ症状の同い年くらいの人は、どんなふうに暮らしてる？　こうした問いへの回答は、自分はどうすべきかの理解を助ける上で役立ちます。

　しかし私が「事前情報あつめに賛成」だとしても、これから何が起きるか、何をすべきか、ということを知ることにとらわれないでいることは、とても重要だと思います。「頭の中」にそうした理想像を持っていると、良かれ悪しかれ、あなたがそうあるだろうと思っていたようにならなかったときに、どう振る舞うかが過剰に決められてしまう傾向があります。人はそんなふうに失望すると、すべてを投げうった、「足場が崩れた」、また「失ってしまった」と、もろくも傷つきます。そして、ものごとが予想以上にうまくいったとき、こうした「とらわれ」が、予想していなかった機会をものにすることを難しくします。

　ソーシャルセラピーの観点から言うと、健全な（発達的な）人生の決定をするためには大きく二つの条件があります。一つは、ものごとがどう転ぶかはわからず、知ることもできず、そのことは「問題」ではない、という事実に主体的に気づくことです。もう一つは、ものごとがどう転ぶかに対しての先入観に満ちた、ステレオタイプの、カテゴリー的な観念にこだわったり投資したりしないということです。どんなふうになるかなんて知ることはできないけれど、それでもあなたは決定することはできるのです。

　人の親になる決定をしたとします。「未来」が従うべき、事前に描いた、あなたの頭の中の社会的な台本劇（「ハッピーエンド」で終わるもの）さえなければ、あなたとあなたの子どもは一緒に人生を創造していくことができます。いつの日か、今から3時間後、3か月後、3年後、30年後の未来で取り乱すこと

なく。なぜなら人生は、「思ったとおり」にはならないのですから。

　繰り返しますが、できる限り知ることに努めましょう。でも知ればものごとがうまくいく、という考えにとらわれないことです。そんなわけはないし、だからこそ良いのです。もしものごとがまさに思ったとおりになるのだとすれば、発達のようなことは起こりえないでしょう。全知であること（別の言い方をすれば「知恵があること」）と発達は、両立しないのです。

　言うまでもないことですが、だからこそ、まさに言及する価値があるわけですが、子どもをつくったり養子をとる決断は、人生における長期の献身の代表格です。両親の経済的、社会的、情動的な生活にも深い影響を与えるものです。

　だから子どもを作るか養子をとるかの決定に際して、ふさわしいのはこんな言い方です。「これからどうなるかはわからないし、わかるわけもないけれど、でもいいんだ。何をしなくちゃならなくなるとか、どんなふうに感じるかとか、事前に正確にわかっていなくたって、人の親になることの責任をしっかりとる準備はできてる、それがどんなことに巻き込まれることだとしてもね。時として、困難で金がかかって苦しくて恐ろしくなるような可能性を含んでいたとしても。」

　これがまたもや、徹底的な受容について語っているように聞こえるとすれば、そのとおりです。こうした条件のもとでなら、あなたの子どもの生涯のどの段階においても、またこうも言うことができます。「なんてこった！嘘だろ！いまいましい！想像していたのより全然きつい仕事だ。難しいとは思っていたけど、これは無理だろ！ありえないほど金がかかる！耐えがたいくらいキツイ！ゾッとするほどおっかない！」だからといって、あなたの子どもへの貢献の邪魔になるわけではないのです。「悪い」親だとか、間違った決定をしたとか、そんなことを「意味」してはいないのです。

　もちろん、自分の赤ちゃんがこの世に生を受けてからのすべての瞬間を愛せるとしたら、それもすべて順風満帆だったとしたら、それは素晴らしいことです。ここでのポイントは、多くの人が子育てに関して辛い思いをすることがあるし、そう口にすることはまったく問題がないということです。無責任とは違います。ただ子育てで辛い思いをしているということなのです。

　子どもを持つか持たないか決めるには、そして実際きっぱり決めるには、使える情報を手に入れ、探れる限り探り、理解できる限り理解し、これからどうなるか事前にわからないことを知ることです。どうしたらできるでしょう？

24　決めなくちゃならないことがいっぱい

なぜそうすべきでしょうか？ 本来は知り得ないという驚きにもとづいて、自分の人生を発達的に組み立てていくのです。

| エクササイズ |

　知らないことを実践する方法として役立つでしょう。
　普段「必要」だと考えるよりもずっと少ない情報に基づいて意思決定し、その成り行きを見てみましょう。

25 いじめっ子を責めないで

　アーリンは自分のことを「ドアマット」だと表現し、「みんなが私の弱みに付け込んでくる」と言います。母親も、10代の息子も、彼女の事務所の他の秘書たちも。アーリンはソーシャルセラピーグループでこう言います。土曜の夜に友達と出かけるときにも、どこに行きたいとか、どんな映画が見たいとか、自分からは絶対に言い出せないのだと。「友達のシャルロットはいつもわがまま放題。自分について来いって、周りの皆に無理強いするの。私ももっと自己主張ができたらなぁ。」

　ゲットの文化では、人の集まりならどんな集まりであっても、こんなふうに「ドアマット」と「いじめっ子」が生み出されるのはよくあることです。それは私たちの多くがまだ子どもの頃に目にした、家庭内での社会的役割です。ゲットが重要な場面では、競争は激しくなり、自分の「正当な分け前」以上を慌てて得ようとするあまり、勝者が敗者を踏みにじる結果に終わるのです。ドアマットと彼らを踏みにじるいじめっ子は、こうした誰一人「そこまで！」と声を上げようとしない環境で作られるのです。

　ジムのケースを見てみましょう。ジムは34歳の高校の化学教師で、3歳年長の兄ジョニーに7歳か8歳の頃から常に殴られ、それはジョニーが家を出るまで10年続きました。

　なぜジョニーは彼をぶったり脅かしたりしたのでしょう？「たいていは私の持ち物が欲しいからでした」、アーリンがいじめをテーマに持ち出した晩、ジムはソーシャルセラピーグループに話しました。「私から何かを取り上げようとして、私が渡さないとぶつんです。抵抗しても兄のほうが私より大きいし背も高かった。勝てるわけがない。しばらくして、もう逆らうのは止めました。

もう少し大きくなると、よく金をかけてトランプをしました。私が勝っていると、喧嘩を吹っかけてくるのです。それでもめごとになると、母がやってきて言うんです、『わかったわ、坊やたち。もうおしまい。勝負はおあいこ。2人とも部屋にお戻りなさい。』」

ジョニーがぶってくることを、ジムは両親にはほとんど話しませんでした。「共稼ぎだったので、何が起こっているか両親が目にすることはほとんどありませんでした。言おうとしたこともあったんですが、言ったところで両親ともそんなことはまったく聞きたくもなかったでしょう。父は議論を好まず、まして争いも嫌いな家族の偉大な仲裁者でした。母は母で、私と父さんをわずらわさないで、といつも言うので、ジョニーと私は2人でやっていくしかなかったんです。しかし私が話さなかった一番の理由は、兄の仕返しを恐れていたからです。とにかく彼に関わらないようにしていました。いつか対等になる日を、よく夢見ていたものです。自分の息子には絶対にいじめっ子にはなってほしくない、でもいじめられっ子にも、つまりアーリンが言う『ドアマット』にもさせたくないです。」

ソーシャルセラピーのアプローチでは、グループが主体です。グループであることは、ゲットの文化における集団の特徴を示すのにとくに役立つことに気づきました。役割とルールに決定された集団（家族、大勢の友達、教室、勤め先のスタッフ、たくさんのボランティア、同行しているバスいっぱいの観光客、何であっても）の行動特徴は、何かをゲットするために個人が競いあうような環境を構成します。こうした行動がより上手な人もいれば、そうでない人もいます。それでもみんながそんなふうに振る舞ってしまうのは、典型的な集団の環境がそうさせているからなのです。

ソーシャルセラピーに訪れる人の特徴として、自分の「問題」の解決をこのグループに助けてもらいたいと思っていることが挙げられます。自分には「自己主張」がちゃんとできない、という「問題」も含まれます。これは実は、より良いいじめっ子になりたい、ということの別の言い回しであることも少なくありません。みんな、グループの他のメンバーと「注目される」のを競いあい、自分について話す口実に他の人が言うことと「同じだ」と見なして、最小限のギブをするのです。

ソーシャルセラピーグループに「課された」課題は、ギブすることがゲット

することよりも優先する活動となる環境を意識的に創っていくことです。そうしていかないことには、私たちのゲットの文化にあるグループは、どんなものであれ、あっという間に「いじめっ子」と「ドアマット」と、その傍観者たちがはびこる場になってしまうでしょう。もっとも重要な活動がギブである環境創りに参加することで、グループのメンバーは「個別化された問題」などない、ということを、他の多くのこととともに、発見します。そうしたギブする環境創りが、どうしたら日々繰り返す人生の活動になるか、その方法を学びます。それを持続的に実践することで、そしてそうする中で、感情的な発達が再開されるのです。

ソーシャルセラピーや、健全に暮らす人生の中で、成長し発達するものは、個人ではなく集団です。私たちはこうした実践において、継続的な個別的成長という、商品化され個人化された概念に挑戦します。集団的成長、成長する環境（個別化された個人が成長する環境ではなく）は、「集団の中の個人」の発達を生み出します。グループにギブすることで「集団のメンバー」として成長するのです。そうした環境において、集団の成長とそのメンバーの成長は、質的に切り離すことができません。

ソーシャルセラピーグループにおいて行ってきた作業の結果として、ジムと妻は家庭をギブする環境にすることを始めました。彼らの幼い息子は、誰も「いじめっ子」にも「ドアマット」にもならなくていい、ということを理解することができます。

ソーシャルセラピーのアプローチで、人はより「自己主張的」になるのではなく、より創造的になるのです。私たちの理解では、個別的な「自己」、つまり個別的な「アイデンティティ」とは、「自己」に奉仕するフィクションです。私に言わせれば、このフィクション「それ自体」への尊重と気づきを測定し、人びとに十分な「セルフ・エスティーム（自己肯定感）」がないとラベリングしたり治療したりする伝統的心理学の強迫観念が、私たちのゲット文化の不幸－狂気の割合に実質的に貢献しているのです。

ソーシャルセラピーグループの際に、私はアーリンに問いました。あのわがままなシャルロットみたいになるための助けを求めているのかと。彼女は優れたいじめっ子になりたいのでしょうか？ だとすれば、誰もが2人を同じ穴のムジナだととらえるでしょう。したいようにしたいだけなら、いつだって勝手に単独行動して、あなた「自身」も含めた皆の手間を省くことができます。

それとも、アーリンはもっと違った種類の環境にいたいと言っているのか
な、と私は問いました。何をしたいかを、自己中心的ではなく、共同で決定す
るような環境です。ゲットの文化で、安心してギブする者としていられる方法
を学びたかったのでしょうか？　だとしたら、彼女はただシャルロットをいじ
めっ子と非難するだけでなく、土曜の夜の環境の全体性を、どうしてそうなっ
たのか、眺めてみる必要があったでしょう。結局アーリン自身も言っていると
おり、誰もが彼女に合わせていたのです。
　どんな状況においても「ドアマット」みたいに感じている、とアーリンは言
います。多くの他の人たちと同じように、彼女の「集団」生活の過ごし方は、
自分が成長し、変化し、発達する何かの一部である、という感覚に結びつきま
せん。実際違うのです。ソーシャルセラピーの観点から言えば、アーリンは自
分の人生の全体性を変化させる必要があります。ギブと成長に満ちた生活環境
を創る手助けをすべきなのです。
　彼女にそれができるでしょうか？　イエス！　私の見解では、「ドアマット」に
とっては、自分の全生活を転換させることのほうが、いじめっ子をギャフンと
言わせるより実際容易なのです。とくに、いじめが横行するような環境にあっ
ては。

| エクササイズ |

　これは、いじめへの「環境派」アプローチを実践するエクササイズです。
　次にあなたのグループにいじめがあったとしたら、みんなにこう言ってみましょ
う。「あの人があんなふうに振る舞うのは私たちの落ち度だ」、そしてどうなるか見
てみましょう。

26
生き死にの問題

　最近ソーシャルセラピーグループの一人が、彼女の母親の話をしました。卒中を起こして、それからというもの、彼女によればお母さんは「人格を失ってしまった」と言うのです。セラピストをしていると、常に喪失について耳にします。あるクライエントは、他の女に取られて夫を失うのではないかと心配し、またある人は仕事で平静を失い、キレてしまうのではないかと心配しています。そして人びとは、自分が失ったと感じるものに嘆き悲しみます。ある人は数か月前に癌で失った父親のことを悔やみ、ある人は若い頃の容姿を失ったと言います。喪失は、たいていの「分別ある」人にとって、私たちのゲット文化の中心にある現実です。私たちは何かを手に入れたり、失ったりするものなのです。それが社会的ゲームの基本ルールというものです。
　しかしながら、ソーシャルセラピーの見地から見ると、喪失という概念は社会的な幻想です。それは確かに、私たちのゲット文化における非常に強力で抗しがたい神話ではありますが、それでもやはり幻想にすぎないのです。あなたがこの本をゴミ箱に放り込んで「失う」か、私が正気を「失った」と思ってしまう前に、もう少し続けさせてください。
　私たちの社会では、喪失のとても耐えがたい経験と、そのことへの無理からぬ不安は、きわめてありふれています。しかし、喪失のようなことは、歴史の中にはありえないと信じます。同じように、目の錯覚というものは、日常の知覚の成り立ちのせいで、日々の知覚経験においてありふれています。それでも、素粒子から見た現実には、目の錯覚などというものはないと言う物理学者がいることでしょう。素粒子的な現実（少なくとも、日常の「実物大」の物体と同じくらいに現実的なのです）は、質的に異なった方法で知覚されるからです。間違えることはあっても、しかし目の錯覚ではありえません。さて、私の考えで

は、これは喪失と歴史に関しても言えます。

　歴史とは人間の生活活動の常に変わり続ける全体性です。つまり、私たちが人類として、継続的かつ集合的に創造しつつある、多次元的で、継ぎ目のない、始まりもなければ真ん中もなく、終わりもない人間の生きる活動です。歴史の「中」に喪失はありません。なぜなら歴史には、「失われた」ものが消えていける外側や「向こう側」の次元がないからです。社会的に過剰に決定されたこの文化の中で私たちが教わってきたこととは反対に、歴史には「失われた」愛や、「失われた」機会や、「失われた」大義が、その最後を迎える時間も場所もありません（「過去」と呼ばれる時間はなく、「天国」も「地獄」も「潜在意識」もありません）。歴史の中においては、完全に新しいものが生まれることなどなく、どんなものであれ完全に消え去ることもありません。

　しかしながら、社会はまったく別です。社会とは、歴史の個々の「断片」をかなり独特に、いわば勝手にアレンジしたものです。それは社会そのものの維持をも含めて、さまざまな目的のために用いられるカテゴリー（たとえば「時間」や「空間」という西洋の概念）によって定義されます。私たちの社会も含めた多くの社会では、創造性によってではなく、役割と関連づけられ、ルールによって決定される行動が優勢です。私たちの脱工業化時代の社会ではまた、おおむね誰もが、生産の社会的プロセスから疎外、つまり遠ざけられてしまっています（自分たちの感情の「生産」においてですらそうです）。皆が自分を、世界に対して根本的に受け身の関係にある、個別化された自己としてしかとらえておらず、人の手になるものすべてを集合的かつ能動的に生産している種の一員である、とは思っていないのです。だからこそ、この社会という勝手なアレンジが、まさに今あるこのままのもので、こうなるしかないものなのだ、と信じてしまっているのです。

　このことは、私たちを歴史へと連れ戻します（それから本当に離れることなどできないのですが）。別の所でかなりの頁を割いて書いたのですが（たとえば拙著『心理学の神話（*The Myth of Psychology*）』）^(訳注)、私たちの文化におけるうつ病の流行は、社会的に誘発された、歴史に関する「健忘症」に直接結びついていると信じています。そのため私たちは喪失に対してもろいので、うつになるのは普通のことです。ソーシャルセラピーのアプローチでは、喪失に対する社会的な幻想を取り除く（脱構築する）ことで、うつに対処します。それは「私のもの性（my-ness）」に対する社会的な幻想を取り除く（脱構築する）ことで、

恥辱に対処するのと同じです。私たちは、人びとが自分自身について、そして互いについて、歴史の中で知り得るような環境作りを教えています。そこでは恥じることも、失うものもないのです。

　もちろん変化がないとか、転換がないということではありません。確かに生化学的な変化や社会的な変化はあるし、つまり転換は起きるのです（発達的なものも、それほど発達的ではないものも、非発達的なものも）。

　しかし喪失は？　歴史の中にはありません。

　私たちの一部を作っていた特定の化学物質や化学物質の配列が失われるでしょうか？　あるものが失われて「もうそこにはない」と認識するためには、そのものにある程度の大きさが必要でしょうか？　だとしたら、正確にはどのくらいの大きさでしょう？　誰かが「人格を失った」と適切に判定するためには、どの程度人格が変化すればよいのでしょう？

　あなたはこの本を読むのに費やした時間を失いましたか？　私はこの本を書くことに費やした時間を失いましたか？　あなたは若さを失った？　家族を？　人生を？　以前は好きだった誰かへの関心を失いましたか？　いつ、その喪失は始まりましたか ── 何かを行ったり言ったりした1秒後？　1週間後？　1年後？

　死についてはどうでしょう？　ソーシャルセラピーグループのクライエント、キャシーはこう言いました。「死ぬのが怖いわ … あるのはそれだけだって考えるのがとても辛いの。違う何か、もっと何かがあってほしい。人生を超えた意味がそこにあればいいのに。」

　キャシーは、もし自分が不老不死なら、人生はもっと「正当なものになる」、つまり「意味がある」と言いたいのでしょうか？

　するとグループの別のメンバーのティナが、自分は人に記憶されるような人生を生きるようにしている、と言いました。私は、もしあなたが不死なら（そうなら消え去ることもないので「記憶される」こともありません）、人生にはまったく何の意味もない、という立場をとっているように聞こえる！　と言いました。なぜでしょう？　なぜなら、私たちは不老不死ではないわけですから、人生の意味は自らがすべきことが不滅になることだ、と信じているとすると、自分が不死であったなら、人生は無意味になってしまうからです。

　「核心」は何でしょうか？　私がしているのはキャシーやティナや他のメンバーとの言語ゲームです。死と不死と「意味のある人生」（核心）を十把一絡

げにして彼らが作っている仮定に挑戦しているのです。誰かの質問に答えて私はこう言いました。皆さんの仮定が「宗教的」なものかどうかはわからないですが、もし皆さんが言っていることが「記憶に留められたい」ということなら、そのためには「失われたもの」に置き換わる死（感情的なものやそうでない記念碑を作ることも含めて）が必要だ、ということになりますね。

　記憶されることの何がそれほど重要なのでしょう？　そう、思うに、私たちの文化では、もう死んでいても、単に旅行に出ているだけだとしても、まだその人が存在している、という幻想を創り出してくれるから重要なのでしょう。この幻想の必要性は、もっと別の、そしてたぶん究極の、自己中心的な幻想に立脚していると思います。それは、本当に存在しているのは「自分」と「自分の」経験だけだ、というものです。おやおや、いい加減にしてよ！　そう言いたくなるでしょうね。大げさすぎるよね？　自分以外にこの世界に誰もいない、なんて考える人はいませんよ。実際は、この幻想は、私たちの文化では至極「自然」だと思います。他の人の言動を「個人的」なものと受け取る、多くの人の傾向をちょっと考えてみてください。

　ソーシャルセラピーは、そこには無限の活動、「過去」と「現在」があって、私たちがそのことに気づいていようがいまいが関係がない、という歴史的事実を受け入れるよう助けます。それは、私たちは歴史の中では、生きる自由を解き放たれるという事実を受け入れることです。それは、喪失なしに生きることです。

　私たちが生きる中で創るものは、それが家族であれ、仕事であれ、詩歌であれ、評判であれ、「善行」であれ、自分が生きている中で創るものにほかなりません。それは自分の死後にも、考え得るすべての複雑なあり方で継続していくでしょう。ソーシャルセラピーのアプローチが問うことは、なぜ私たちは自分が去った後の、自分の業績の達成・未達成に人生を動機づけられなければならないのか、ということです。なぜ人生が「意味」を持つように、「遺産を残」さなくてはならないのでしょう？　なぜ、死をまったく持ち込むことなしに、人生で行うことを、人生のために、人生の一部として行うべきではないのでしょう？　なぜ生きることに、「理由」や「動機」が必要なのでしょう？　なぜ生きていると「感じ」、生きていると「知り」、あるいはそれを「証明」する必要があるのでしょう？　結局、私たちは生きています！　私の考えでは、それは歴史的な人生の基本的な事実です。なぜそれだけで十分ではないのでしょう？

「死が恐ろしいのです」、ベンは自分のソーシャルセラピーグループに言いました。「空虚です。何もない。死んだ後には、もう何も起きないんです。」

もちろんベンは、文字どおりの意味で言ったのではありません。それともそうなのでしょうか？ 死んだら何も起きない？ 生まれる前には何も起きなかった？ 私たちに言える限りで、死後に消え去るのは、生まれる前に存在していないことと似たり寄ったりです。「生まれる前」と「死んだ後」は、どう違うのでしょう？ それは意識ではありえません。（またも私たちが知る限りですが）生まれる前においては、自分が存在していないことを認識できないからです。だからといって私たちは、この事実をとりわけ悲しんだりしません。

ベンは異を唱えました。「私は自分が生まれる前に起きたことをどうとも思いません。でも死ぬときにはきっと、ここにいられなくなるのが寂しいと思います。これは同じことじゃないですよ！ 今まさにここに存在するからこそ、いつかいなくなることを思うと悲しくなるのです。」

この気持ちはよくわかります。しかし、生まれる前にここに存在していなかったことと、死後にここにいないことの違いは何でしょう？ どうしたら、今のあり方が、生まれる前のあり方と死んだ後のあり方との差を生むのでしょうか？ それは生（自分の命）を前と後の分割点としてとらえる場合だけです。社会には出産証明と死亡証明があります。しかし歴史にはありません。もし私たちの感情生活が、社会における役割によって過剰に決定されるならば、それは歴史的生活の上に成り立つ感情のあり方とはまったく異なるでしょう。

ソーシャルセラピーの観点から見れば、こうした思想はわかりにくい哲学的な粗探しではありません。それどころか、私たちにとって、こうした問い、そしてもっと大事なこととしてこうした問いを問う活動は、この社会の疎外を成り立たせ、正当化している哲学的、言語的なパターンを脱構築するためにデザインされた道具（言語ゲーム）なのです。

できうる限りの強度で（とても幼い子どもがするように）、ただシンプルに人生を生きることを選んで、主観的な疎外 —— 人生を後方から「公平な」観察者として眺め、それが「正当な理由のあるもの」でなければならないとする局外者として眺める、私たちの文化がもたらす習慣と特権 —— を手放すという想像は、とても恐ろしいことでありえます。

このことの何がそんなに怖いのでしょう？ 多くの人は、こうした生きる活動に全身全霊を投じると、気がつく前に人生が「あっという間に」過ぎてしま

うに違いないと思うのです。それも経験です⋯ありえることでしょう。でも私は、必ずそうだとは思いません。実際、人生とは「経験される」ものである、というその考えが、まさに私たちが壊そうとしている文化構造の大きな部分なのです。人生とは束の間かどうかとか、生きるに値するかとか、そうした一切の判断をしてしまう能力や「特権」を捨てない限り、人生が一瞬で過ぎるのを経験するでしょう。ミルクを飲んでいる赤ちゃんがこんなことを考えている証拠は見つかっていません。「うーん、悪くないね。最近飲んだ最高の部類のミルクだ。おとといの朝飯ほどではないけど、それでも間違いなく今週のトップテンに入るな。Aマイナスをつけとこう。」

　また赤ちゃんが今生きている人生に関してこのような判断をしないからといって、それで何かを失っているという証拠もないのです。

　いつだって自分にこう言っていた、とジョアンはグループに伝えます。「気をつけて！　目を覚まして。気がつく前に死んでしまうよ」と。今ではたまにしか言わなくなりました。「この罠から最終的に抜け出る」方法がわからない、と彼女は言います。

　なぜ「最終的」でないといけないのだろう、と私は彼女に問います。ジョアンは「本当に訊きたがりね？」とはっきり読み取れる表情を私に向けます。「最終的、でなければ」彼女は言います「本当のことだとは思えないからよ。」もし彼女が未だに自分の人生を正当化するために、本当にたまにだとしても、死を「当てにしている」なら、実際、そうは思えないでしょう。

　「オーケー、ただ単にそうするのを一切をやめてみよう」、私は提案しました。これは「最終的」とは違うでしょうか？　ジョアンは人生の謎が「確実」に明かされる時が来ることを望んでいます。でもそんな時はこないのです。なぜなら「確実に」は、無秩序な歴史環境の中にはないからです。

　だから皆不安になるのです。私たちは何かを確かなものにしたいのです。時間や、空間や、より高い権限や、私たちの自己（アイデンティティ）などをです。しかしもし何一つ確かでなければ？　何一つ最終的でなければ？　または確実でなければ？　私たちが手にしているものは、ただ単に持っているというだけのものであるとしたら？

　サンドラは「最終的」が自分を動機づけていると言います。終着点がないとしたら、いったんは「成し遂げた」としても、「人生は厳しい」と思う事態が

また繰り返すのです。それなら何もせず、テレビを見て寝ることを選ぶでしょう。彼女は、「逆戻り」せずにすみ、やがてはこの作業を終えることができるという、ある種の「保証」を求めています。「じゃなければ、もうたくさん。なぜ繰り返し繰り返し、同じことをしなくちゃならないの？」サンドラはたどり着く地点がないことをする意味を知りたがっています。彼女にとって、何かに取り組めるのは、「全部にたどり着く地点がある」ときだけだと主張するのです。

どうしてそう思うのか、私は尋ねました。私たちの長年の共同作業から、サンドラが新しい発達的な活動をするのをもっとも助けたのは、実際にはその地点がないことだ、と知っているからです。彼女の人生が「地点」に沿って構成されていたときには、うつや麻痺や無気力が起きる傾向にあったのです。

もし人生にたどり着く地点などないのなら、何でこんなことをしなくちゃならないのか、と問われたら、私の答えはこうです。「まさにだからこそするのです。なぜなら、私たちの（その地点を）ゲットする文化が主張するほど、それは大したことではないんですから。」

| エクササイズ |

これは目的地のなさについてよく理解する助けになります。
　今日、3つのまったくもって意味のないことをしましょう。決してそれらを一日の残りと関連づけないようにできる限り努力してください。もしそれが素晴らしいことになったとしてもです。

訳注：Newman F. (1991) *The Myth of Psychology*. NY: Castillo International.

27
言葉というもの！

　私が理論的にどういう背景を持っているか、知りたい方もいらっしゃるでしょう。この章と次の章は、そういう方のためです。これを最後まで取っておいたのは、私の考えでは、本だけでなく人生においても、理論は最後に位置づくからです。たとえば、子どもは文法ルールや、そもそも文法というものがあるということを知るはるか以前に、話し方を覚えます。幸いなことに、解剖学と生理学に精通していなくても呼吸はできるし、物理学をマスターしていなくてもボール投げはできるし、ピザを食べるのに生化学の研究をする必要はありません。誰でもわかることですが、生化学者だからといって一般人以上に「全部乗せの一切れ」から「もっとたくさん」手に入れることはできないのです。

　ここで「無知主義（know-nothingism）」の議論をしたいのではありません。ただ理論をあるべき場所に位置づけたいのです。ここからの2章は自己責任で読んでください！ それとも、どっちとも読まないか ── 読まなくてもいいし、読み飛ばしたとしても、あなたの信用が下がるわけではありません。

　同じ言語を話す人の間の、もっとも普通の会話の根底にある仮定は、相手の話していることを理解している、ということです。もし理解できなければ、いつだって尋ねることができます。私たちの文化において、この仮定の中心にあるのは、言語と世界または「現実」との間の関係の表象主義モデルです。言い換えれば、言葉は何かについて、つまり「そこに」客観的に存在するものについて、言及したり、代表したり、意味したり、示したりするものだ、ととらえられているのです。このことは、「そこ」がたまたま私たちの「内側」、つまり胆嚢や、歯、欲望、痛み、意図のようなものであったとしても、そうです。

　その会話が何についてのものかとは関係なく、一般的に私たちはこの内容指示性（about-ness）を当然のことだ、ととらえています。会話の参加者として

私たちのなすべきことは、話し相手が何について話しているのかを見きわめることで、だから彼または彼女が、その言葉で表象した世界の一側面について何を言おうとしているかがわかるのです。私たちの話すすべてがこの特徴を持っているわけではありませんが、言語のモデル（パラダイム）は表象です。「あの人は何について話しているのですか？（What's that person talking about?）」と「あの人は何を言っているのですか？（What's that person saying?）」は、私たちの文化では大雑把には同じことです。

　私たちには「自然」に思えるこうした言葉についての理解は、たぶんはるか古代のギリシア文明にまでさかのぼるでしょう（他のさまざまな良いものや、さほど良くないものと同じように）。18世紀の西ヨーロッパで現代科学と技術が発展するにつれ、表象主義モデルはずっと深く根付くようになり、自然界を記述し、コントロールしようという企ては、大変効果を上げてきました。自然の「表象」としての「客観的」科学言語が、非常に便利であることが明らかになったのです。

　しかしこの100年ちょっとの間で、人間の生活のより良い理解を目指す人間科学において、こうした言語の使い方はまったく不適当であることが、多くの人にとって明白になってきました。物理学をモデルにした心理学は、成功したと言うには程遠かったのです。

　自然科学において、星々や、原子や量子、恐竜について理解するための言語を見つけるのは至難の技でした。そこでは数学的な「翻訳」と、実験的観察法の技術的発展に多くを負ってきました。しかし、もし「ハードサイエンス」の言語が、時に何かを明らかにする以上に覆い隠すなら、感情「について」のものだと主張する臨床心理学の言語は、ほとんどまったく理解できないくらい、多くの場合にもっとずっと曖昧です。「動機」「欲求」「怒り」「パニック」という言葉で表現されているものとは、いったい何なのでしょう。

　ソーシャルセラピー的に言えば、人びとが互いの感情やそれ以外のいわゆる「精神状態」について語り合っているときに、何について話し合っているのかを実際に知っているという前提には大した基礎はありません。それでもこの文化では、表象主義モデルの影響で、自分たちは知っている、と考えるのです。私の意見では、このことから非常に多くの困難が引き起こされています。

　「核（core）」という言葉を取り上げてみましょう。「私の存在の核」や「私の核となる信念」のようなフレーズで用いられるものです。それとも、今は亡

き精神分析家エリク・エリクソンが用いた「アイデンティティ」でもいいです。または「自己」と呼ばれる非常に大切なものでもいいです。どの言葉一つとっても、その言葉が何かを表象していることを含意し、またそのように理解されています。

　日常会話で、一方が「身体の芯が震えた」と言ったとして、もう一方がその言葉を精査にかけることはありません。たとえば「芯ってどういう意味？ 芯ってどこにあるの？ いつからあるの？ どうしてそれがあるってわかるの？ リンゴは芯まで食べられるけど、人の体は芯まで震えるの？」

　また一方が「アイデンティティの危機を感じてるんだ」と言ったとして、もう一方が「アイデンティティってどういう意味？ 君がそれを持っていて、それが危機に瀕してるわけ？ 誰でも持っているの？ 誰でも持っているはずのものなの？」と言うことはまずないでしょう。

　そんな質問は、子どもっぽいか馬鹿げていると思われるでしょう。なぜなら、この心理学化された文化では、話し手も聴き手も、お互いを理解していることが前提なのです。

　「過去」という言葉はどうでしょう。とりわけ心理学用語というわけではないですが、心理学の文脈でよく使われる言葉です。「過去」は普通、誰も戻ることのできない「時間」上の場所であるかのように語られます。しかし「過去」が場所だとは、私にはとても思えません。ただそんなふうに聞こえるだけなのです。「核」「アイデンティティ」「自己」のように、この言葉は表象主義的バイアスに満ちています。「未来」も同じく、場所であるかのように語られるのが普通です。違いは、誰かが「やがては」そこにたどり着くことができると思われていることでしょう。しかし、私の考えでは、過去と同じくそれは場所ではありません。未来とは（もしあるとすれば）過去の絶え間ない作り替えであり、モノとしてよりも、活動としてとらえるほうが適切です。しかし、私たちの言語学的なバイアスのせいで、そうとらえるのは非常に難しいのです。

　言語の表象主義モデルに男性的なバイアスが組み込まれていることを最初に主張したのは、フェミニストでした。このモデルはこう言っているのです。ここに世界があり、言葉がある。両者を一つにしよう。何千年もの間、世界に出かけて行って、「言葉」が何を表象するかを発見してきたのは、主に男でした。こうした文化歴史的な経験が、男たちを女よりもより世知に長け、賢くしてきました（広く行きわたった男の基準に従えば、ですが）。女たちはと言えば、女

としての、非常に異なった文化的経験をしています。一般的に男のほうが女よりも「未来志向」的だということは、男たちに特徴的な、世界の男性的な経験から発することです。歴史的に許されなかったために、女たちが「大いなる未知の世界」に分け入るのは難しいことでした。偉大な女性探検家についてあまり聞いたことがないのは、一部には、そもそもそうたくさんはいなかったからです。

　女たちは過去 —— そこにあるもの —— を理解して、それらに心地よさを感じがちでしたが、それを表象したり転換させる方法についてはそうではありませんでした。男たちは転換させる活動、つまり未来の創造は得意であっても、女たちと同じようには素材（過去）について理解していません。なぜこうなるのでしょう。歴史的には、他者の急を要する生物学的欲求に密接に関連する周期的なプロセスにより深く関わってきたのは、女たちでした。女たちが概して人間的に考えるところを、男たちは「神のごとき」しかたで考える傾向にあり、つまり無から有を生み出せると思い込んでいるのです。こうしたことは、もちろん遺伝的に決定されているのではありません。何百万年もの間、男と女が行ってきた異なる種類の活動に関係しているのです。

　これだけでなく、何百にも及ぶ他の性別に起因する文化的な理由のせいで、男と女は言語との関わり方が異なるのです。もし表象主義が「男性に同一化された」ものであるとすれば、女性はもっとはっきりと、言葉が創造的で社会的な活動だという意識を持っていることが多いのです。なぜなら、ほかのさまざまな活動の中でも、子どもたちと、主に言葉遊びをする相手は女性だからです。

　近年の多くの本の論調は、男と女は同じ言葉を話しているようでいて、実際は違う、というものです。これは真実だと思います。それどころか、言葉自体によって、男と女は違うことを意味し、言葉を用いて違うことを行っている、と言えるのです。これは男性にも女性にもイライラし、理解しがたいものです。多くの場合、私たちは一つ屋根の下に住みます。一緒に子どもを育てているでしょう。それでも、男女の間に（同居していたとしても）目立って一般的なのは、社会的には互いに理解しているものとされてはいても、相手が何について話しているかわからない、と感じていることです。理解できていないのが一般的です。男女間で起きるいさかいの多くは、実際のところ言葉をめぐるもので、それは単にあれこれの言葉の意味の相違というのではなく、言葉をどう用いるかも違うのです。

アルとダイアンは30代前半の夫婦です。ソーシャルセラピーのセッションでダイアンは、「たまに」でいいからアルに、心から愛している、と言ってほしいと言います。アルは何でそんな言葉を言わせたいのか理解できない、と言います。表象主義者である男性に言わせば、アルの立場は、「心から愛している」という言葉で表象され、記述される情報をダイアンはすでに知っているじゃないか、ということになります。彼の説明によると、彼にはこれは2＋2＝4だとか、ジョージ・ワシントンは初代大統領だと誰かに言うに等しいのです。彼の視点からは、この「愛の言葉」は馬鹿馬鹿しい、時間の無駄なのです。
　ダイアンの理解はまったく異なります。彼女は情報を求めているのではないのです。アルに（いい言葉が浮かばないのですが、とりあえず）愛し合い、言葉も紡ぎ合う活動を一緒にしてもらいたいのです。何かについてのものではないのです（まさにそれをアルは気にしています）、むしろ子どもの遊びと同じく、それ以上でもそれ以下でもないのです。大切なのは活動であり、意味することでも参照することでもないのです。
　私たちの臨床仲間である「コミュニケーション派」（ここ数十年の間に計り知れない貢献をした、グレゴリー・ベイトソン、ポール・ワツラウィックらの流れを汲んだセラピストたち）は、私たちが不可避にぶつかる言語的な混乱を整理することで、人間同士がより良く共生することを助けています。ソーシャルセラピスト同様、コミュニケーション派は、とくに家族内で強固な、互いに話すときその意味することを理解しあっているという前提に異議申し立てをする必要があると信じています。コミュニケーション派は、人びとに、自分たちが話していることについて語ることを教えます。彼らは「対象レベル」で生み出される混乱を解消するように設計された「メタダイアログ」という技法を考え出しました。「対象レベル」とは日常会話の水準であり、そこでは言葉は世界内の「対象」を表象している、と想定されます。コミュニケーション派によれば、メタレベルにおいては、重要なのはコミュニケーションそのものです。
　コミュニケーション派の技法の例は以下のとおりです。
　いさかいをやめられない家族のメンバーがセラピーに集います。パティは14歳で、父親に猛烈に腹を立てています。「いつも命令ばかり。我慢できないわ。耐えられない。ほっといてよ。もう死んじゃいたい。」
　父親も同じく激しく腹を立てており、「私が命令するのはお前がどう振る舞うかわかってないからだ。お前は間違った判断をする。誰かが考えてやらねば

ならんのだ。」

母親は父親の側につき、「パティ、あなたがどうなっちゃったのかわからないの。もう話しかけることさえできないのよ。お父さんは、あなたに良かれと思って言っているだけなの。」

コミュニケーション派は、3人がこうした言葉を用いて何をしているかを話し合うように試みます。つまり、もともとの会話を超えたメタダイアログを行うように誘います。もしコミュニケーション派の取り組みがうまくいくと、パティと父と母は対象レベルで話していたときにはできなかったやり方で結びあわされます。

この会話についてのメタダイアログでは、パティはこう言っているのです。「こういうふうに言うことで私がしているのは、自分なりの生き方で自分の失敗をしたい、という願望の表現なの。みんなが正しくて私が間違っていたとしても、干渉されたくないの。」

父親はこう言っているのです。「あんなふうに言うことで私がしていることは、父親としての努めを果たしていることを示すことで、つまり私には、すべての答えがわかっていなくてはならないということだ。」

そして母親はこう言っているのです。「こう言うことで私がしているのは、あなたに降りかかることにお父さんが責任を果たしているという事実への感謝なの。私一人で対処しなくても良いようにしてくれているの。」

この仮想的なメタダイアログで明らかなように、パティと両親が対象レベルで同じことをしている、という想定は間違いです。事実、他の家族が何について話しているか、誰も正確に理解していなかったのです。メタレベルの対話は、コミュニケーションそのものに焦点を当てることで、対象レベルで同じことについて話していないにもかかわらず反対しあっていたことを、全員が理解できるようにします。それどころか、彼らは皆、何か違うことをしていたのです。メタレベルでは、彼らは同じことをしています。彼らは、自分が言葉をどう用いているのかを示すために言葉を用いています。3人全員がこう言っています。「こう言うとき、私は…をしているのです。」

大事なのはパティと両親が今や同意しあったことではなく、メタレベルに行くことで対象レベルで起きていた、混乱し、矛盾した意見の相違を、皆が「バイパス」できたことであり、だからこそ実際に彼らは、自分たちの対話そのものと言葉の用い方について話すことに「同意」できたのです。家族間の不一致

27 言葉というもの！

と破綻の根っこには誤解があることが多いのです。こうした誤解は、時に何か月も何年にもわたることがあり、夫妻の間で、また親子の間で、今では対戦相手となってしまった愛するものが何を言おうとしているのか、ちゃんと理解しないまま、この戦いは続くのです。それでも皆、自分以外の言いたいことを正確に理解していると思い込んでいるのです。

　私の理解では、コミュニケーション派が思うメタダイアログが人びとに役立つ理由は、言葉に影響されて起きた矛盾と感情的な「ダブルバインド（板挟み）」を打ち破り、自分たちが何について話しているのかが明確になるからです。言い換えれば、メタダイアログは人びとが対象レベルの会話でしているときより上手に、「内容指示」を行う助けになるのです。

　ソーシャルセラピーの観点から言えば、メタダイアログが支援となりうるのは、言葉を意識的に活動として振る舞うことで、言葉の表象主義的バイアスを最小にするのに役立つからです。メタダイアログを行っている最中には、家族はもはや自分たちの言葉が世界の何かを代表しているとか、それについて話していることが正しいとか、そういう感覚や前提から解放されます。自分たちの話し方自体について語ることで、お互いへの話し方が変わるのです。「自然」な対話というより、意識的な振る舞いをしているのです。この言語ゲームをする中で、彼らは一緒に何か新しいものを創っているのです。

　ダナとマイクは婚約してから6か月、一緒に暮らしてきました。マイクの両親から街に出てくるという電話があったため、ダナは自分のソーシャルセラピーグループに、どうやってこの「面会」を乗り切るか相談しました。ダナは将来の義父と義母に絶対好かれっこないと思っています。法科大学院をやめて小学校の先生になるというマイクの決断に関して、彼女のせいだと文句を言っていたからです。「あの人たちの意地悪にどう対処したらいいかわからないの」と彼女は言いました。「単に他の職業を選んだというだけで、マイクのお父さんは彼が法律違反をしたみたいに振る舞うの。で、私はその共犯者というわけ。」

　言い方を変えれば、マイクの両親は息子の所有権を主張していて、その点でダナをライバルだと思っているわけです。彼女に何ができるでしょうか？ 私有財産コンテストの参加をやめることです。そうすれば、彼らの「意地悪」にも、それ以外のせめぎ合いにも、傷つくことはなくなります。自分たちの子離れしたくない欲望に対処するのは彼ら両親であって、彼女にはその必要はない

のです。

どうしたら、ダナは参加せずにすむでしょう？ 今こそ、メタ言語技法が役立つときです。

こんな感じになるでしょう。マイク、ダナ、彼の両親が夕食を共にしています。メインコースに入ろうというとき、マイクの父が、自分にはマイクが人生を台無しにしているように思える、と言い出します。マイクの母はダナに、教師の収入で得られる生活がどんなものか考えたことがある？ と問いかけます。

部屋を飛び出したり、言い返したりするのではなく、自分たちがどんなふうに話しているかを話すことで、ダナはこのやりとりに参加せずにすむのです。

メタ言語的な質問をしてみることができるでしょう。「私たち、どうしてこんなふうに話しているのでしょう？」メタ言語的な宣言をすることもできます。「こういう話し方は皆を傷つけると思います。」そして皆がメタ言語的にやりとりするように、敵対的ではなく、主張することもできます。

このメタ言語的対話、つまりどんなふうに語っているかについての語りの過程で、4人は食事の間の休戦協定を結べるでしょうし、うまくいけば、それをこの訪問の間にも延長できるでしょう。

ダナはすべての状況を変えて、マイクの両親が自分の息子の選んだ人生を喜んでくれるようにできるでしょうか？ それはかなわないでしょう。しかし、すべて変えることと、不快な行動に巻き込まれることの間で、何かをすることはできるでしょう。メタ言語的対話を始めることで、ダナはある種積極的に環境創りを主導して、場が少なくとも部分的に変化し、もはやはっきりと敵対的だったり暴力的だったりするものではなくなるでしょう。このようにして人生がつながりあった4人は、互いに何か違うことを始めるでしょう。お気に入りの映画について話すかもしれないし、音楽を聴くかもしれません。それは何か新しいことを継続できるという可能性を増強させる経験です。

メタダイアログは、人びとがこうした状況で何か異なることをするのを助ける有用な技術だと思いますが、ソーシャルセラピーのアプローチでは、言語の対象レベルを超えたメタレベルの談話をすることを教えはしません。なぜでしょう？ なぜなら、この「解決法」は、単に日常のコミュニケーションを過剰に規定している表象主義的バイアスを避けているだけだと信じるからです。「現実生活」の対話の前提に埋め込まれた組織的な矛盾構造にきちんと向き合うことなしに互いに話し合わせる、手の込んだ「トリック」なのです（哲学者

ならこれを、「階型理論的解決」と呼ぶでしょう）。

　そう、メタダイアログの中ではすっきりと明快でしょう。でもその明快さは、見せかけかもしれません。そして、そう、それは何らかの新しいものです。でもそれは発達に資するものではないかもしれません。それは、根本的に純粋に表象主義的なコミュニケーションとしての言語に結びついていて、そのくびきから脱するルールがあるということです。結局、内容指示性（about-ness）から抜け出せていません。メタダイアログは、対象レベルの対話についてのものなのです。

　私の言いたいのは、コミュニケーション派のアプローチには「理論的」に欠陥がある、ということではありません。対象レベルを超えてメタレベルに行くことだけでは、コミュニケーション派は十分な実践に到達していないのです。

　彼らの立場では、コミュニケーションというのは実際にそこにあるものがすべてです。コミュニケーション派の関心事は、行動を変化させることでも意味を発見することでもなく、コミュニケーションの質をより高めることです。今ではそれは、確かに価値あることです。より高速なインターネット接続と同じに、有効となりえます。しかし、それは言語、それもとくに感情を表す言葉が、ただ情報を伝達するだけだという仮定を強化する危険をおかすことになります。

　私たちの話すことは必ずその外部の何かを参照している、という暗黙の前提は、言語の表象主義モデルから直接導かれます。でも今や、すべての単語が何かを意味するわけではないことを、私たち皆が当然知っています。すべての文が何かについてではないのです。言語は、単に何かを表すだけではありません。それどころか、もっと重要な点がここにはあるのです。この文化では皆が言語を何かを表す「もの」だと思いがちですが、私は言語を、人間が取り組む創造的で集合的な活動ととらえ、実践するのがもっとも良いと信じます。

　ソーシャルセラピーのアプローチでは、言語を、私たちが「ここに生まれたとき」にそういうものとして発見する、表象主義的やり方で使用する単なる既成の社会的ツールとしてはとらえません。私たちは個人としても種としても、言語の使用者であるのと同様に、作り手 —— 創造者 —— であるという認識が重要だからです。とても幼い子どもは、しばしば大人との共同活動において、言語を新たに生み出します。単に特定の用途（「哺乳瓶をとって！」）のためだけでなく、ちょうど詩と同じように創造性の一環として、共にコミュニティを創るという、非常に人間的な活動のためにそうするのです。この場合は、言語

と文化的コミュニティですが、その中で、私たちはいろいろなことを、さらに創造し、作り上げることができるのです。

　私の視点では、感情を伴う会話は、「現実」を「科学的」に記述することよりもずっと、詩を共同で創り上げることに似ています。つまりソーシャルセラピーの関心は、単に情報を明確にすることではなく、意味を共同で作り上げることを助けることです。私たちは意味の構築を言語の、それもとくに感情を表現する言語の重要な次元だと考えます。メタダイアログの問題点は、ソーシャルセラピーの観点から見れば、言語が共有された創造的活動であるということがすっぽり抜けていることです。

　ソーシャルセラピーでは、人びとが感情をさまざまに表現することを助ける中で、こうした言語の創造的で活動的な理解を伝えていきます。なぜなら言語とは、とくに感情を表現する言語は、単に用いられるものではないからです。それは創り上げられるものだし、創造的なものなのです。単に機能的なものではなく、詩的なものなのです。

　メタダイアログを行うことで明確になったように、母、父、そしてパティが言おうとしているのは、自分たちの言葉が「現実」の立場を表現しているということであり、つまり彼らの言葉の使用は純粋に「機能的」だということです。機能？　自分たちの立場を防衛することです。そんなふうに対話していては、つまり「現実」の立場を表したり防衛したりするために言葉を用いていては、表象主義者と機能主義者の鼻先をぐるぐる引き回され、そのせいでより多くの不調和と感情的苦痛を、皆に、また自分に、生み出してしまうでしょう。

　ソーシャルセラピーのアプローチは不調和を生み出す活動を脱構築し、再編成します。つまりいったんバラして、人びとの行動が表象主義者－機能主義者のバイアスによって過剰に規定されない環境を創り上げることで、もう一度組み立て直すのです。

　パティ、母親、父親に何が一緒にできるでしょう？　何だってできます。一緒に踊ることができます。一緒に詩を書くことができます。一緒にパイを焼くことができます。そして、自分たち自身の言語を一緒に創り上げることができます。素晴らしいけど、と思うかもしれません。でも、彼らの立場が実際に違っているという事実はどうなるの？　さあ、それがどうしました？　それが人生です。もし三者が何一つ一緒にできないとしたら、どうやって（完全に身体を強制することは除いて）母親と父親はパティに働きかけることができる

でしょう？ 誰もが同じ意見を持っているべきであると主張する言語モデルは、星々について語る上ではうまく働くかもしれません。でも人間や私たちの無限に異なる考え方についてそれが適応されたら、大惨事です。

「私の立場」という判断の集合に閉じ込められることの代替案は、誰もが新しい語り口で語る機会を持つような環境を共に創り上げることです。そこでは変わり続ける違いが支持され、均一性と順応は必要な前提ではありません。日々の暮らしでの実践活動によって、そうした環境を創り上げることができます。実際、誰にとってもうまく作用するのです。

なぜでしょう？ 人びとが恥辱や悔しさ、恥ずかしさに効果的に対処するのを助けるには、新たな表象主義的でも機能主義的でもない言語モデルを創り上げる必要があります。その言語は、言語を創造する活動に根ざしたものです。ソーシャルセラピーでは、アルやダイアン、母親、父親、パティ、ダナ、マイク、彼の両親のような人びとに、継続的に社会的な仮定に関わりながら、そうすることで新しい言語、新しい感情、新しい感情の持ち方が創造できるような環境の作り方を教えます。

| エクササイズ |

このエクササイズは、普通の会話から離れることで、言語を活動としてとらえるのに役立つでしょう。

何かについての話を一切せずに、1時間話してみましょう。

28
エクササイズなくして発達なし、それが私たちの理論

　ソーシャルセラピーアプローチの理論は私たちの実践から成長し、成長し続けています。逆ではないのです。実際私たちにとって、理論と実践は不可分の一体ですが、実践が導くのです。
　伝統的で「公式」な科学の見方に照らして、この点を指摘することは重要です。そうした見方では、理論は、それ自体であり、またそうあるべきものであって、実践や方法とは別の、切り離されたものなのです。こうした観点は、因果、真実、アイデンティティ、主体／自己／「私」／意識、などを含めた基本的な概念と並んで、ここ四半世紀ほど、厳しい批判にさらされてきました。
　大勢の思想家が、科学の神秘性を取り除き「脱構築」するために多大な労力を注いできました。ジャック・デリダ、ミシェル・フーコー、ケネス・ガーゲン、ユルゲン・ハバーマス、リチャード・ローティ、ジョン・ショッター、その他大勢に加えて、フェミニスト哲学者であるサンドラ・ハーディング、メリル・B・ヒンティッカ、アリソン・ジャガー、ナンシー・トゥアナ、その他大勢のポストモダン、「ポスト構造主義」の思想家たちです。
　多くの中でもとくに、科学的方法という理想化された概念が彼らの批判の顕微鏡の下に置かれました。「方法、社会科学、そして社会的希望」と題された評論において、アメリカの哲学者リチャード・ローティは、研究中の科学者であっても「私たち誰もが日常の人間活動において用いているのと同じ、ありふれてわかりきった方法を用いている」ことを指摘しています。「彼らは基準に照らして事例に印をつけ、新しいモデルの必要性を棄却するのに十分な反証をでっち上げ、現行の専門用語の範囲内で組み立てられたさまざまな推測を試行錯誤して、でっち上げ不可能な事例を含み込む良いアイディアを思いつくこと

を願っているのだ。」

　科学的活動を理想主義的に表現する高校教師、大学教授、ハリウッドの映画製作者、ジャーナリストには失礼ながら、天文学、生物学、化学、物理学等々のいわゆる「ハード」サイエンスは、実のところ、大文字の〈理論的思考〉に導かれ、まっすぐに大文字の〈理念〉に行き着くとされ、偉大なる大文字の〈発見〉〈説明〉〈発明〉を生み出している、わけではありません。むしろ普通の人びとが日常生活で行うのと同じ種類の思考に導かれているのです。つまり科学者はいろいろなものを試し、試行錯誤で発展させ、自分が何をしているのかわからないことを行い（それがたまには役立つとわかることがあります）、何かにつながったりつながらなかったりするアイディアを（シャワー中や洗い物中に）思いついているのです‥‥。要は、実際の科学的研究は、まったく直線的な道のりではなく、あまり演繹的でなく、さして知的でもなく、「わかって」行っているわけではまったくなく、通常考えられている以上に、相当に創発的な活動なのです。

　方法論だけではなく、科学的思考法の構造そのものも、厳しい「王様は裸だ」的な精査の対象となってきました。もっとも鋭い精査をした一人がルートヴィヒ・ヴィトゲンシュタインです。彼は一風変わったウィーン生まれの天才で、多くの人から20世紀のもっとも偉大な哲学者だと見なされています。そして私の手がけた戯曲『アウティング・ヴィトゲンシュタイン（ヴィトゲンシュタインを暴く）』の中では、彼の分身が自身を「超一級のヨーロッパ製自惚れ屋」と評します。半世紀以上も前に、ヴィトゲンシュタインは次のように問うことで、居並ぶ脱構築派を理論的に飛び越えていました。「説明なんてものが一切なかったとしたら？」

　最初航空工学を学んだヴィトゲンシュタインは、哲学や心理学やその他の特定の説明の中身を疑ったのではありません。西洋思想の基礎を作り上げている理論的仮定と構成概念 ── 世界を明快に見ることを阻み、弱めてしまう推論の体系 ── に立ち向かったのです。その仮定の一つが、すべてのものには（またはどんなものにも！）必ず説明が存在する、というものです。

　今やこうした「科学の構造」が役立ってきたことを否定する人はいません。

　ここ200年にわたって、西洋科学とテクノロジーが並外れた発見を行ってきたことに疑いがあるとは思いません。皆意義あるものだし、多くのものは世界

の何十億もの人びとにとって途方もない利益をもたらしました（悪用されてきたものも多いのも確かですが）。しかし、このように科学が目覚ましい成果を成し遂げたからといって、人間の営む生活の研究に適用できるということにはなりません。それどころか、そうすべきどんな理由もないのです。これまでの章で指摘してきたように、私たち人間は、科学が対象とするすべてのものとまったく異なっており、止むことのない質的な転換を遂げる能力を持っています。言い換えれば、私たちだけが科学を創りえたのです。この唯一の創発的で自己言及的な人間という種の特徴は、つまりそのことは、私たち自身が私たちの研究対象に含まれるということですが、私が思うに、「発達の科学」を必要としているのです。ここで言っているのは、発達専門の「分野」を持つ科学のことでも、発達を人間生活における「段階」と考える科学のことでも、発達を逸脱や非定型として見る科学のことでもなく、発達が同時に研究の対象でもあり主体でもある科学のことです。こうした科学自体が発達的で創発的です。自分自身を他のすべてと同じように研究するべきです。そうした研究のまなざしは量的ではなく、質的であるべきです。「ルール」や「法則」によって規定されるのではなく、むしろその実践自体から、ルールとツールが常に生み出されるべきです。

　ソーシャルセラピーのアプローチは、初期のソビエト心理学者、レフ・ヴィゴツキーの著作に多大な影響を受けています。彼については同志ロイス・ホルツマンとともに『レフ・ヴィゴツキー ―― 革命的科学者』(訳注)という本にまとめました。ホルツマン博士は国際的に著名な発達心理学者であり、ニューヨーク市にある幼稚園児から8年生までを対象とした民間の実験学校、バーバラ・テイラー・スクールの所長を務めており、ここでは教育へのヴィゴツキー的アプローチを、ソーシャルセラピーの影響を加えて実践し、発展させています。

　ヴィゴツキーは、ごく幼い子どもたちがどんなふうに言葉を学ぶかを観察することによって、彼らが学んでいる「自然」な環境こそ学習と発達が一体となった環境であり、そこでは学習が発達をリードする、という確信に至りました。それは、子どもたちがやり方を知らないことを支えられながら行う環境なのです。ヴィゴツキーはこうした種類の環境を「発達の最近接領域（ZPD）」と名づけましたが、しかし彼が言っているのは場所ではなく、「経験の浅い話者」（ごく幼い子ども）と「経験を積んだ話者」（大人や年長の子ども）が共に創る「共同活動」のことです。もしZPDに参加しなかったならば、人類が生後

の数年間に見せる、言語獲得を含む多くの重要な並外れた発達上の飛躍に説明がつかないでしょう。さらに重要なことは、現実の生活において、ヴィゴツキーが「唯一学習と呼ぶにふさわしい学習」と呼んだ、発達を「リードする」（＝先んじつつ包含する）学習なしには、こうした質的な転換はありえないということです。

　思考に関する伝統的な考察において、こうした人間発達の現実的なプロセスはしばしば無視されたり、否定されたりしています。広く受け入れられている「知恵」によれば、認知（知識）こそが根本なのです。それは科学そのものが、理論（大文字の〈理念〉）が先行し、実践よりも優越する、という「物語を産出」しているのと同じ構図です。そのせいで、教室やセラピーの現場に応用される伝統的な心理学は、人間は学習や変化に先立ってルールを知り、理由を理解しなくてはならない、と仮定するわけです。

　こうしたアプローチは、物理学のイメージを鋳型にして作られた心理学の誤った企ての表れであり、科学的に重大な欠陥があるだけでなく、また実践者の意図や哲学や願いにかかわらず、きわめて反発達的です。だからこそ一世紀も昔にレフ・ヴィゴツキーは、私たち人間のための心理学を創造する必要があると主張したのです。この新しい心理学は、厳密に反道具主義的でなければなりません。「道具」を、結果のための道具ではなく、道具と結果として理解すべきです。ヴィゴツキーの言うとおり、このような心理学においては、「方法は同時に‥‥前提であり産物」なのです。

　ここ30年以上にわたって私は同僚たちと共に、グループと短期心理療法のためのイーストサイド・インスティチュートとソーシャルセラピーグループにおいて、私たちが手助けしたいと考えている人間のイメージに合致した臨床心理学を創ってきました。まず第一に威圧的ではなく、次には、発達を持続的に再開するための条件を創るための道具と結果のサイクルとして使用することができる、人間生活の理解の方法（とそのためのアプローチ）を模索してきました。

　少なくとも「ゲットと消費」の仕事世界において、成功の秘訣は「大きく考えろ（野心的であれ）」だとよく言われます。それは、そこにあるものをより多くを手に入れるための量的思考法の合言葉です。「大きく考える」とき、逆説的に、それがどれほど大きな数だろうと、世界には限られた数のものしかな

い、という前提から始まります。大きく考えるとは、あなたやあなたの部署やあなたの会社が、いかにかき集められるかを見出すことを意味します。それゆえ本質的に社会的な、つまり利己主義的で、貪欲で、競争的で、量的で排他的な考え方であり、生き方なのです。

ここでは、そのことに文句を言っているのではありません。これまでの章でお伝えしたとおり、人はより上手にゲットできるようになれます。それどころか、ゲット文化においてそうなりたがることは、道理に外れたことではないのです。それでも、ゲットの上達が必ずしもより大きな喜びや、または発達につながるとは思えません。これもお伝えしたことですが、ゲットすることで非常に成功してきた人でも、つまり大きく考えるのがとくに上手な人のことですが、彼らは私の経験上、ゲットがまったく上手にできない人に比べて、ずっと不幸で、不満で、発達不全である傾向にあります。

モラルや宗教的なことを言おうとしているのではありません。「金で幸せは買えない」とか、「富める男（や女）が天国に入るのは、ラクダが針の穴を通り抜けるくらい難しい」と言いたいのではありません。私が言いたいのは、ゲットの文化に非常にうまく適合させ、適応させる資質は、人間の成長には往々にして無関係だし、ときには邪魔にすらなるということです。大きく考えることはその典型です。ソーシャルセラピーのアプローチでは、大きく考えるのとは逆に、全体的かつ発達的に考えることを助けます。本書の前の章をお読みなら、私が「個別性」と「全体性」について言いたいことが山ほどあることにお気づきに違いありません。この両者の関係性は非常に古い哲学上の主題で、それは2000年以上さかのぼる、我らがプラトンがまだ母親の胎内にいたその前から、ギリシア人たちが議論していたことです。

大変興味深いですね、あなたは（礼儀正しく）おっしゃるでしょう。でもそれが何か？　今の私の生活と何か関係ありますか？　では説明しましょう。ソーシャルセラピーの観点から言えば、個別性の概念（すなわち、時間的な随伴物である起点が備わっている、モノ）は、西洋文明最大のフィクションです。私の知る限り、力ずくで、それもとくに定義の力によって、つまり非発達的に分離される以外は、個別のものというものは存在しません。歴史には始点も、中間も、終点も、出発点もないのです。実際、歴史にはどんな点もないのです。

さらにこの個別性の概念は、私たちが変えることのできるもの、それら変化可能なすべてのものは個別のものである（個別の問題、個別の行動、個別の個人

など）という概念とセットになって、私たちが世界をどう見て、どう経験するかに途方もない影響を与えてきました。それは私たち自身および人間という種を、個別性バイアスのかかったフロイト派や新フロイト派心理学の擬似科学のレンズで見ることを含みます。なお、フロイト自身、科学の世界の見方への賞賛をしばしば口にしています。

　それというのも、個別のものというのはないのですから、それらを発達的に転換することなどできないからです。すなわち、「もの」、つまり「慣習」「自己」「関係性」「状況」などは、歴史的全体性から引き剥がし、操作してようやく変化させることができます。特別支援の教師は生徒の行動を賞と罰で修正することができ、外科医は患者の太ももから脂肪を吸引でき、親たちは子どもにピアノの練習や部屋の片づけを「させる」ことができ、精神科医は向かいの同業者と同じく、投薬で患者の気分と行動を変容させることができます。これでものごとは変わりましたか？　明らかに、イエスです。ではこれで人は発達、成長したでしょうか？　その証拠はありません。

　フィクションが私たちを楽しませ、誰かや何かの目的のために役立つことすらあることは、ここでは別の話です。個別性というフィクションは、ここ300年以上にわたって、西洋科学において自然を改変するために採用され、大陸横断ハイウェイの建設や伝染病の治癒のように、数千億もの人びとに大いに役立ってきたことは声を大にして主張してよいことです。同じく声を大にして言いたいことは、個別性の概念が、現代の社会的生活において徐々に強制との結びつきを強めることで、その有用性を超えてはびこり、人間のさらなる発達に立ちふさがってしまっていることです。

　西欧社会だけでなく、すべての社会において、個別の「真実」を普遍化する傾向にあり、つまり今の時間とこの場所に固有のものを普遍性の領域に置き換えてしまい、そのためにこの「私たち」のあり方とこの「私たち」の行いが人間の規範と同一視されてしまうのです。こうした社会と歴史の間の緊張状態、つまり社会の個別の特徴が普遍的真実という抽象レベルにまで高められることは、人びとがものごとを歴史的に見ることだけでなく、自分たちの社会以外にも社会がある、ということを知ることすら困難にし、ときには不可能にするのです。こんなふうに社会が優先され、社会の普遍化によって純正な歴史的理解が否定されるなら、本当の発達は起こりえません。

　ソーシャルセラピーのアプローチでは、今あるもの、そのすべてのものの創

造者、かつ転換者、言い換えれば歴史の作り手として、どう考えるかを教えようと努めています。私たちの観点からは、歴史とは空間的時間的拡がりを持った何らかの「もの」の呼び名ではなく、数えきれない、任意に断片化された、分離した個別性の「集合」であり、その過去－現在－未来の総和であり、しかしプロセスなのです。それは始まりもなく、終わりもなく、絶え間なく相互に結びあい続ける、人間の手になる全体性の全体であり、世界と私たちはその一部なのです。

歴史的思考とは、量的でなく質的です。つまり「どれほど？」「どれくらい早く？」と問うのでなく、「どうやって？」と問うことです。他の自己との競合において孤立化し個別化された「自己」という神話化されたアイデンティティに基づいて考えることを強いるのではなく、人間という種のメンバーとして、個人と他のすべての人間との現実的な結びつきを改めて主張するのです。歴史的に語るということは、ルネ・デカルト的な「我思うゆえに我あり」ではなく、「私たちは創造する、それゆえ私たちは存在する」というものです。

人間である、というのはどういうことでしょう？　偉大な科学者であると同時に偉大なヒューマニストでもあったアルバート・アインシュタインは、測定者を測定から除外することは不可能であると信じていました。測定者、つまり考える主体である人間自身を、あたかもその測定対象（思考された対象）と変わらない単なるモノとしてとらえる考え方は、アインシュタインによればナンセンスです。歴史的思考では、個別の思考主体とその考えている思考の間の関係性 ―― 全体性 ―― に関わります。両者はほどきがたく結びついています。歴史的主体性というのは、こういう意味です。ソーシャルセラピーの観点から重要なのは、この全体性なのです。

ソーシャルセラピーにおいてもっとも重要なことは、心理学の神話とそれが強制への擬似科学的論拠を提供する役割を果たしていることへの単なる人道的な批判ではありません。ソーシャルセラピーのアプローチは実践です。それは現実的であり、20世紀初頭にレフ・ヴィゴツキーによって提起された挑戦への非強制的な応答であり、30年余り後にルートヴィヒ・ヴィトゲンシュタインによって組み直され、現在のポストモダン時代に脱構築派とその仲間の批判理論家たちによって再提起された認識論、つまり知り方の再構築への挑戦であり、それは人生のいろいろな局面で人間的な発達が停滞しているときに、新たな発達の方法を学ぶために利用可能なものです。

ソーシャルセラピーのアプローチは、人間の自由を、個別の行動を変化させるための社会的に決定された「権利」にではなく、私たちの種の全体性を途絶えることなく転換させていく、歴史的活動に取り組む無限の能力の中に位置づけます。それは「自己発見」に関することではありません。人間の実在を作り上げている活動の無限性の中で、共に歴史を作り上げているのは人間であり、全ての人びとなのです。

| エクササイズ |

　これは理論と実践の関係の理解を助けます。
　今度誰かに理論的なことを言われたら、その相手に「オーケー、その実用的な価値は何？」と問うてみましょう。

訳注：Newman, F. & Holzman, L. (1993). *Lev Vygotsky: A Revolutionary Scientist*. NY: Routledge. 伊藤崇・川俣智路訳で新曜社より近刊予定。

訳者あとがき

　本書は、Newman, F. & Goldberg, P. (2010). *Let's develop: A guide to continuous personal growth*. NY: Castillo International.（初版は1994）の翻訳である。

　著者のひとりは、ソーシャルセラピーの創始者フレデリック・デラーノ・ニューマン（1935-2011）である。ニューマンは、1935年6月17日、ニューヨーク市サウスブロンクスのヤンキースタジアムから数ブロックの、貧しいユダヤ人家庭の5人兄弟の末っ子に生まれた。貧しかった一家は、ニューマンが10歳の時に父親を亡くし、生活はさらに困窮した。しかし、たくましい母親は、生活保護費と自宅においた下宿人の家賃と、それでも足りない分を大好きなポーカーで稼いで、5人の子どもを育て上げたという。

　ニューマン家には高卒者もいないという家庭環境だったが、ニューマンはニューヨーク市立のギフテッド特別高校を経て1953年、ニューヨーク市立大学哲学科に入学した。一時軍隊に入り、朝鮮戦争下の韓国で1年4か月にわたって従軍したのち、1956年夏に市立大学に復学し59年卒業した。そののち当時の哲学の最高峰といわれたスタンフォード大学大学院哲学科に入学し、著名なドナルド・デヴィッドソン教授のもとで科学哲学と言語哲学を専攻し62年に博士号を取得し、ノックス大学での教員生活を経て、65年母校のニューヨーク市立大学で教鞭を取っている。

　ニューマンはあまり大学制度と折が合わなかったようで、ノックス大学では女子寮の門限破りで退学処分となった女子学生を擁護するキャンペーンをはったという理由で解雇されている。ニューマンはノックス大学だけでなく、ニューヨーク市立大学の方も首になっているのだが、その理由がとてもぶっ飛んでいる。

　ある日の授業後に、ニューマンの授業に履修登録もしていない男子学生が研究室にやってきた。彼は自分にA評価をくれ、そうでないとベトナムで死ぬことになると鉄面皮にも訴えたのである。ニューマンは最初、この学生の厚かましさに腹を立てたが、ついには自分にできる道徳実践としては、Aを与えるし

かないと結論した。そしてベトナム戦争への抵抗として、すべての男子学生にA評価を与えるという挙にでたのだ。当時男子学生はGPA（平均成績評価点）によって徴兵の適否が審査された。GPAが低いと、徴兵名簿の順位が繰り上がり、はやく戦地に送られた。そこでA評価を与えることによって徴兵を少しでも遅らせようというわけだ。ついでに、男子学生だけにAを与えると、性差別になるという理由で、ニューマンは女子学生にも全員A評価を与えた。この間非常勤で授業をしていた他の大学でも、同じように全員にA評価を与えた。その結果、市立大学はニューマンの首を切ったのだという。

それ以前にすでに、象牙の塔内部での活動に見切りをつけていたニューマンは、68年に大学を出て街場の哲学者となって、少人数の仲間たちと、コミュニティ・ビルディング活動を始めた。アメリカの人種差別と貧困をおもな問題に定めて、さまざまなセクター、人種や階層を繋ぎ合わせるという戦略で、自分たちの目指す社会の実現のために、日々の生活そのものを哲学の実践の機会とした。

この活動の中で、コロンビア大学から言語発達研究で学位を得て、ロックフェラー大学のマイケル・コール（米国にヴィゴツキー心理学を導入した立役者）のラボで研究員をしていた、ロイス・ホルツマンと出会うことになった。70年、ニューマンの講演を聴いて、ホルツマンは、そのアイディアに共鳴し、在野の心理学者としてニューマンとともに活動を始めることになる。同時にヴィゴツキーの思想をニューマングループに持ち込むことで、ニューマンの哲学的な素地、特にヴィトゲンシュタインの哲学と、ヴィゴツキーの発達的な学習論、そして二人に共通するマルクスのアイディアが出会い、ソーシャルセラピーが誕生したのだった。

ソーシャルセラピーはニューマンと仲間たちが、40年以上ニューヨークの街場で行ってきた社会文化的な実践から生まれたものである。実践を通してニューマンたちは、傷ついた人びととの心に癒しをもたらすのは、人びとが自らのためにコミュニティを創造することだと気づいた。既存のものではない、新しい社会的で文化的な経験を可能にするコミュニティを、自分たちの手で創造するプロセスが、人びとの傷ついた心を癒すのだと、自らのコミュニティ作りの実践でつかんだのである。

ソーシャルセラピーは、心の発達と学習のためのラディカルな社会実践であり、コミュニティを単位とした組織学習論である。人びとは、コミュニティの

創造に関わることで、言語と文化に転換をもたらす方法を学んでいく。この学習のプロセスは、コミュニティを発展させるだけでなく、参加メンバーそれぞれの発達と成長ももたらす。
　ソーシャルセラピーは、従来の心理学と心理療法に対する鋭い批判から生まれたものである。通常の心理学に対してきわめてラディカルに挑戦することで、これまでとはまったく違った視点から私たちの心の発達を促すことのできる、実践に開花させたものである。
　ソーシャルセラピーは、セラピーという名がついているものの、普通の心理療法やカウンセリングと違って、診断とそれにもとづく問題解決をあえて目指さないセラピーである。通常の診断＝治療モデルには、人間哲学としては間違いが潜んでいて、この誤った前提が問題の混乱と紛糾をもたらしている、ニューマンはそう考える。診断と問題解決のやりかたは、自然科学のテクニックである。そのようなテクニックを採用せず、むしろセラピーをあらたな文化の創造のアート（わざ）に位置づける。個人の内面重視の伝統的心理学というよりも、どうすれば日常生活にベタリング（よりよいもの）が作れるかを試す共同実践である。精神分析のいうような内面の隠れた原因とそれがもたらす結果というよりも、人びとと社会のあいだの作り／作られる関係（弁証法）に着目するのである。
　ソーシャルセラピーは、さまざまな実践に姿を変えて発展していった。セラピー場面以外のさまざまな状況や困難に適用できる発達的学習のモデルとなったのである。セラピー場面以外の街角やオフィスや放課後でのソーシャルセラピーの応用実践をソーシャルセラピューティクスと呼ぶ。実際、ソーシャルセラピーの考え方からは、さまざまな実践プログラムが生み出され、いまも発展し続けている。
　街場に躍り出て、さまざまな発達支援と創造性支援のプロジェクトに発展しているソーシャル・セラピューティクスの事例には、例えば、従来の心理学の学習モデルから脱出するための教員向け研修プログラムがある。貧困層の若者にパフォーマンス経験をあたえることで発達の可能性を発見させるプログラム、企業でのインターンシップを経験させることで貧困層の若者に洗練されたコスモポリタンとして振る舞うきっかけを与えるプログラムもある。とかく対立しがちなアフリカ系の若者とニューヨーク市警の警官との融和と相互理解を生み出すプログラムも最近生まれ、そして企業の幹部をターゲットにした遊び心を

取り戻し創造的な経営戦略を活性化させるための演劇即興プログラムも展開している。

このように、ソーシャルセラピーは、セラピーの診療室を飛び出して社会実践となった。社会に広がった発達支援実践であるソーシャル・セラピューティクスは、地理的にも、ニューヨークから全米に、さらには米国の国境を越えて世界中に広がっている。

この発展を見届けたニューマンは、2011年7月3日に腎不全で亡くなった。

本書は、ニューマン自身が述べるように、セラピー実践で出会った人びとと、ニューマンが、一緒につくり上げた物語である。この物語は、私たちの常識をおおいに揺さぶる。普通の心理学に馴染みすぎた私たちを不快にさせる物語だ。おおっぴらに話題にしにくいものもおおい。しかし、私たち自身が発達の主人公だと言う、ニューマンの熱い思いにあふれた物語ばかりである。ニューマンは、読者が壁に叩き付けることを期待しているようであるが、ぜひニューマンがギブしてくれた発達への思いを共有していただき、繰り返し読んでいただきたいと願う。

最後になるが、新曜社の塩浦暲さんとスタッフのみなさんには、大変お世話になった。丁寧に下訳を検討してくださったことに感謝申し上げます。

訳者一同

索　引

■あ行

アイデンティティ　4, 17-19, 22, 43, 48, 49, 52, 68, 69, 77, 79, 97-99, 101, 116, 117, 165, 172, 176, 185, 191
アインシュタイン，アルバート　20, 191
遊び　iii, ix, 14, 53, 57-59, 99, 101, 147, 178
　　——心　xi, 14, 58, 135
　　——／プレイ　14
意思決定　159, 160
いじめっ子　64, 163-166
イーストサイド・インスティチュート　188
依存症　vi, 18, 19, 74-80, 123
痛み　v, vii, xi, xii, 3, 31, 37, 65, 70, 75, 76, 80, 82-91, 110, 112, 174
移民　40
ヴィゴツキー，レフ　xiii, 187, 188, 191
ヴィトゲンシュタイン，ルートヴィヒ　xiii, 186, 191
エイズ　85, 87, 133
エクササイズ　xii, 123, 124, 147
エリクソン，エリク　176
演劇　11, 29, 33, 35
お金（金銭）　9, 47, 92-95, 127, 147
〈親〉（大文字の親）　39

■か行

解決　xiii, 7, 13, 15-17, 22, 53, 73, 87, 98, 99, 115, 124, 126, 135, 164, 181
会話　v, vi, 2, 13, 31, 48, 91, 107, 150, 151, 155, 157, 174, 176, 178-180, 183
　　見知らぬ人との——　155
学習　vi, xi, 41, 42, 50, 59, 104, 187, 188
　　——と発達　xi, 41, 42
　　受け入れることの——　3
　　演じ方の——　33
　　できることに先立つ——　42
　　話すことの——　49, 100
　　役割の——　34
ガーゲン，ケネス　185
過去　61, 104, 112, 113, 115-117, 133, 168, 170, 176, 177
　　——－現在－未来の総和　191
カスティロ劇場　34, 35
〈家族〉（大文字の家族）　33, 34, 36, 38, 41, 45
学校心理士　128
活動　v, xiii, 2, 11, 16, 18, 19, 22, 25, 29, 38, 48, 51, 66, 86, 129, 149, 150, 165, 170, 171, 176, 180
　　——の質　108
　　共同——　29, 31, 49, 182, 188
　　社会的——　84, 99
　　創造的な——　vii, ix, xi, 10, 17, 21, 62, 64, 182, 183
癌　85, 87, 89, 90, 134, 135, 167
感情　viii, xi, 3-7, 22, 23, 31, 47, 50, 54, 56, 61, 62, 64-66, 69-71, 73, 86, 91, 92, 96, 109, 111, 151, 171, 175
　　——的なトレーニング　70
　　——の（的な）痛み　x, 76, 83, 84, 88
　　——面で健康な態度　x
　　——面での健康　x, 3, 86
　　——を表す言葉　xi, 182, 183
　　新しい——の創造　6
　　新しい——文化　6
完成　xiii, 15, 19, 30, 32, 35, 36, 48-52, 84, 91, 116
　　ソーシャルセラピーで言う——の意味　84
聞くこと　29-31
ギブ　vii, ix, xii, 1, 3-5, 29, 37, 42, 44, 49, 56, 58, 59, 91, 147, 164, 1654
　　——のパフォーマンス　137
　　——の文化　5, 25
虐待　10, 11
　　——行動シンドローム　11

197

子どもの—— 11
　　性的—— 11
休暇　109, 135, 143-148
狂信（者）139, 140, 142
「草の根」批判的心理学運動　x
劇場　29, 34, 145
ゲット　ix, xi, 1, 42, 44, 94, 147, 152, 188, 189
　　——原則　2, 3, 131
　　——のゲーム　1, 53, 54, 120, 121, 147
　　——（の）原理　2, 63
　　——（の）文化　1-7, 14, 15, 24, 25, 28, 32, 41, 47, 48, 54-58, 60, 61, 63, 82, 91-94, 107, 119, 131, 139, 140, 151, 163-167, 189
言語：
　　——ゲーム　50, 169, 171, 180
　　——のモデル　175
健康　17, 37, 44, 85-89, 102, 123, 125, 134
　　感情面での——　x, 3, 86
　　精神的——　93, 140, 141
現在　105, 107, 112, 113, 115, 116, 124, 125, 131, 170
行動主義　10
高齢者（老人）xi, 18, 37, 38, 101
　　——の発達　38
言葉遊び　116, 177
コミュニケーション　29-31, 178-182
　　——派　178-180, 182

■さ行

罪悪感　26, 46-49, 59, 86, 92, 153
　　——を抱かない領域　26
再構築　25, 61, 99, 100, 191
サブカルチャー　25
差別　6, 7, 23
死　x, 9, 66-68, 71, 87-90, 101, 110, 167, 169-172
自然科学　vi, 72, 175
ジャガー，アリソン　185
宗教　10, 12, 40, 46, 47, 60, 80, 85, 90, 102, 119, 133, 140, 170, 189

殉教者コンプレックス　4
情緒障害　126, 128, 129
ショッター，ジョン　185
シングルマザー　42
人生　15
　　——のパフォーマンス　12
深層心理　21
診断　v, vii, 13, 16, 38, 53, 75, 83, 86, 126, 151
心配　3, 4, 44, 45, 66, 68, 69, 113, 122, 131, 134-138, 167
心理学　iii, vi, viii, 5, 19, 20, 22, 38, 46, 53, 62, 71-73, 102, 126, 127, 131, 175, 176, 186, 188
　　——化　176
　　——の擬似法則　20
　　——の神話　191
　　——の法則　20
　　新しい——　vi, 71-73, 188
　　伝統的（な）——　10, 11, 20, 22, 46, 53, 47, 72, 165, 188
ストレス　85, 139-142
スポーツ　xi, 48, 82, 155
性：
　　——的虐待　11
　　——同一性障害　53
　　——トラウマ　18
　　——魅力　56
性差別　6, 23, 26, 27, 28, 120
精神科医　iii, v, 128, 129, 133, 190
精神疾患　v, 53, 128, 129
『精神障害の診断と統計マニュアル』vii, 53, 131
成長　v-vii, ix, 20, 26, 27, 36-38, 41, 46, 50, 54, 62, 64, 87, 90, 97, 100, 101, 104, 105, 108, 110, 128, 165, 166, 189, 190
セクシュアリティ　25, 56, 119
　　友情——　57, 60
セックス　2, 13-15, 23, 27, 30, 36, 47, 53, 55-60, 75, 84, 91, 101, 113, 135, 140, 149
洗脳　10

喪失　109, 110, 129, 153, 167-170
創造　16
創発的　20, 22, 186, 187
ソーシャルセラピー　v-vii, ix, 3, 5-7, 11, 16, 10, 30, 32, 36, 57, 61, 66, 82, 101, 115, 116, 129, 183
　　——アプローチの理論　185
　　——からみた、もっとも良く機能する関係性　105
　　——（の）グループ　18, 48, 50, 51, 86, 108, 129, 154
　　——で言う完成の意味　84
　　——と遊び　13, 14
　　——と言語　182
　　——と問題−解決の枠組み　13, 15
　　——においてもっとも重要なこと　191
　　——のアプローチ　xi, xiii, 3, 17, 35, 43, 47, 48, 50, 57, 63, 77, 78, 87, 90, 99, 100, 113, 121, 129, 149, 151, 165, 181, 183, 187, 189, 190
　　——のアプローチの原理　3, 91
　　——の課題　36
　　——の関心　183
　　——の観点（視点）　ix, 11, 12, 21, 38, 41, 44, 47, 54, 75, 79, 88, 98, 108, 112, 121, 123, 125, 141, 155, 170, 171, 180, 189, 191
　　——の観点からの、健全な人生の決定　160
　　——の基本的な使命　74
　　——の経験則　115
　　——の問い　90, 111, 170
　　——の文化的経験　54
　　短期間の——　67

■た行
ダイエット　17, 110, 123-125, 129, 146
脱構築　50, 61, 82, 168, 171, 183, 185, 186, 191
多動　19, 126, 128
知恵　ix, xiii, 188
恥辱　xii, 3, 47, 48, 52, 55-60, 65, 70, 76, 78, 86, 92, 93, 112, 123, 129, 140, 152-154, 168, 184
デカルト, ルネ　191

徹底的（な）受容　26, 38, 106-110, 151, 153, 161
デリダ, ジャック　185
伝統的（な）セラピー　18, 115
トゥアナ, ナンシー　185
道具の制作者　16
道具の創造者　xi
道具利用者　x
洞察　20-22, 27, 31, 32, 50, 62, 98, 150
道徳　1, 3-6, 10, 18, 27, 32, 40, 46, 47, 54, 55, 57, 76, 80, 90, 93, 94, 102, 120, 127
〈道徳〉（大文字の）　11
糖尿病　85-87, 90, 126
ドメスティック・バイオレンス　11

■な行
〈人間性〉（大文字の）　11

■は行
恥　vii, 16, 37, 40, 46-49, 59, 60, 123, 140, 152, 156
発達　iii, vi, vii, ix, x, xiii, 3, 5, 10, 27, 38, 49, 50, 62, 68, 71, 72, 74, 75, 78, 80, 90, 96, 121, 123, 126, 128, 129, 138, 161, 165, 181, 185, 187, 190
　　——（指向の、的な）環境　17, 95, 106, 108
　　——的　xii, 11, 16, 25, 28, 35, 96, 110, 124, 169, 189
　　——的な態度　ix
　　——に反する状況　10
　　——の科学　187
　　——の最近接領域（ZPD）　187, 188
　　——の支援　xii, 7, 37
　　——のための劇場　34
　　——の能力　18, 22
　　——不全　3, 5, 7, 38, 41, 99, 189
　　——へのネガティブな影響　19
　　——をリードする学習　187, 188
　　感情的な——　165
　　反——的　27, 80, 136, 188
　　未——　3, 5, 41, 99, 169
ハーディング, サンドラ　185

ハードサイエンス　175, 186
話すこと　xiii, 29, 31, 32, 49, 51, 52, 69, 107, 137, 149, 150, 181, 182
パニック　131-134, 175
ハバーマス，ユルゲン　185
パフォーマンス　iii, 11, 12, 29, 30, 34, 35, 42, 100, 104, 137
パブロフ博士　10
反制度　71, 72
引っ込み思案　149, 151
批判的実践　vi, vii
肥満　18
表象　175-178
　　──主義（モデル）　174-178, 182-184
　　──主義的バイアス　180, 181
ヒンティッカ，メリル・B.　185
不安　76, 83, 98, 131, 132, 134, 140, 167, 172
フェミニズム　23-26, 28, 57, 120
　　ソーシャルセラピーと──　24-28
フーコー，ミシェル　185
物理法則　20
フロイト，ジグムント　21, 46, 50, 57, 59, 62, 71, 190
　　──派心理学　46, 78, 97, 190
　　──派（流）セラピー　115
ベイトソン，グレゴリー　178
ポスト構造主義　185
ポスト産業化社会　x
ポストモダン　viii, 53, 132, 133, 139, 185, 191
ホルツマン，ロイス　v, viii, 187

■ま行
見た目（外見）　48, 56, 119, 121, 122, 134

民主主義　xii
無知主義（know-nothingism）　174
メタダイアログ　178-183
目的　15
モノ化　17
問題　13, 15, 18, 22
　　──（-）解決　19, 72, 113
　　──解決パラダイム　16

■や行
薬物　17, 18, 74-78, 80, 127
友情　2, 25, 53, 56, 58, 59, 149
　　──セクシュアリティ　57, 60
喜び　iii, xi, xii, 9, 15, 41, 123, 135, 146, 189

■ら行
ラベル　17, 19, 75, 99, 101, 126, 129
　　──づけ　19, 21, 38, 66, 74, 80, 99, 100
　　──貼り　80, 127, 129
臨床心理学　50, 71, 72, 127, 175, 188
〈臨床心理学〉（大文字のClinical Psychology）　71
ルール　14
歴史　vi, x, 16, 82, 98, 99, 101, 102, 106, 115, 133, 134, 167-172, 176, 177, 189-192
ローティ，リチャード　185

■わ行
別れ　103, 104, 109, 110, 141, 156
私のもの性（my-ness）　46, 48, 49, 51, 52, 82, 168
ワツラウィック，ポール　178

著者紹介

フレド・ニューマン（Fred Newman）
1935年生まれ、2011年没。心理セラピスト、哲学者、劇作家。Ph.D.（科学哲学分野、スタンフォード大学）。ソーシャルセラピーの創始者。オールスターズ・プロジェクトの共同創始者。イーストサイドグループ・短期心理療法研究所の共同創始者。ソーシャルセラピー活動の訓練や授業を提供すると共に、遊び心に満ちた哲学的でセラピー的な会話の機会を、関心を持つ全ての人々に提供した。長い期間にわたる政治的活動家でもあり、米国における独立系で非政党政治を進めるための運動において中心的役割を果たした。数十冊の著書、論文、戯曲がある。

フィリス・ゴールドバーク（Phyllis Goldberg）
社会学の博士（ニューヨーク大学）。過去30年以上にわたって、ニューマン博士と一緒に数々の執筆活動に携わってきた。本書以外の著書に、『人生のパフォーマンス：喜びに満ちた人生のための実践哲学的なガイドブック』がある。

訳者紹介

茂呂雄二（もろ　ゆうじ）【序文、1〜7章】
筑波大学人間系教授。専門は学習心理学。現在、インプロ等を使った学習支援プログラムの開発とパフォーマンス心理学の開拓が関心の的である。主な著書に『なぜ人は書くのか』（東京大学出版会）『対話と知』（編著,新曜社）『具体性のヴィゴツキー』（金子書房）『ワードマップ　状況と活動の心理学』（共編著,新曜社）、訳書に『遊ぶヴィゴツキー──生成の心理学へ』（新曜社）ほかがある。

郡司菜津美（ぐんじ　なつみ）【8〜14章】
国士舘大学文学部専任講師。専門は生徒指導論・教職論。研究テーマは性教育の学習環境デザイン。現在、インプロを取り入れた授業づくりを教員養成の現場で実践中。主な訳書に『インプロをすべての教室へ』（共訳,新曜社）ほかがある。

城間祥子（しろま　しょうこ）【15章〜21章】
上越教育大学大学院学校教育研究科准教授。専門は教育心理学。学校教育の中で、教師や子どもたちが、地域の人や専門家の手を借りながら、伝統や文化に関する学習活動を創造していく過程に関心がある。主な著書に『社会と文化の心理学』（共編著,世界思想社）、訳書に『インプロをすべての教室へ』（共訳,新曜社）ほかがある。

有元典文（ありもと　のりふみ）【22章〜28章】
横浜国立大学教育学部教授。専門は教育心理学。小・中・高・特別支援学校の先生たち、児童生徒たちと一緒に、皆がたがいの発達を支え合うような学習環境のデザインに取り組んでいる。主な著書に『認知的道具のデザイン』（共編著,金子書房）『デザインド・リアリティ』（共著,北樹出版）『ワードマップ　状況と活動の心理学』（共編著,新曜社）、訳書に『インプロをすべての教室へ』（共訳,新曜社）ほかがある。

	みんなの発達！
	ニューマン博士の成長と発達のガイドブック

初版第 1 刷発行　2019年 3 月 5 日

著　者　フレド・ニューマン、フィリス・ゴールドバーグ
訳　者　茂呂雄二・郡司菜津美・城間祥子・有元典文
発行者　塩浦　暲
発行所　株式会社　新曜社
　　　　101-0051　東京都千代田区神田神保町 3 − 9
　　　　電話（03）3264-4973（代）・FAX（03）3239-2958
　　　　e-mail : info@shin-yo-sha.co.jp
　　　　URL : https://www.shin-yo-sha.co.jp
組版所　Katzen House
印　刷　新日本印刷
製　本　積信堂

Ⓒ Fred Newman, Phyllis Goldberg, Yuji Moro, Natsumi Gunji, Shoko Shiroma, Norihumi Arimoto, 2019. Printed in Japan
ISBN978-4-7885-1604-5 C1011

新曜社の本

パフォーマンス心理学入門
共生と発達のアート
香川秀太・有元典文・茂呂雄二 編
A5判230頁
本体2400円

インプロをすべての教室へ
学びを革新する即興ゲーム・ガイド
C. ロブマン、M. ルンドクゥイスト
ジャパン・オールスターズ 訳
A5判232頁
本体2100円

ドラマ教育ガイドブック
アクティブな学びのためのアイデアと手法
B. ラドクリフ
佐々木英子 訳
四六判136頁
本体1600円

街に出る劇場
社会的包摂活動としての演劇と教育
石黒広昭 編
A5判232頁
本体2400円

遊ぶヴィゴツキー
生成の心理学へ
ロイス・ホルツマン
茂呂雄二 訳
四六判248頁
本体2200円

人狼ゲームで学ぶコミュニケーションの心理学
嘘と説得、コミュニケーショントレーニング
丹野宏昭・児玉 健
A5判168頁
本体1700円

ワードマップ 状況と活動の心理学
コンセプト・方法・実践
茂呂雄二・有元典文・青山征彦・
伊藤 崇・香川秀太・岡部大介 編
四六判352頁
本体2700円

越境する対話と学び
異質な人・組織・コミュニティをつなぐ
香川秀太・青山征彦 編
A5判400頁
本体3600円

ヴィゴツキーの思想世界
その形成と研究の交流
佐藤公治
四六判320頁
本体2400円

理解するってどういうこと？
「わかる」ための方法と「わかる」ことで得られる宝物
E. オリヴァー・キーン
山元隆春・吉田新一郎 訳
A5判448頁
本体2200円

よい教師をすべての教室へ
専門職としての教師に必須の知識とその習得
L. ダーリング-ハモンド & J.-バラッツ-スノーデン 編
秋田喜代美・藤田慶子 訳
四六判144頁
本体1600円

あたりまえを疑え！
臨床教育学入門
遠藤野ゆり・大塚 類
四六判200頁
本体1800円

発達をうながす教育心理学
大人はどうかかわったらいいのか
山岸明子
A5判224頁
本体2200円

（表示価格は税抜きです）